U1020620

科技型中小企业跨界搜寻与创新绩效

刘力钢 孟伟 著

经济管理出版社
ECONOMY & MANAGEMENT PUBLISHING HOUSE

图书在版编目（CIP）数据

科技型中小企业跨界搜寻与创新绩效/刘力钢，孟伟著. —北京：经济管理出版社，2016.7
ISBN 978-7-5096-4514-7

Ⅰ.①科… Ⅱ.①刘… ②孟… Ⅲ.①高技术企业—中小企业—技术革新—研究—中国
Ⅳ.①F279.244.4

中国版本图书馆 CIP 数据核字（2016）第 168914 号

组稿编辑：张永美
责任编辑：杨国强　张瑞军
责任印制：黄章平
责任校对：超　凡

出版发行：经济管理出版社
（北京市海淀区北蜂窝 8 号中雅大厦 A 座 11 层　100038）
网　　址：www. E-mp. com. cn
电　　话：（010）51915602
印　　刷：北京九州迅驰传媒文化有限公司
经　　销：新华书店
开　　本：720mm×1000mm/16
印　　张：14.25
字　　数：216 千字
版　　次：2016 年 7 月第 1 版　2016 年 7 月第 1 次印刷
书　　号：ISBN 978-7-5096-4514-7
定　　价：58.00元

·版权所有　翻印必究·
凡购本社图书，如有印装错误，由本社读者服务部负责调换。
联系地址：北京阜外月坛北小街 2 号
电话：（010）68022974　　邮编：100836

前言

面对竞争激烈的国内和国际市场，技术创新成为企业生产与发展的动力和源泉。中小企业作为技术创新的主体，在经济和社会发展中发挥着越来越重要的作用。科技型中小企业是中小企业队伍中的新生力量，是最为活跃的创新群体。科技型中小企业具备一般中小企业所不具备的科技优势，凭借灵活的运行机制、敏锐的市场机会识别能力以及自身独特的技术优势，成为高新技术产业发展的探路者。国际许多知名大企业如微软、苹果、华为、联想等都是依靠在中小企业阶段的技术创新获得了自身成长并带动了整个行业的发展。

尽管近些年来我国科技型中小企业的技术创新能力不断得到提升，但科技型中小企业的技术水平和研发能力普遍低于大企业，创新资源严重匮乏，创新机制不健全，技术成果难以转化。因此，深化科技体制改革，引导构建产业技术创新联盟，推动跨领域跨行业协同创新，促进科技与经济深度融合，成为国家的发展战略目标。

现有的市场竞争过程中，创新越来越呈现出开放状态，企业与外部环境的边界变得越来越模糊，企业通常会跨越组织边界从外部获取更广泛的技术创新机会和知识等资源，实现创新资源在更大的范围内流动。对于中小企业而言，开放式创新体现出一定的由外而内的特征，它们更侧重外部探索。内部创新资源的匮乏使中小企业更愿意对外开放，它们在开放式创新中可以获得更多利益以及企业的发展机会与创新绩效。越来越多的科技型中小企业跨越认知边界和地域边界主动搜寻创新所需的技术知识和市场知识，并通过对企业内外部知识的创造性组合以提高企业的技术创新能力，进而形成企业的可持续竞争优势。因此，如何通过跨界搜寻获取创新资源，解决创新问题，保持竞争优势已经成为科技型中小企业可持续发展面临的关键问题。

自从美国学者 Chesbrough 提出“开放式创新”的观点以来，开放式创新已经成为许多科技型中小企业创新的主要途径和模式。在开放式创新条件下，企业的创新过程可以通过外部创新源跨越组织边界流向内部而实现，也可以通过内部创新源跨越组织边界流向外部而实现，前者是一种内向型开放式创新模式，后者是一种外向型开放式创新模式（Chesbrough & Crowther，2006）。

跨界搜寻成为开放式创新模式中企业获取组织边界外部创新资源的重要组织行为，企业通过跨界搜寻获取新的知识和创意，解决创新问题，进而促进组织创新，避免企业陷入“创新者的窘境”（Christensen，1997）。跨界搜寻涉及创新管理、知识管理、组织管理以及战略管理等多个研究领域。在开放式创新体系下探索“跨界搜寻与企业创新之间关系”的研究成为理论界和实践界关注的研究热点。尽管目前对于跨界搜寻影响企业竞争优势和创新绩效的研究已经取得了一定的研究成果，但仍然存在一定的理论局限性：首先，关于跨界搜寻与企业创新绩效关系以及影响机制的实证研究比较缺乏；其次，现有研究对跨界搜寻对企业创新绩效的影响问题进行了相关阐释，但是针对跨界搜寻对创新的运作与影响机制还没有进行深入探讨；最后，很少有研究能说明企业通过跨界搜寻获取新知识后，如何整合提升创新绩效的过程。以往理论研究大多从知识基础、组织学习、社会网络等理论视角解释企业的跨界搜寻活动对创新产出的直接影响，但这些理论对于解释跨界搜寻促进创新绩效的提升存在局限性。

动态能力理论认为，动态能力具有知识性和学习性的特征，因此蕴含在企业内部的获取异质性知识与解决创新问题的跨界搜寻行为对企业动态能力的形成与提升起着至关重要的作用。组织学习的搜寻过程能够推动动态能力的发展，而动态能力又被视为企业创新的内在机制和动力源泉。动态能力视角为打开跨界搜寻对企业创新绩效的作用过程“黑箱”提供了理论解释。本书在已有研究的基础上，尝试将动态能力引入开放式创新的研究框架下，基于“学习—能力—绩效”的逻辑范式，探讨跨界搜寻影响科技型中小企业创新绩效的作用机制。

企业的开放式创新过程根植于环境情景中，因此，企业在开放式创新模式中的跨界搜寻行为很大程度上受到外部环境的影响，现有研究普遍认可环境动态性是影响搜寻行为与企业创新和绩效关系的重要情景变量。但是，关于环境动态性对跨界搜寻与创新关系的调节作用仍存在一定的分歧，一些研究认为较高的环境动态性能够提升跨界搜寻对组织创新的影响，而另外一些研究认为较高的环境动态性会对企业的跨界搜寻与组织创新的关系起到负面影响。因此，从外部环境角度考察跨界搜寻对科技型中小企业创新绩效的影响有助于深刻了解企业跨界搜寻的边界问题。

已有的研究大都以大型跨国企业为研究对象，缺乏将转型经济中的科技中小型企业为对象的研究。事实上，以技术创新为本质特征的科技型中小企业是我国创新的主体，科技型中小企业由于创新强度高、技术密集等行业特点，以及企业规模和资源劣势等自身局限，导致了科技型中小企业特别依赖外部知识资源。在开放式创新背景下，科技型中小企业更愿意对外开放，以期从外部获取所需资源。跨越组织边界的外部知识搜寻对缺乏内部研发能力和资源的科技中小企业而言更为重要。在以往创新研究中，经常被作为创新研究选题主体的科技型中小企业一直没有在开放式创新研究中得到重视，这造成了开放式创新理论本身的空缺。作为经济发展和技术创新的重要主体，科技型中小企业更迫切需要开放式创新模式，对科技型中小企业的研究有利于理论的全面发展。

目前，战略管理、创新管理等领域对于跨界搜寻的相关研究已经取得了一定的进展，并且已经意识到异质性知识搜寻在组织创新过程中发挥的重要作用，但大部分研究将关注焦点集中在大型企业，过于强调技术知识跨界搜寻的作用，并且将跨界知识搜寻与企业创新产出的转换过程视为“黑箱”，虽然有学者基于权变理论展开了对某些环境因素和组织因素的调节效应分析，但对于阐释跨界知识搜寻与创新绩效的关系机制仍存在不足之处。本书在分析已有研究存在的局限性的基础上，以中国科技型中小企业为研究对象，围绕“企业如何通过跨界搜寻提升科技型中小企业创新绩效”这一基本问题展开研究，具体探讨四个方面的问题：①跨界搜寻能否促进科技型中小企业创新绩效提升？企业跨界搜寻的对象既可以是技术知识，也可以是市场知识，搜寻不同类型的知识既可以跨越不同的认知领域，也可以跨越不同的空间区域。本书研究的重点是，关注技术知识跨界搜寻（跨认知技术知识搜寻、跨地域技术知识搜寻）和市场知识跨界搜寻（跨认知市场知识搜寻、跨地域市场知识搜寻）对科技型中小企业创新绩效的影响差异。②跨界搜寻促进科技型中小企业创新绩效的中间机制是什么？以往研究对跨界搜寻与企业创新的关系进行了探索性分析和初步的理论构建。相关研究表明，跨界搜寻能够推动企业创新发展，动态能力是企业在创新过程中捕捉和实现创新价值的重要途径。然而，对于“企业为什么会选择跨界知识搜寻”，“企业跨界搜寻行为如何影响动态能力的形成过程”以及“动态能力如何影响创新绩效”，这些问题均没有清晰明确的答案。因此，在开放式创新领域，企业的跨界知识搜寻影响创新绩效的过程依然存在明显的“过程黑箱”问题。本书认为，有必要检验跨界搜寻、动态能力与创新绩效之间的关系模型，以有效识别和阐述企业跨界知识搜寻行为的作用机制。③环境动态性下跨界搜寻对科技型中小企业创新绩效的影响有何不同？现有研究普遍认为市场需求的动态性与技术发展的动态性是最为重要的外部环境因素，企业的生存与发展不可避免地受到这两个外部环境因素的影响。但是，已有研究关于环境动态性的调节作用存在一定的分歧。为了更深入地理解跨界搜寻对科技型中小企业创新绩效的影响机制，本书将从市场动态性和技术动态性两方面考虑环境动态性对跨界搜寻与科技型中小企业创新绩效关系的调节作用。④环境动态性下动态能力对科技型中小企业创新绩效的影响有何不同？动态能力概念的产生背景使其与生俱来就与外部环境有着千丝万缕的关系。已有研究表明，动态能力不仅能够在动态环境中使企业获取竞争力，在相对稳定的环境中也可以发挥作用。目前，关于环境动态性是如何作用于动态能力对企业创新影响的研究较为匮乏。因此，有必要从市场动态性和技术动态性两方面考虑环境动态性对动态能力与科技型中小企业创新绩效关系的调节作用。

研究的理论意义主要有以下三方面：首先，基于开放式创新理论、知识基础理论、组织学习理论以及动态能力理论，将跨界搜寻、动态能力和创新绩效放入到一个理论框架。通过定量分析跨界搜寻如何影响企业的动态能力，进而影响创新绩效的过程机制，深入分析动态能力在跨界搜寻与创新绩效之间的中介效应，有助于进一步打开跨界搜寻作用于企业创新的“过程黑箱”。其次，将企业嵌入环境动态性这一外部环境变量中进行研究。基于我国企业面临的技术环境和市场环境，将技术动态性和市场动态性作为调节变量，对企业的跨界搜寻问题进行研究，进一步完善跨界搜寻以及动态能力的理论研究。最后，科技型中小企业的开放式创新呈现出与大企业完全不同的特点，本书以科技型中小企业为研究对象，提高开放式创新理论的普适性。

本书研究的现实意义主要有两方面：首先，验证跨界搜寻与动态能力及创新绩效的关系，为科技型中小企业外部知识搜寻活动提供指导，促进企业创新发展。验证动态能力在跨界搜寻与创新绩效之间的中介效应，明确在开放式创新背景下科技型中小企业通过跨界搜寻获取异质性知识有助于企业内外资源的整合重组，甚至是组织惯例的变革，使企业的资源、能力与外部环境相匹配，为指导企业采用新技术、增强竞争力以及在现有知识基础上进行创新提供依据。其次，将环境动态性嵌入到跨界搜寻、动态能力和企业创新绩效之间关系中进行分析，为科技型中小企业运营和管理提供对策建议。本书的研究结论有利于企业更好地认识外部市场环境和技术环境对企业跨界搜寻行为及动态能力产生的影响，通过发现和利用外部环境中的技术知识以及市场知识调整企业跨界搜寻行为，增强动态能力，进而提高科技型中小企业创新绩效。

科技型中小企业创新的问题是一个既现实又复杂的问题。伴随着市场环境的不断变化，科技水平的不断提高，需求呈现多元化，企业面临的可持续发展的影响因素也会越来越复杂。企业只有通过不断地创新提升企业的绩效，才能保持企业的长期竞争优势。

刘力钢　孟　伟

2016 年 4 月

目　录

第一章　问题的提出

第一节　未来中小企业发展的地位与作用

自从工业革命以来近200年的时间里，以英国为代表的西方资本主义国家的经济发展主要表现为生产由分散逐渐趋向集中和垄断，中小企业在竞争中不断被排斥或兼并。然而，第二次世界大战特别是20世纪70年代以后，新技术革命的兴起以及社会化分工的进一步深化，引起产业结构的调整和市场格局的变化，使得中小企业的发展势头不断加强，中小企业对社会经济和技术发展起着越来越重要的作用，中小企业的发展受到实践界和理论界的高度重视。面对20世纪80年代所遇到的经济困难，美国学者Hull认为，如果美国想要找到摆脱当前困难的办法，就必须牢记小型企业的重要性，必须寄希望于这些企业取得国内持久的经济增长，只有通过促进国内外中小企业的发展，才能为第三世界国家的发展树立榜样。

一、中小企业发展理论

20 世纪 70 年代以前，集中化和大型化是社会经济发展的主要趋势，中小企业一直处于弱势地位。但是，随着信息技术的发展、产业结构的调整、需求结构的变化以及企业经营模式的转变，中小企业的弱势地位开始发生变化。社会经济发展逐渐演变为分散化、小型化与集中化、大型化共同发展的态势，中小企业面临前所未有的发展机会，成为社会经济中最重要的组成部分。为了对中小企业的存在与发展进行合理的解释，学者们进行了大量有益的探索和解释，比较有代表性的观点有以下几方面。

（一）社会分工观点①

从社会分工角度论述中小企业发展的观点有两种：一种是产业分工理论，另一种是系列分工理论。产业分工理论是从产业适应性的角度分析中小企业的发展问题，代表人物主要有 Clack、Herman、Staley 和 Morse、太田一郎等。英国经济学家 Clack（1940）认为，当人类社会进入 20 世纪后期，出现了第四产业，即通信、信息业，这将伴随着大量劳动力向第四产业转移的趋势。他认为，从第一产业到第二、第三、第四产业的发展序列中，企业的位置越是处在产业链的后部，中小企业的比重越大。Herman（1958）在其代表作《经济发展战略》一书中，提出了“前向和后向关联效应”的概念，这两种效应为中小企业的分工协作指明了明确的方向；他指出，如果中小企业的产品定位是以前后关联的形式出现，或为大企业生产配套产品或零部件，或利用大企业的成品或半成品、边角余料等进行深加工的话，其所面临的风险要比独立经营中小企业风险低得多，同时还有助于大企业的发展，因此，这是一种“双赢”行为。Staley 和 Morse（1965）认为，适宜于企业生存发展的规模与产业有着很大的联系，有些产业适于中小企业的生存与发展，甚至在有些产业，中小企业更具有竞争力，并且他们通过实例对美国

① 李良贤. 基于竞合关系的中小企业成长过程中的共生行为研究［D］. 江西财经大学博士学位论文，2011.

产业组织结构进行了研究，并由此归纳出了适合中小企业生存与发展的产业及其影响中小企业成长的主要因素，提出了促进中小企业发展的主要措施，从而有利于发展“中小产业”。日本学者太田一郎（1985）则通过将经济部门分类，用以说明中小企业得以生存和发展的主要行业。他将经济部门划分为两类：集中型部门和分散型部门。他认为集中型产业只适合于大企业经营，即使中小企业能独立存在，其市场占有率也很低，而分散型部门更适合于中小企业生存。

系列分工理论从企业间分工协作关系的角度分析中小企业发展问题。最具代表性的是日本学者的观点，他们从社会分工的角度专注于配套协作制的研究，将配套协作制视为社会分工结构中一个完整的生产体系，并在此基础上研究该生产体系的效率。例如，以中村秀一郎和清成忠南为代表的专业加工企业论，其主要论点是随着中小企业技术水平的提高，它们已经完全摆脱对大企业的依附关系，形成了具有独特加工能力的企业，而正是这种独特的加工能力，可以使其发挥出高效率，进而形成大企业所依赖的外包体制。以池田正孝为代表的问题还原论，其主要观点是由于在配套协作制中对中小企业剥夺、从属等问题依然存在，而这种垂直的、阶层式的生产体系可以提高日本的国际竞争力，上一阶层的企业选择外包就是为了提高自身效率，以便带来整个生产系统效率的提高。以中村精为代表的支配从属—准垂直一体论，其主要观点是，一方面配套协作制中的企业间的支配从属关系并没有发生改变，另一方面由于大企业存在着对小企业“内制”的可能，因而大企业同中小企业所形成的配套协作实际上是一种准垂直系统，在大企业剥夺中小企业的同时，也克服了社会分工的制约，从而更有利于产品品质和成本的改善。独立关系论认为，配套协作关系的基础是大企业与配套协作企业在地位上的平等，应该认真地关注每一次交易的细节，正确处理交易中的各种问题，努力促成企业间长久的协作关系，这样可以减少因企业间不必要的纷争而造成的成本损失，并且，长期稳定的合作关系有利于提高中小企业进行创新的积极性。

（二）规模经济观点

美国著名经济学家 Stigler（1958）在《规模经济》中提出了企业“最佳规模”

的概念。他认为，在一个产业中，对处于相同环境、拥有相同资源的企业而言，最佳规模企业在市场竞争中生存能力最强，发展最快，否定了企业规模越大越好的传统观念，肯定了中小企业享有规模利益的可能性。日本经济学家末松玄六（1971）在“最佳规模”理论基础上，将西方经典理论与日本实践相结合，创立了“最适规模”理论。他认为，企业所处产业不同，其所需要的最佳规模也不尽相同。所以，在某些产业中，往往只有中小规模的企业才能获得生产与发展的机会，那些呈现多样化的行业尤其不利于大企业的生存。他在《中小企业经营战略》一书的序言中提到：我认为规模越小的企业，利润率、投资效益等生产率越高……中小企业只要能发挥自身优势，自然可以调整到最适规模，获得规模经济，与大企业共存并取得不断的发展。1973 年，美国学者 Schumacher 在《小的是美好的》中指出，工业生产的专业化、大规模的生产模式看似解决了“生产效率”问题，但实际上是一种假象。大规模生产模式直接导致了经济效率降低、环境污染、资源枯竭等诸多社会问题，不能成为经济发展和工业发展的方向。要实现社会的持久发展，必须走小型化、中间化的发展道路，特别要促进中小企业和中间技术的发展。美国未来学家 Toffler（1980）在《第三次浪潮》中也表达了相似的观点。他认为，第二次浪潮的特征是长期生产数百万件同一标准产品，第三次浪潮生产的却是短期的、个别的和完全定做的产品，为适应这一浪潮，中小企业将迅猛发展。在第二次浪潮过程中，企业的管理者所受到的是大规模生产方式的教育，而当第三次浪潮来临时，由于信息生产、家庭生活、市场地点和劳动就业都进一步细分，大规模观念正面临着挑战。管理大师 Drucker 对美国经济发展的事实与数据进行分析指出，20 世纪 70 年代以后美国经济体系已经从由大机构支配的“管理型”经济向由中小企业支配的“创业型”经济转变。第二次世界大战之后的 25 年间，几乎是由大型机构提供了所有的就业岗位，而在此期间所经历的每一次经济衰退、就业岗位减少以及失业等现象主要发生在小型机构。但在 60 年代后期，中小型机构成为美国创造和增长就业岗位的新领域，大型机构所提供的就业岗位不断减少的同时，中小企业却令人惊奇地创造出了更多的就业岗位。中小企业以其高度的灵活性和顽强的生命力在复杂多变的环境中得以生存，其实用性和产业结构的大变革，技术的发展和需求的多元化无疑为中小企业的发展提供了广阔的空间。

（三）其他观点

还有一些学者认为，中小企业的蓬勃发展得益于生产力的发展、科技进步和技术变革等。日本学者中村秀一郎在《大规模时代的终结——多元化产业组织》中指出，20 世纪 70 年代以后，由于产业结构和需求结构变动等诸多原因，大企业生产经营步履维艰，“大规模时代”已经终结，生产力的发展使得日本从大型重化工业时代跨入信息化时代，促使中小企业存在和发展的客观基础正在形成。首先，科技进步推动生产力迅速发展，生产力的发展进一步引起产业结构由资本密集型向知识密集型或技术密集型转移，导致人们对规模经济的根本信念发生动摇。其次，随着人们收入水平的提高，需求结构向多元化、个性化调整，为了适应需求结构的变化，传统的标准化大批量的生产方式被多品种少批量生产方式所取代。最后，中小企业的发展获得国家产业政策的支持。因此，中村秀一郎认为，生产力的发展推动中小企业的蓬勃兴起，中小企业将进入结构性大发展阶段。Karlson（1989）指出，技术进步降低了企业生产的最小有效规模，中小企业中同样存在规模经济。同时，科技进步提高了生产效率，大大降低了企业的生产成本，使得中小企业更有能力获取市场竞争优势，获得生存和发展的空间。另外，科技的发展也极大地降低了进入壁垒的风险，使许多中小企业可以进入更为广阔的领域进行生产经营，因而科学的发展使得中小企业能够蓬勃发展。Acs 和 Audretsch（1993）同样认同技术的发展是中小企业兴起的主要原因。他们认为，科技革命使产业的发展方向发生了根本性的改变，人类已进入一个以创新为主的新的技术时代，旧的经营模式已经不符合新技术时代的要求，官僚化的大企业生产经营模式暴露出严重的缺陷，新的产业形式蓬勃发展，中小企业的灵活性经营方式顺应了这样的发展趋势。因此，科技发展为中小企业的发展提供了一个史无前例的契机，拓展了其生存空间。

二、中小企业兴起的原因

第二次世界大战以后，借助于新技术革命的发展，西方主要资本主义国家实现了中小企业的重新振兴与快速发展，中小企业已成为市场繁荣的基础和经济兴盛的支柱。据资料统计：美国现有中小企业 2000 万家左右，占美国国民生产总值比重的 39%，1/2 的技术创新和 2/3 的新就业来自中小企业。日本现有中小企业 650 万家，占日本企业总数的 99.1%，占其国民生产总值比重在 50%以上。中小企业兴起的原因主要有两个方面①。

（一）新技术革命

随着新技术革命的兴起，科学技术作为第一生产力，极大地推动了生产力水平的提高，也成为中小企业存在和发展的根本原因。第二次世界大战后，特别是 20 世纪 70 年代以后，日、美等主要资本主义国家的科学技术得到了迅速发展，特别是以微电子技术为代表的新技术革命，使构成生产力的诸要素发生了革命性的变革，因此不仅为中小企业提供了先进的生产手段，也为其开辟了广阔的经营领域。科学技术在某一方面的重大突破，不只是产生一个新的产业部门，而是产生一个新的产业群，从而使得传统的有烟工业让位于新兴的无烟工业，“重厚长大型”产品让位于“轻薄短小型”产品，而“轻薄短小型”产品只需较小的空间和较少的设备就能生产，正适应中小企业的生产规模。新兴产业群的兴起，为中小企业在生产领域和流通领域的大量存在创造了条件。另外，科学技术的迅速进步，也给中小企业提供了最新的生产手段。现代科技革命的一些重要成果，为小企业的生产经营创造了技术条件。从而使得许多中小企业有可能利用自身特殊优势在技术进步、经济效益等方面取得较好的成果。20 世纪 70 年代中期以来，许多国家企业规模结构明显地从集中转为分散，由大型转为小型，同时研究开发型中小企业与日俱增，说明科技进步使中小企业生存发展成为可能。

---

① 孙明华. 从中小企业淘汰论到中小企业优势论［J］. 社科纵横，2007（8）：50-52+45.

（二）社会分工进一步深化

生产力和科学技术的迅速发展，生产过程的更加复杂化和进一步专业化，客观上推动了社会分工的发展。这种社会分工的发展，不仅体现为“广度发展”，即社会分工向国际分工发展，而且体现为“深度发展”，即分工深化到对某个零件或某一道工序也要进行分工协作的程度。垄断大企业为获得高额利润，不想也不可能把复杂多样的社会分工全包下来，它们不得不借助中小企业的技术专长，不得不与中小企业发生协作关系。何况有些国家中小企业工人工资极端低下，客观上更加吸引着大企业与之发生协作关系，而这种协作关系很有可能使一些高度专业化的生产职能独立化为中小企业的专有职能。在实际经济生活中，随着生产和技术的发展，专业化协作形式也多种多样，不仅有生产加工的协作，还有原料供给、专业服务的协作，以及在流通领域中的产品经销的协作等。通过这些形式，垄断企业或大企业在生产、流通、服务等领域，动员了社会上无数分散的经济力量，组成了庞大的协作网。社会分工与协作的进一步发展，为中小企业的存在创造了有利条件，它作为“小而精”的经济单位，成为社会分工中不可缺少的细胞。

三、我国中小企业的地位与作用

我国是一个正处于转型期的发展中国家，改革开放 30 余年来，中小企业获得了迅速的发展，已经成为我国国民经济的重要组成部分。我国工业和信息化部中小企业司在解读《中国制造 2025》时指出，中小企业是推动“大众创业、万众创新”的基础，在增加就业、促进经济增长、科技创新与社会和谐稳定等方面具有不可替代的作用，对国民经济和社会发展具有重要的战略意义。大力发展中小企业，是我国一项长期的战略任务。近年来，我国中小企业稳步发展，在国民经济和社会发展中的地位及作用进一步增强。

（一）保持国民经济平稳较快发展的重要力量

中小企业是数量最大、最具活力的企业群体，是社会主义市场经济的重要组成部分，是我国实体经济的重要基础。根据中小企业划型标准和第二次经济普查数据测算，目前中小微企业占全国企业总数的 99.7%。同时，中小企业创造的最终产品和服务价值已占到国内生产总值的 60%，纳税约为国家税收总额的 50%。

（二）改善民生关系与社会稳定的重要基础

就业是民生之本，是社会和谐之基，促进中小企业发展是最大的民生工程。中小企业量大面广，提供的就业岗位多，吸纳的就业人员多，这对缓解就业压力具有非常重要的作用。目前，中小企业提供了 80%以上的城镇就业岗位。国有企业下岗失业人员 80%以上在中小企业实现了再就业，大量农民工主要在中小企业务工。近年来，不少高校毕业生也把中小企业作为就业的重要选择，相当数量的军队退役人员也在中小企业实现了就业。

（三）推动创新和转变发展方式的关键

中小企业是推动创新的生力军。近年来，我国 65%的发明专利、75%以上的技术创新、80%的新产品由中小企业完成。当前，中小企业创新活动更加活跃、创新领域更加广泛，不仅在原有的传统产业中保持旺盛活力，而且在信息、生物、新材料等高新技术产业和信息咨询、工业设计、现代物流、电子商务等服务业中成为新兴力量。2014 年，我国电子商务交易额达到 13 万亿元，同比增长 25%，其中网络零售额增长 49.7%，绝大部分都是中小企业贡献的。

（四）对改革开放的作用日益增强

中小企业发展，既是改革开放的重要成果，也是改革开放的重要力量。量大面广、机制灵活的中小企业参与竞争，形成了充满活力的市场环境，为充分发挥市场在资源配置中的基础性作用创造了条件。中小企业贴近市场，活跃在市场竞争最激烈的领域，与市场有着本质的联系，是构建市场经济体制的微观基础，它的发展为社会主义市场经济创造了多元竞争、充满活力的环境。

第二节　大数据时代对科技发展的影响

在互联网与云计算等一系列新兴技术的支持下，社交媒体、协同创造、虚拟服务等新型应用模式持续拓展着人类创造和利用信息的范围及形式。全面基于信息和网络的生产和创新模式，正在将人类社会带入“第三次工业革命”时代①。新兴信息技术与应用模式的涌现，使得全球数据量呈现出前所未有的爆发式增长态势②。与此同时，数据复杂性也急剧增长，其多样性、低价值密度、实时性等复杂特征日益显著，人类社会经济发展进入到“大数据”时代③。“大数据”背景下，企业生态系统和外部环境之间的边界日趋模糊，信息共享和知识溢出已成为企业生态系统中各成员合作竞争与协同演化的主要方式之一（资武成，2013），从外界获取有价值的数据和知识，进行知识的跨界共享以及协同合作是企业提高核心竞争力和加速技术发展的重要途径。

一、大数据的时代背景

随着云计算技术的快速普及，加之物联网、移动互联网应用的大规模爆发，使新数据源不断出现，全球的数据总量呈指数增长，人类进入了大数据时代。国际数据公司（IDC）的数字宇宙研究报告指出，2011 年全球被创建和被复制的数据总量超过 1.8ZB，且增长趋势遵循新摩尔定律（全球数据量大约每两年翻一番），预计 2020 年将达到 35ZB。美国麦肯锡全球研究院 2011 年 6 月发布题为《大数据：下一个创新、竞争和生产力的前沿》的研究报告，指出“大数据时代已经到来”，数据正成为与物质资产和人力资本相提并论的重要生产要素，大数据的使用将成为未来提高竞争力的关键要素。美国奥巴马政府于 2012 年 3 月发布“大数据的研究和发展倡议”，正式启动大数据发展计划，以提高对大数据的收集与分析能力，增强国家竞争力。随后，英国、加拿大、澳大利亚、法国、日本等 30 多个国家相继启动了大数据计划。Google、IBM、EMC、惠普、微软、阿里巴巴、百度等公司正在积极抢占大数据技术市场。大数据的开发与利用已经在

① 杰里米·里夫金. 第三次工业革命［M］. 北京：中信出版社，2012.

② Lynch C.Big data：How do your data grow?［J］. Nature，2008，455（7209）：28-29.

③ Hilbert M.，Lopez P. The world's technological capacity to store，communicate，and compute information［J］. Science，2011，332（6025）：60-65.

医疗服务、零售业、金融业、制造业、物流、电信等行业广泛展开，并产生了巨大的社会价值和产业空间，大数据已成为一个影响国家、社会和企业发展的重要因素①。

“大数据”的出现，为信息革命打上了深深的烙印，对社会经济产生了巨大的冲击和影响。首先，大数据促进了数据和信息处理技术的快速发展。大数据体积巨大且结构复杂，对大数据处理技术的研究和应用再次激发了信息处理技术的发展。其次，大数据创造了生产者和消费者剩余的新浪潮。对如今的商业活动而言，大数据成为一种重要的战略资源，对大数据进行合理的开发和应用将会产生巨大的剩余价值。最后，大数据推动了各行各业所涌现的层出不穷的创新。大数据将各行各业联系起来，对现有的生产模式、经营模式、管理模式产生新的影响和作用，并催生出更为合理的思路，促进产业结构升级，推动经济发展。

二、大数据时代的特征分析

就企业而言，“互联网+大数据”的发展创造了新的市场竞争环境，使企业更容易采用新技术，为企业的生存与发展提供了新的机遇与可能，企业发展呈现出新时代的特征：大数据技术的处理与运用使得企业从外界获取产品、市场、顾客、竞争对手等方面的信息与知识更加便利；企业与合作伙伴之间的信息传递和知识共享更加频繁；企业之间的知识溢出更加丰富，合作与竞争呈现出多元化趋势②。由此可见，知识的跨界搜寻及共享与企业间的开放式合作是企业在大数据时代的显著特征。

（一）大数据时代知识跨界搜寻与共享

1. 大数据时代知识的新特点

知识作为企业生存与发展的战略资源，是企业竞争优势的根源。在“大数据”的环境下，云计算、云端应用、社交网络以及各种移动设备的不断普及与发

① 何军. 大数据对企业管理决策影响分析［J］. 科技进步与对策，2014（4）：65-68.
② 资武成. “大数据”时代企业生态系统的演化与建构［J］. 社会科学，2013（12）：55-62.

展，知识进入互联的覆盖范围，知识产生了几何级扩张，呈现出新的特征，主要表现在三方面：

第一，知识的模糊性。大数据和云计算改变了过去知识局限于系统载体的状态，大量移动数据和社会数据存在于移动互联网、技术设备、智能穿戴等设备上，基于数据的知识呈现出社会化的特征，知识的泛在化和流动性使得它的边界难以明确定义，移动互联网使知识具有模糊性的特点。

第二，知识的跨地域渗透性。移动互联网打破了知识的时间序列和空间组合绝对化、静态化的传统观念，知识存在一个新的时间和空间范围，组织边界、组织与环境的边界越来越模糊。知识的存储、传输和交互带来巨大的全球综合溢出效应，主要表现为知识的跨领域渗透和知识的跨地域转移，即知识超越国家和地区边界渗透并转移到各行各业，从而形成知识的跨地域渗透特征。

第三，知识的交叉性和复杂性。文化多样性和社会信息化的发展使得知识和主体呈现出交叉性及复杂性的特征。在大数据背景下，知识的交叉性和复杂性得到了极大地增强：一方面，知识的跨行业和跨地域特征使得知识内容交叉性明显；另一方面，最初被认为是无价值的知识在大数据技术的应用下显示出重要的价值，增加了知识的复杂性。

2. 知识跨界搜寻与共享的可能性

“大数据”使信息与知识的跨界搜寻及共享变得更加便利。在大数据背景下，企业的开放性更加明显，开放程度更高，企业边界、产业边界越发模糊。企业的生存与发展空间被无限放大，企业可以利用信息与知识共享平台，通过与行业内、行业外等多种知识来源建立正式或非正式的合作关系，在更大范围内超越地理空间限制，甚至可以在全世界范围内跨越不同产业、技术等边界搜寻及共享最新的科学知识、技术知识和市场知识等资源，获取过去不可能获取的知识。大数据时代，企业在对组织外部知识进行搜寻与共享时，常常会跨越认知边界（例如，跨技术领域边界、跨业务领域边界）和地域边界（例如，跨区域边界、跨国家边界）。

跨认知边界主要关注企业所搜寻与共享的知识与现有知识的相似度，强调企业技术的认知距离。技术革命以前，企业更多地在所熟悉的技术领域或业务领域进行知识搜寻，与拥有相似技术的企业进行知识共享。但是，大数据时代，知识借助于互联网、移动终端、云端等载体以不同的形式呈现在企业面前，这些数据中蕴含着具有商业价值的知识，而这些知识以各种形式出现在不同的公共平台，供各类主体所共享，实现知识在不同主体之间的快速传播，使得企业更加方便、快捷地搜寻与共享不同技术领域和业务领域的知识成为可能。

跨地域边界主要关注企业所搜寻及共享的知识与企业所处区域的地理距离。传统的知识搜寻与共享通常集中在企业所在区域或邻近区域。但是，随着移动互联网的发展以及大数据技术的应用，技术和信息在全球范围内最自由地流动，企业与外部环境的边界越发模糊，企业搜寻知识的空间无限放大，企业不仅可以在与物理和文化相关的地理市场上搜寻知识，还能超越地理空间限制，在全世界范围内搜寻与共享企业发展所需要的知识。

（二）开放式合作

“大数据”背景下，企业边界、行业边界越发模糊，企业在更为开放的环境中进行协同合作，主要表现为运营模式的协同运作以及合作方式的多样化①。

1. 企业的协同效用

在大数据背景下，企业生态系统的协同合作更为紧密和精确，基于大数据资源构建以流程优化和客户订单为导向的协同运作模式已成为企业生态系统的主要运营模式，基于大数据应用的协同运作主要表现为协同设计、协同生产、协同库存和协同物流方面。

（1）协同设计。在产品的设计阶段，加强伙伴间的合作与沟通，倾听客户的心声、考虑产品对环境的影响是提高产品竞争优势的关键，这需要企业生态系统的各成员共同参与、协同设计。传统的设计都是基于企业自身收集的历史数据和静态数据，不能实时动态地把握客户的需求变化。大数据资源的开发和应用，为企业生态系统的协同设计提供了数据支撑和智力支持，企业通过构建基于大数据

① 资武成.“大数据”时代企业生态系统的演化与建构［J］. 社会科学，2013（12）：55-62.

的协同产品设计平台，实时获取设计研发企业、生产制造企业、销售企业等成员企业的反馈信息和知识溢出，为提高产品设计质量提供了智力支持。同时，大数据技术的应用，能实时捕捉客户的需求数据，针对每一个消费者进行完全个性化设计。例如，玩具行业巨头乐高基于在线订购允许客户参与他们自己乐高套件的乐高工厂，对其所需的玩具进行自我设计，以实现客户参与玩具的创造。

（2）协同生产。协同生产的本质就是企业在应用 CAD、CAM、CAPP、ERP 等管理信息系统的基础上，将任务实时合理地安排给各成员企业和企业内部的各制造单元。这个过程难度最大的是对来自企业内外部制造过程中多态的、异构的、实时数据的整合和应用，大数据技术开发和平台应用为实现协同生产提供了便利。如以 Map Reduce 和 Hadoop 为代表的非关系数据分析技术，可以直接对复杂异构的数据进行分析，避免了传统数据库耗费大量时间从不同来源抽取数据加以合并才能用于分析的复杂过程。通过应用这些大数据处理技术，企业实时收集处理供应商数据、客户订单数据、生产车间信息、竞争对手信息、外部市场需求等信息，协调原材料提供商、半成品生产企业、产品生产企业等合作伙伴的生产决策，优化企业生态系统的流程，实现协同生产。

（3）协同库存。传统的企业库存管理中，满足客户需求的同时又尽可能地降低库存成本一直是企业需要破解的难题，大数据的开发和应用为解决这一难题提供了可能。企业生态系统中的合作伙伴，通过对客户企业的实时交易数据、实时生产信息、消费信息等数据的分析，能提前预判客户市场的需要并进行库存补给和管理。例如，全球最大的零售企业沃尔玛和宝洁公司，建立了基于卫星分析的联合库存管理系统，宝洁公司每天能对沃尔玛销售自己产品的实时数据进行分析，并根据分析结果预测和补充库存，即保证了客户的需要，又降低了库存成本。

（4）协同物流。物流运输规划的基石是数据，大数据的特征为企业生态系统中各合作伙伴实施协同物流提供了天然优势。企业通过实时收集和分析供应链系统中原材料、半成品、产品的物流运输信息，从供应链系统视角对各节点企业的仓储选址、物流配送线路、逆向物流进行协调优化，充分利用物流信息资源提高物流效率。如 Teradata 天睿公司通过建立的大数据分析系统，通过获取、整合、分析客户企业、物流设备、物流运输线路、天气等的信息数据，做到智能化的实时安排物流线路，实现整个合作伙伴的协同物流。因此，通过大数据的整合和分析，企业生态系统的合作伙伴能优化企业内外部流程，提高产品质量，降低资源消耗，实现个性化定制生产的同时能更好地适应环境的变化，以实现协同运作。

2. 多样性的合作

在大数据背景下，信息数据已经成为企业生态系统中核心资产，数据传递、信息共享已经成为企业生态系统中成员的重要合作途径。由于大数据资源的动态配置和应用，企业生态系统的合作方式呈现出多元化，主要包括三种方式。

（1）外包。以大数据为核心资源的运营体系中，大数据运行的基础设施和技术开发具有投入成本大、风险高等特征；同时，大数据资源具有易复制、易传播、价值流失快等特点，这使得企业在大数据资源获取和利用方面倾向于选择生态系统中合作伙伴的分享与合作，以实现企业生态系统中大数据资源的柔性配置和规模效率。因此，业务外包已经成为企业生态系统协同商务的主要形式之一，如 IT 设施外包、大数据软件开发外包、数据管理外包等。

（2）众包。众包是指把传统上由指定代理人（如雇员）完成的任务以公开选拔的形式外包给大量不特定的个人去做。众包模式的实质是对离散、零乱的资源的有效利用，深度挖掘大数据蕴含企业生态系统的集体智慧，为企业提供创意设计、生产规划、市场推广、策略评估等服务。例如，在 IT 产业，开源社区（Open Source Community）就是典型的众包模式，各大 IT 巨头都争相采取这种模式构建自己的创新生态系统。许多世界性大公司也都建立了自己的网络平台或者借助众包中介（Crowdsourcing Intermediates）以众包方式解决技术、创意、设计等原来由企业内部流程和资源完成的活动。例如，加拿大矿产公司 GoldCorp 为解决 RedLake 矿区的矿脉定位问题，在网络上公布了该矿区几十年来全部的地质数据，在短短几周内收到大量网民的积极反馈，并根据网民建议从 110 个矿点中准确地发现了 80 多处矿藏。

（3）共同创造。共同创造是让企业生态系统中各成员企业、消费者、投资商、竞争者、互补者、政府组织等主体共同参与产品的价值创造①。从企业生态系统商务圈的视角看，实现共同创造的基本途径是企业整合来自多元系统的数据，包括外部生态系统、外部供应商、消费者等获取信息数据以共创产品。

三、大数据对技术发展的影响

（一）知识跨界共享对技术发展的影响

跨边界的知识搜寻、整合、共享与组织学习是科技发展和技术创新的一种驱动力。发现新知识元素或是发现已有知识元素的“重新组合”是企业技术创新的两种重要途径，行业间的知识溢出和国家间的知识溢出是企业技术创新的重要来源（马如飞，2009）。知识的跨界共享有利于增加企业所拥有知识的多样性和异质性，为企业技术创新提供更加丰富和独特的知识元素选择，使企业突破原有知识的束缚，弥补现有知识结构的缺陷，这会增加知识元素“重新组合”的可能性。此外，跨越行业边界和地域边界的知识共享，有利于企业把握技术发展趋势、发现新的市场机会，挖掘和整合分布在全世界范围内不同产业和不同地域的科技资源，使企业发现新的知识联系或技术组合机会，获取对其技术创新非常重要的外部互补性资源和能力，促进企业在新领域的能力构建，提高企业的环境匹配度，进而提高企业技术创新能力，加快技术发展。

（二）开放式合作对技术发展的影响

高校、科研院所、用户、供应商、竞争对手等是企业重要的外部创新源，企业与外部创新源的开放式协同合作能够提高企业的技术创新能力和技术创新效率。其中，产学研合作是最广泛的开放式协同合作模式。通过与高校和科研院进行合作，企业能够了解最新的技术发展趋势，获取技术创新所需的技术支持，有利于企业产生突破性创新成果；用户，尤其是领先用户可以为企业提供准确的市场需求、关键的创新思想，是企业获取新的技术能力的重要创新源；与具有先进技术能力的供应商合作能够为企业提供市场与技术信息，有效减少新产品开发的

① 李文莲，夏健明. 基于“大数据”的商业模式创新［J］. 中国工业经济，2013（5）：83-95.

周期和成本，提高技术创新成功的可能；企业之间的合作有利于企业获取互补性资源，降低创新风险和成本，缩短研发周期，提升合作双方的创新能力。此外，不同行业的企业进行合作还可能产生协同效应，帮助企业充分利用技术融合和产业融合带来的集成创新机会，通过不同领域知识的碰撞产生完全不同于以往的全新技术。

第三节 科技型中小企业发展的困境与挑战

科技型中小企业作为中小企业队伍中的新生力量，是科技与经济结合的成功范例，是加快培育和发展战略性新兴产业的重要载体，是提高自主创新能力的主力军，还是推动创新型城市建设的重要力量。据相关数据统计，科技型中小企业在解决社会就业以及创造经济效益方面远远高于大企业①。在全国 112 个国家级省级高新技术开发区中，科技型中小企业占到 70%以上②。约 65%的专利、75%以上技术创新以及 80%以上的新产品是由科技型中小企业发明和开发的③。目前，我国科技型中小企业获得了较快发展，经济技术活动已经覆盖了包括电子与信息、生物与医药、新材料、高技术服务、资源与环境等领域，科技型中小企业已经成为我国国民经济的重要组织部分和新的经济增长点。

一、科技型中小企业的特征

科技型中小企业具有较强的适应能力以及灵活的管理机制，因此能适应新技术革命所引起的小型化、分散化的发展趋势，融合了中小企业和高新技术企业两

---

① 朱岩梅，吴霁虹. 我国创新型中小企业发展的主要障碍及对策研究［J］. 中国软科学，2009（9）：23-31.

② 黄荔梅. 提升中小企业科技创新能力的要素分析［J］. 学术评论，2012（6）：95-98.

③ 胡永健，周寄中. 政府直接资助强度与企化技术创新投入的关系研究［J］. 中国软科学，2008（11）：141-148.

方面的优势和特点，具有良好的发展势头。科技型中小企业的特点主要有以下几方面：

（一）灵活性高适应能力强

科技型中小企业所具有的机动灵活的特点使其生产、经营、创新等方面的发展更具适应性。与大企业相比，中小企业在资金、生产能力、技术力量等方面不具有优势。但是，较小的企业规模使科技型中小企业更具灵活性和柔性。由于规模较小的特点，中小企业多采用扁平化的管理，管理层级少，信息流程短，传递质量高，且管理经营权相对集中，有利于管理者迅速决策，根据市场需求配置企业的生产要素，及时创新，及时转出，更灵活地应对市场需求变化，迅速解决企业技术创新过程中遇到的问题。

（二）科技创新能力突出

科技型中小企业主要以高新技术为支撑，从事科研成果产业化、高科技产品开发和新技术服务等科研活动。相较于普通中小企业，科技型中小企业的产品具有较高的科技含量，与普通产品相比，科技型中小企业提供的产品具有较高的附加值。技术创新是科技型中小企业发展的关键。在市场竞争日趋激烈的环境下，科技型中小企业只有不断地进行自主创新，才能不断地发明新技术、研制出新产品，保证其核心技术竞争力，进而通过市场优势在竞争中立于不败之地。

（三）高风险与高回报并存

高风险是科技型中小企业的固有特征，资料显示，美国的科技型中小企业成功率仅有 15%~20%。科技型中小企业面临创新活动单一、创新产品能否取得成功的问题。科技型中小企业由于资源限制，技术创新活动具有单一性，很难同时进行多途径、多项目的研发，在发展过程中面临技术、市场、财务、管理等方面的不确定性。同时，创新面临着新产品的研发能否成功，新产品的市场推广能否被广大消费者接受，市场的容量能否足以弥补前期投入并能盈利等诸多不确定性，因而充满巨大的风险。尽管科技型中小企业存在较高风险，研发投入较高，但是，科技型中小企业所生产的创新产品技术含量高、附加价值大，一旦成功，企业将得到极大的回报，并且可能形成技术垄断所带来的超额利润，获得较高的经济效益。

（四）高投入与高成长并存

由于科技型中小企业集技术密集与人才密集为一体，一项研发活动一旦投入实施定会经历基础研究、试验和产业化三个阶段，且每个阶段都需要大量的资金。随着企业规模的不断扩大，研发力度也将加大，同时企业也需要更多的人力资源投入。但是当科技型中小企业研制成功的新产品或者新技术服务被市场认可并获得暂时的市场垄断地位时，由于企业的产品或者技术服务所含科技含量和附加值较高，企业会在短时期内获得资金积累，进而实现企业的快速发展。此外，企业可以将由技术垄断获得的超额利润继续投资研发活动，保障研发活动的持续进行，企业最终实现不断的发展和壮大。

（五）技术创新外生性大

技术创新需要消耗大量的创新资源，科技型中小企业也必须承担巨大的技术创新风险和市场风险。高度不确定的创新项目需要不同类型的信息，产品生命周期的缩短需要更快的创新速度，快速和持续的创新需要各种来源的知识，因此，较强的创新强度使得科技型中小企业倾向于利用外部资源，寻求合作联盟以共享互补资源和研发的规模优势，共担创新风险和成本，发挥协同效应。

二、我国科技型中小企业发展现状

科技型中小企业是中小企业中最活跃、发展最快的经济力量。经过 30 多年的发展，我国科技型中小企业总量稳步增长，企业的资产和经营规模不断扩大，所有制结构趋于合理，经济效益显著提高，技术创新能力日益增强。在很多地区，科技型中小企业根据资源状况和区位优势，形成了极具地方特色的产业，大大地拉动了区域经济的发展①。

（一）科技型中小企业总量稳步增长

随着我国高新技术产业的发展和国家对科技型中小企业的政策扶持，科技型

---

① 梁菊. 基于科技型中小企业内部知识共享的人力资源管理对策研究［D］. 西南大学博士学位论文，2010.

中小企业数量迅速增长。据相关统计数据显示，1992年，我国科技型中小企业只有26000家，到了2000年，猛增到86100家，增幅为231.15%。2000年以后，科技型中小企业数量逐年递增，2001年底，我国科技型中小企业达到100954家，比2000年增长17.25%；2002年底，我国科技型中小企业达到109384家，比2001年增长8.35%；2003年，我国科技型中小企业达到124937家，比2002年增长14.22%；2004年底，我国科技型中小企业达到141353家，比2003年增长13.14%；2005年底，科技型中小企业达到143991家，比2004年增长1.87%；截至2006年底，我国科技型中小企业达到150595家，比2005年增长4.59%；2007年底，我国科技型中小企业增至162337家，比2006年增长7.80%。2000年以来，我国科技型中小企业年增长率为8.2%。我国科技型中小企业数量稳步增长，科技型中小企业的队伍迅速地发展壮大。根据《中国科技统计年鉴》提供的数据，2011年，规模以上的科技型中小工业企业为316837家，其中，规模较大的中小企业（中型企业）有51475家；2012年，规模以上的科技型中小工业企业为334321家，其中，中型企业有53866家；2013年，规模以上的科技型中小工业企业为314085家，其中，中型企业有55656家。

（二）科技型中小企业经营规模迅速扩大

1998年以前，我国科技型中小企业主要从事技术开发与转让、技术咨询与服务相关活动，因而规模较小，总收入超过亿元的企业甚少。自1998年国家科委和体改委召开全国民营科技企业工作会议，支持民营科技企业进行“二次创业”以来，科技型中小企业的产业化速度加快，一大批具有规模经济的企业应运而生（林汉川，2003）。为了促进科技型中小企业的发展，国家相继颁布《中华人民共和国中小企业促进法》、《关于鼓励支持和引导个体私营等非公有制经济发展的若干意见》、《中华人民共和国科学技术进步法》等，设立“科技型中小企业技术创新基金”，以扶持和鼓励科技型中小企业的发展。2001年，我国中小高科技企业的资产总额为24813.48亿元，2006年这一数额达到75667亿元，比2001年增长了204.94%，平均每年增长40.99%。2006年，收入在100万元以下的科技型中小企业为84017家，占科技型中小企业总数的53.78%，但资产总额仅占全部资产总额的 3.39%，企业数量比重以及资产总额呈逐年下降趋势；收入在 100 万元以上的科技型中小企业为 66578 家，占科技型中小企业总数的 46.22%，资产总额占全部资产总额的 96.61%，企业数量比重以及资产总额呈逐年上升趋势，说明大部分财富是由规模较大的中小企业（中型企业）创造的。同时，2006 年平均每家企业资产额为 5024.5 万元，与 2001 年平均每家企业资产额 2457.90 万元相比，增长了 104.42%。根据《中国科技统计年鉴》提供的数据，截至 2011 年，规模较大的中小科技企业（中型企业）资产总额达到 164119.4391 亿元，2012 年，这一数字是 388802.807 亿元，比 2011 年增长了 136.90%，2013 年，这一数额达到 452247.2824 亿元，比 2012 年增长了 163.18%。相关数据表明，我国科技型中小企业的经营规模在不断地扩大。

（三）科技型中小企业对经济增长贡献增大

科技型中小企业以市场为导向，采取灵活的运行机制，取得了较高的经济效益，对我国经济发展起着重要作用。从 2001 年起，我国科技型中小企业的净利润增幅较大，尤其是 2002 年，净利润比 2001 年增长了 64%，2001~2006 年，年均增长率达到 55.23%。根据《中国科技统计年鉴》提供的数据，2011 年、2012 年以及 2013 年，规模较大的中小科技企业（中型企业）利润总额分别为 15367.4957 亿元、15400.3324 亿元和 41696.7756 亿元，年均增长率达到 57.11%。在创造利润的同时，科技型中小企业为出口创汇也做出了巨大贡献。从 2001 年起，出口创汇水平不断上升，出口创汇额度从 2001 年的 319.8 亿美元增长到 2006 年的 2135 亿美元，年均增长高达 113.52%。2011~2013 年，规模较大的中小型科技企业的出口额分别达到 2606.8843 亿元、3127.9539 亿元、3303.8857 亿元，呈逐年递增趋势。

另外，科技型中小企业还拉动了区域经济的增长。我国科技型中小企业主要分布在我国各高新技术产业开发区，高新区对其所在城市经济发展的贡献度越来越重要，突出体现在企业创造的经济效益方面。根据《中国科技统计年鉴》提供的数据，我国高新区的高技术产品出口贸易额在 2000 年时为亿美元，到 2006 年，这一数额达到 2814.51 亿美元，年增长率达到 109.97%。2007~2013 年，这一数额分别是 3478.19 亿美元、4156.06 亿美元、3769.31 亿美元、4923.79 亿美元、5488.30 亿美元、6011.73 亿美元、6603.30 亿美元。我国高技术产品出口贸易额呈逐年递增趋势，为我国出口贸易做出了巨大贡献。此外，高新区继续为区域经济发展、社会稳定起到了积极的推动作用。2011 年，据对全国 88 家高新区的统计，高新区中小工业增加值占到所在城市比重 30%以上的有 31 家高新区；园区生产总值占当地城市 GDP 比重 20%以上的有 23 家高新区；高新区当年吸纳高校应届毕业生 44.1 万人，较 2010 年增加 2.7 万人。

（四）科技型中小企业技术创新能力不断提高

近年来，我国科技型中小企业技术创新能力不断增强。一方面，我国科技型中小企业的科技经费投入和技术性收入不断增长；另一方面，我国科技型中小企业的专利数量连续增长。

科技经费投入是科技型中小企业进行技术创新的基础和前提条件。从科技经费投入看，我国科技型中小企业的科技经费投入从 2001 年的 497 亿元增长到 2006 年的 1640 亿元，科技经费投入的平均增长速度为 26.01%。其中，2006 年我国科技型中小企业的科技经费投入比 2005 年增长 33.33%，上升幅度较大。据科技部统计，2007 年全国企业的 R&D 经费支出占产品销售收入的比重为 0.81%，比 2006 年的 0.77%增长了 0.04 个百分点。据《中国科技统计年鉴》提供的数据，2011~2013 年，规模较大的中小科技企业（中型企业）的新产品开发经费支出分别为 1513.4569 亿元、1821.4803 亿元、2122.8768 亿元；新产品销售收入分别为 17338.6628 亿元、20155.5278 亿元、24993.3066 亿元。其中，新产品开发经费支出占新产品销售收入的比重分别为 8.73%、9.04%和 8.49%，虽然 2013 年的比重有所下降，但我国科技型企业的新产品开发经费支出占新产品销售收入的比重基本呈逐年上升趋势。

专利数量能够较好地反映企业创新成果。2011 年，我国规模以上中小科技企业的专利申请数为 106551 件，其中，有效发明专利数达到 48166 件；2012 年，规模以上中小企业的专利申请数为 296501 件，其中，有效发明专利数达到 137906 件；2013 年，规模以上中小企业的专利申请数为 343662 件，其中，有效发明专利数达到 169106 件。专利数量和有效发明专利数量在近几年大幅增长，说明科技型中小企业的技术创新能力不断增强。

此外，我国科技型中小企业的技术创新水平高于其他企业。高新技术产业开发区是自主创新的重要载体，在国家级高新技术产业开发区中，科技型中小企业占到 70%以上[①]，因此，高新技术产业开发区企业的创新发展水平可以部分地体现科技型中小企业的创新发展水平。2011 年，国家高新区企业研发（R&D）经费支出占全国研发经费的 35%；R&D 投入强度（R&D 占 GDP 比重）为 5.72%，是全国企业的 3.25 倍。高新区财政经费支出的 7.7%（198.3 亿元）用于科技投入。高新区企业 2011 年获得授权发明专利 2.9 万件，占全国企业发明专利授权的 50.7%；每万名从业人员拥有发明专利 97 件，接近全球专利产出最高的地区；新产品销售收入占产品销售收入的 32.7%；技术合同成交额占全国的 36.2%。

三、我国科技型中小企业面临的困境与挑战

虽然我国科技型中小企业在社会经济发展中取得了一系列重大成就，但在现实发展进程中，科技型中小企业仍然面临一定的困境与挑战。科技型中小企业发展面临的困境主要表现在三个方面。

（一）成长环境困境

制约我国科技型中小企业发展的外部环境主要包括融资环境、社会服务环境以及市场环境，科技型中小企业面临融资难、政府政策不完善、社会化服务体系不完善以及市场竞争环境不公平的问题。

1. 融资制度不健全

资金短缺和融资渠道不畅是科技型中小企业发展所面临的突出问题[②]（杨云峰和樊丰，2013）。首先，从资金的内源方面看，科技型中小企业的资金主要来源于初始股东的自有资金。内源性融资是大多数科技型中小企业扩大生产的主要

① 黄荔梅. 提升中小企业科技创新能力的要素分析［J］. 学术评论，2012（6）：95-98.

② 杨云峰，樊丰. 我国科技型中小企业融资困境及其对策研究［J］. 科学管理研究，2013（2）：94-97.

渠道，但随着企业的发展，自有资金难以满足生产与经营的扩展，使得企业面临资金短缺的发展困境。其次，从外部直接融资方面看，资本市场较严格的信息披露机制、较高的上市门槛以及高昂的融资成本，使得科技型中小企业难以从资本市场上融通资金。尽管创业板市场为有潜力的中小企业提供更方便的融资渠道，具有较低的进入门槛，但创业板市场要求企业的利润逐年增长，这样的高标准对于创业初期的科技型中小企业而言也是望尘莫及。最后，从利用银行贷款的外源间接融资方面看，大多数科技型中小企业属于风险比较大的企业，企业普遍缺乏固定资产，并且这类企业的信息披露机制和企业管理体制通常不够完善，导致科技型中小企业通过银行进行融资非常困难。

2. 政府政策不完善

技术创新是科技型中小企业创新的本质特征，制度的安排对科技型中小企业技术创新有深远的影响。著名经济学家吴敬琏在《制度高于技术》中指出："推动技术发展的主要力量是有利于创新的制度安排。一个合理的制度可以有效地减少企业在创新过程中的不确定性，有助于激励企业的技术创新，给创新营造一个良好的氛围。"完善有关的法律法规，是改善中小企业经营环境、促进中小企业技术创新的前提和保障。随着国家对科技型中小企业发展的高度重视，国家、省、市在财税支持、金融扶持、技术创新、市场开拓、社会服务和权益保护等方面出台了一系列的优惠政策，初步建立起促进中小企业发展的政策支持体系，为科技型中小企业实现又好又快发展提供了良好的政策保障。但仍然存在需要进一步细化完善之处：政策的执行和落实不到位，由于制定部门不同，制定时期不同，针对问题不同，政策上存在重复、矛盾、空白，一些政策流于文件形式，缺乏可操作性，部分优惠政策的享受门槛过高。

3. 社会化服务体系不完善

完善的社会化服务体系是推动中小企业快速发展的基石。以日本为例，其中小企业技术创新支援体系由政府机构、金融机构、行业组织、中小企业基金和其他机构共同组成，并设立相应的技术支援中心，与其他中小企业服务机构合作，全面提供技术咨询、商务洽谈与专家指导等服务，有效缓解了科技型中小企业发展中普遍存在的人才短缺、信息闭塞、技术单一等难题。虽然我国在社会服务平台的建设上取得了长足的进步，包括科学研究中心、工程技术中心、孵化器、科技园、行业协会等社会化服务体系初步建立。但是我国的社会化服务机构还不成熟、不完善，存在着很多问题：一方面，数量少、专业化水平低，彼此独立、协同程度低且行为不规范、服务功能单一，没有建立强大的信息网络系统，不能有效促进中小企业间的技术、信息交流；另一方面，现有的公共服务机构，尚未建立起完善的跟踪服务机制，使其服务效能大大降低，无法对科技型中小企业进行有效的指导与服务。

4. 市场竞争环境不公平

与大企业相比，科技型中小企业综合实力较弱，因此，其进入的行业大多是那些市场进入壁垒较低、市场集中度也较低的行业。也就是说，科技型中小企业大量存在的行业往往更加接近于经济学上所说的完全竞争的市场结构。这决定了科技型中小企业在市场上将面临比大型企业更大、更激烈的竞争。但是，在现实发展过程中，中小企业往往处于面临行政性壁垒等不公平竞争环境，企业的发展受到大企业特别是垄断企业的制约（朱岩梅和吴霁虹，2009）。例如，一些地方政府在地区和部门利益驱使下，往往采取地方保护政策，极大地影响到市场配置资源的效率和市场上的公平竞争，这样的市场环境显然不利于科技型中小企业的成长。

（二）企业资源困境

科技型中小企业的发展离不开资源的支撑。但是，资源匮乏一直是制约科技型中小企业创新与发展的主要瓶颈，包括资金与融资能力、人力资源以及信息资源困境三方面。其中，资金与融资困境在“成长环境困境”中已经提及，本部分重点阐述人力资源困境和信息资源困境。

1. 人力资源

科技型中小企业是以科技人员为主体的知识密集型经济实体，企业在管理、研发和创新等方面需要持续的人力资源支持。但是，由于经济原因和社会原因，科技型中小企业缺乏强大的人力资源支持：一方面，科技型中小企业人力资源投入能力有限，在客观上形成人力资源投入低与高素质人才需求的矛盾；另一方面，科技型企业总体竞争力不强，报酬系统和激励机制处于非正式状态，并且，企业缺乏有效的人才培养机制，导致企业员工向心力减弱，人才流动频繁。

2. 信息资源

随着信息时代的来临，信息在企业经营中的作用日益明显，成为企业发展中的一项关键资源。信息在企业资源配置过程中扮演着双重身份。①信息本身是企业资源的一个部分，是企业发展过程中所需的各种知识，包括科技知识、技术知识、市场知识等。知识资源是知识经济时代科技型中小企业创新发展所需的重要战略资源。但是，由于知识的特点以及企业能力的局限，科技型中小企业却面临碎片知识整合、知识共享等困境。②信息在企业资源的整合中提供了“战略平台”。通过优化整合企业所有资源、变革其生产力要素结构和相应的管理系统，以提升企业的竞争力。信息的整合能力是通过对其他要素的渗透、优化与有效组合实现的。但是，我国中小企业在信息化建设过程中由于各种原因存在对信息化认识不足、投入不足、投入不平衡、投入结构不合理、缺乏专业技术人才等问题，使得我国科技型中小企业的信息化进程还相对缓慢。

（三）技术创新困境①

1. 创新资源严重匮乏

广义上讲，创新资源包括创新资金、创新技术、创新人才和创新信息，核心是企业的技术能力。现实情况是，除了一些高技术企业，我国大多数传统产业的中小企业不仅没有独立的研发能力，甚至连独立的研发部门、专职的研发人员都没有，传统的技术创新主体的缺失往往意味着封闭，创新也是缺失的。据统计，我国 95%以上的中小企业还没有一项属于自己的专利，除了专利申请和知识产权保护意识淡薄这一主观原因，更主要的原因在于企业技术开发能力欠缺，拿不出像样的成果。缺技术、缺人，再加上创新投入难以保证，创新信息获取能力有限，科技型中小企业创新开展确实不易。

① 张震宇，陈劲. 开放式创新环境下中小企业创新特征与实践［J］. 科学学研究，2009（2）：525-531.

2. 创新手段不健全

具有一定技术创新能力的中小企业往往过分依赖技术创新手段，而忽视其他创新手段如组织创新、市场创新的配合使用；没有技术创新能力的中小企业只能把创新重心放在商业模式上；还有个别中小企业只能搞一些管理方面的创新。创新手段单一可能制约创新绩效的实现，进而挫伤企业创新的积极性。

3. 技术成果转化困难

技术成果转化困难是科技型中小企业经常面对的一个严峻问题。企业投入大量研发资金取得的成果，要么因为市场原因无法转化，要么因为资金原因自己不能转化。技术成果不能变成创新成果，大量的投入变成沉没成本，对企业来说是致命的。

4. 创新成果管理困难

很多中小企业到现在还没有形成一个完整的知识产权管理理念，或者因为不愿支付相对较高的专利申请和保护费用而没有将自己的技术成果转化为知识产权，并纳入日常管理范畴；或者怕泄露企业技术秘密而不愿公开，却被竞争对手仿制且无法主张权利，企业蒙受巨大损失。管理自己的技术成果甚至比创造成果本身还让中小企业头痛。

虽然科技型中小企业在创新和发展过程中面临诸多困境和挑战，但科技型中小企业具有机制灵活、组织结构简单、专业化程度较高等特点，在市场竞争中对市场反应灵敏、决策迅速，能够不断地满足消费者的需求，创造巨大的社会价值和经济价值。另外，就科技型中小企业而言，“互联网+大数据”的时代背景创造了新的市场竞争环境，使企业更容易采用新技术，为企业的技术创新提供了新的机遇；开放式创新范式的发展有利于企业克服创新资源的局限，为企业提高自主创新能力提供可能。

本章小结

本章主要介绍了研究问题提出的背景，包括中小企业在未来发展中的地位、大数据时代对技术发展产生的影响以及科技型中小企业发展面临的困境与挑战等。改革开放以来，我国中小企业迅速发展，是国民经济的重要组成部分，在经济发展、技术创新、增加就业和促进经济结构调整等方面起着越来越重要的作用。就中小企业而言，“互联网+大数据”的发展创造了新的市场竞争环境，为知识的跨界共享提供了便利，使企业更容易采用新技术，为中小企业的技术创新提供了新的机遇与可能。但是，作为中小企业中最活跃的创新主体，科技型中小企业在创新发展中却面临着融资困难、政策不完善、人才缺乏、创新成果转化困难等困境与挑战。因此，科技型中小企业应该顺应时代发展的趋势，采取合适的技术创新战略，实现可持续发展。

第二章　相关文献综述

第一节　科技型中小企业创新绩效相关研究

一、科技型中小企业的界定

科技型中小企业是一个复合的概念，需要从中小企业与科技型企业两方面界定。

中小企业一般指规模较小或是处于创业阶段和成长阶段的企业，是一个与大企业相对而言的概念①。一般而言，国际上对中小企业的界定和划分主要有定量及定性两种方法。最常见的是定量划分法，即从雇员人数、资产额及营业额等方面进行界定。定性划分方法主要从企业所有权、经营权等经济形态进行主观区分，再结合定量标准进行界定。由于经济发展情况的不同，世界各国对中小企业的划分标准也不尽相同。随着社会经济的发展和市场环境的变化，我国对中小企

---

① 林汉川，邱红．中小企业管理［M］．北京：高等教育出版社，2010.

业的制定标准进行了相应调整：2003 年实施了《中小企业促进法》，首次对中小企业进行权威界定，并出台了《中小企业标准暂行规定》，在此基础上，2011 年制定了《中小企业划型标准规定》，结合行业特点，根据企业从业人员、营业收入、资产总额等指标重新对中小企业划分为中型、小型和微型三种类型。本书结合现有关于中小企业的界定标准，将企业员工人数在 500 人以下的企业称为中小企业。

科技型企业，在国际上也被称为高技术企业，这些企业的产生和发展离不开高新技术的发展，而高新技术的发展离不开企业的研发与创新。经济合作与发展组织（OECD）将研发强度作为界定高技术企业的指标；美国将研发强度占总产出的比重以及研发人员占企业全员的比重两个指标作为界定高技术企业的指标；日本根据科学技术创新速度、技术密集程度等指标界定高技术企业。陆立军和盛世豪（2005）认为，科技型企业是指那些研制、开发、生产、销售高技术产品或大规模运用高技术的企业，它不同于一般企业的本质特点是在为社会提供产品或劳务的过程中涉及的基于新兴科学知识的技术含量比较高①。

在美国，科技型中小企业也被称为创新型中小企业，科技型中小企业是以创新为使命的企业。我国《中小企业促进法》将科技型中小企业界定为：以科技人员为主体，由科技人员创办，主要从事高新技术产品的科学研究、研制、生产、销售，以科技成果商品化以及技术开发、技术服务、技术咨询和高新产品为主要内容，以市场为导向，实行“自筹资金、自愿组合、自主经营、自负盈亏、自我发展、自我约束”的知识密集型经济实体。我国科学技术部将科技型中小企业定义为：科技型中小企业是指从事高新技术产品研发、生产和服务的中小企业群体，在提升科技创新能力、支撑经济可持续发展、扩大社会就业等方面发挥着重要作用。蔡乐平（2011）将科技型中小企业界定为：从事高新技术产品研制、生产和销售，以科技成果商品化和技术转让、技术服务、技术咨询为主要内容，以

① 陆立军，盛世豪. 科技型中小企业：环境与对策［M］. 北京：中国经济出版社，2005.

市场为导向的知识密集型经济实体①。

基于已有的研究成果，可以将科技型中小企业定义为，以一定的研发人员为基础，具有相对较高科技含量的产品的研发、生产、销售能力，并具有一定的创新文化的中小企业。

二、科技型中小企业创新研究

（一）技术创新是科技型中小企业创新的本质特征

创新理论的创始人熊彼特指出，创新是经济增长的发动机，是“建立一种新的生产函数”，把一种从来没有过的生产要素与生产方式的“新组合”引入生产体系，以获得潜在利润的过程，并进一步明确创新的五种情况：采用新产品、采用新的生产方法、开辟新市场、获得新供应商和形成新组织。熊彼特的创新概念涉及范围较广，不仅包括技术性变化的创新，还包括非技术性变化的创新。

熊彼特（1990）曾指出，中小企业想要生存和发展，就要依靠技术创新寻找出路。中小企业是技术创新的主体力量。Autio 和 Lumme（1998）通过实证研究发现，大部分中小企业都习惯于采用技术创新以促进自身成长②。吕巍等（2001）基于战略视角对中小企业的创新行为进行分析时指出，与大型企业相比，中小企业更可能在理念创新、市场创新、服务创新或技术创新方面找到适合自身的发展道路，其中技术创新对于中小企业而言是几种创新活动中最重要的③。迟宁等（2010）认为，在同等外部环境条件下，大量的中小企业能够发展壮大的重要原因在于凭借技术创新而呈现出的强大生命力④。相关研究显示，我国中小企业提供了全国约 75%以上的技术创新⑤。

虽然技术创新对中小企业的成长和发展具有重要意义，但现有研究却忽视了

① 蔡乐平. 我国民营中小科技企业项目融资风险控制分析［J］. 科技管理研究，2011（1）：112-115.

② Autio E.，Lumme A. Does the innovator role affect the perceived potential for growth? Analysis of four types of new，technology-based firms［J］. Technology Analysis & Strategic Management，1998，10（1）：41-55.

③ 吕巍，吴韵华，刘晓彬. 从战略的视角看中小企业技术创新［J］. 经济管理，2001（6）：36-41.

④ 迟宁，邓学芬，牟绍波. 基于技术创新的中小科技企业成长性评价——我国中小企业板上市公司的实证研究［J］. 技术经济与管理研究，2010（5）：46-49.

⑤ 欧新黔. 推动中小企业自主创新，促进中小企业健康发展［N］. 中小企业简报，2006-05-04.

技术创新对不同类型企业有着不同影响的问题。陈晓红和马鸿烈（2012）将中小企业类型分为科技型和非科技型[①]，通过实证研究发现，技术创新对科技型中小企业和非科技型中小企业的成长性是不同的：技术创新对非科技型中小企业的成长性无显著影响，对这些企业的发展只是起基础和辅助作用；而技术创新对科技型中小企业的成长性有显著正向影响，是促进科技型中小企业发展的有力手段。技术创新是科技型中小企业创新的本质特征。

科技型中小企业作为中小企业群体中最富有创新活力和创新能力的部分，是中小企业技术创新的主体，它们具备一般中小企业所不具备的科技优势（吴杰等，2005）：较小的企业规模、较高的专业化程度、简单的组织结构等组织特点决定了科技型中小企业在技术创新方面具有较强的竞争力，是高新技术产业发展的探路者；科技型中小企业的技术创新具有适应性强、创新行为灵活性好、创新范围广、创新性效率高、创新成功率高等优势，但是这些企业也面临着融资困难、人才缺乏、创新风险大等劣势（张丽玮等，2008；张鹏，2008）。

（二）开放式创新与科技型中小企业的技术创新研究

从资源视角看，企业的技术创新是关键资源成长、积累和整合的过程[②]。知识经济时代，产品生命周期迅速缩短，技术创新复杂性不断增强，企业仅仅依靠自身资源难以完成创新任务。在这样的背景下，传统的“封闭式创新”模式正在被“开放式创新”模式所取代，企业从外部获取创新资源，技术创新被学者们视为对企业内外部资源进行有效整合的非线性过程（Chesbrough & Crowther，2006；Henkel，2006）。由于技术创新的本质是对知识进行重新组合和创造性使用的过程，并且及时创新需要消耗大量的创新资源，获取更多的知识资源，进而提高创新质量成为创新企业的主要目标，企业往往打破组织边界，向外部更广泛的开放性渠道获取创新信息、知识等资源。对于科技型中小企业而言，企业的自身特点和技术创新特征决定了其资源的局限性，仅仅依靠自身的资源和能力难以满足技

---

① 陈晓红，马鸿烈. 中小企业技术创新对成长性影响——科技型企业不同于非科技型企业？［J］. 科学学研究，2012（11）：1749-1760.

② 郑素丽. 组织间资源对企业创新绩效的作用机制研究［D］. 浙江大学博士学位论文，2008.

术创新需求，尤其是在外部环境迅速变化的知识经济时代。因此，外部环境的动荡变化和自身资源的局限促使科技型中小企业向组织边界外去寻找创新资源。

三、科技型中小企业创新绩效研究

（一）创新绩效的研究视角

创新绩效是衡量企业创新活动的重要结果，现有研究主要从三个角度研究创新绩效：企业能力视角、社会网络与社会资本视角以及开放式创新视角。企业能力视角始终将关注的焦点放在企业内部的组织结构安排、不同部门之间的协调机制与效率对企业创新绩效的提升作用。企业能力观认为企业创新绩效受到企业自身能力体系的制约，如企业的创新能力、获取外部知识的吸收能力、网络关系的协调能力、整合和重构资源的动态能力等。社会网络与社会资本视角打破了资源基础理论将企业视为原子的观点，认为创新绩效的提升是企业通过合理安排与外部创新网络的联结方式、流程以及对网络治理机制的设计等实现的。社会资本是企业嵌入社会结构中的位置所带来的资源，通过直接影响资源获取而影响创新绩效。开放式创新作为创新管理领域一种全新的思维模式，其本质是外部创新资源的获取与利用①（陈钰芬和陈劲，2008）。企业通过对内外资源的整合与利用以减少市场和技术的不确定性，进而提高创新绩效，创新开放度、创新搜寻等活动均会影响企业的创新绩效。

（二）科技型中小企业创新绩效的评价指标

科技型中小企业创新绩效评价一直是企业管理者和投资者关注的热门问题，其盈利能力和发展潜力与其创新绩效紧密相关。学者们对科技型中小企业的创新绩效评价更多地从技术创新绩效角度进行。技术创新绩效评价是对现实的技术创新绩效水平的评价，能够检验其是否为企业的目标服务，监督技术创新过程的发展。对技术创新绩效的评价需要构建技术创新绩效指标体系来支撑。一般来说，科技型中小企业的创新绩效评价指标可分为财务指标和非财务指标；单一指标和

---

① 陈钰芬，陈劲. 开放度对企业技术创新绩效的影响［J］. 科学学研究，2008（2）：419-426.

多维指标；创新产出指标和创新过程指标。

1. 财务指标和非财务指标

财务指标反映企业创新活动所导致财务绩效的提高和改善，主要集中在生产和销售领域，包括新产品市场占有率、单位产品成本降低率、新产品利润率、新产品销售额占企业总销售额的比率等。然而，财务指标评价体系大多是照搬企业绩效评价体系，虽然可以揭示由产业因素所产生的企业绩效差异，却无法揭示企业间真正的差异①，并且很多企业不愿意提供真实财务数据，导致财务绩效的客观正确性难以保证（Mcgee & Peterson，2000）。因此，在中小企业对自身技术创新绩效的评价过程中，非财务指标显得尤为重要②，非财务指标往往具有较高的一致性与可信性③，这种通过专家评分来获取企业相关创新信息的主观指标既保证了问卷题项设计的灵活性，又保证了研究的信度和效度④。

2. 单一指标和多维指标

早期研究大多采用单一指标来衡量企业的技术创新绩效，如 R&D 资源投入、专利数据或新产品数量等。Hagedoorn 和 Cloodt（2003）指出，单一指标可以较高地衡量高技术企业的创新绩效，而多指标之间存在着统计上的重叠⑤。若过分强调 R&D 资源投入、专利数据等单一指标的评价不仅不能很好地反映企业的技术创新绩效，还会给决策者带来片面的认识和误导⑥。大多学者认为，技术创新作为一个复杂的系统工程，其活动的多样性、阶段性以及各创新活动间的层次性决定了创新绩效评价指标的复杂性和层次性，创新绩效的评价指标体系应该呈现

---

① Pertusa-Ortega E. M., Zaragoza-Sáez P., Claver-Cortés E. Can formalization, complexity, and centralization influence knowledge performance? [J]. Journal of Business Research, 2010, 63 (3): 310-320.

② 李林生. 网络组织下人力资源配置对中小企业创新绩效的影响研究 [D]. 江苏大学博士学位论文, 2012.

③ Chandler G. N., Hanks S. H. Measuring the performance of emerging businesses: A validation study [J]. Journal of Business Venturing, 1993, 8 (5): 391-408.

④ Lee C., Lee K., Pennings J. M. Internal capabilities, external networks, and performance: A study of technology-based ventures [J]. Strategic Management Journal, 2001 (22): 615-640.

⑤ Hagedoom J., Cloodt M. Measuring innovative performance: Is there an advantage in using multiple indicators? [J]. Research Policy, 2003, 32 (8): 1365-1379.

⑥ 陈劲，陈钰芬. 企业技术创新绩效评价指标体系研究 [J]. 科学学与科学技术管理，2006 (3): 86-91.

出多维度特征。在多指标测量体系中，申请的专利数、新产品数量、新产品占销售总额的比重、新产品开发速度和新产品的成功率等指标成为测量技术创新绩效的焦点。

3. 创新产出指标和创新过程指标

创新产出指标强调绩效是结果，反映企业技术创新活动实施的效果和现实绩效，包括经济效益指标、技术效益指标和社会效益指标等，表现为申请专利数、新产品或新服务数量。创新过程指标强调绩效是过程，反映企业技术创新活动的管理水平和潜在绩效，包括研发投入、创新管理、创新应用等，表现为研发人员数量与经费、研发人员与客户交流的频率、企业技术活动数等（陈劲和陈钰芬，2006；高健等，2004）。一般情况下，从结果角度衡量创新绩效的可行性最大，并且测量结果的准确性也最高①。

目前，国内学者多使用主观性多指标来衡量科技型中小企业的创新绩效，并且从创新效益和创新效率两个角度测度技术创新绩效。

（三）科技型中小企业创新绩效影响因素实证研究

在我国特殊的经济背景下，许多学者对科技型中小企业创新活动和创新绩效的影响因素进行分析，主要包括企业外部环境因素、企业内部因素和社会网络因素。周国红和陆立军（2001）通过实证检验了影响科技型中小企业创新绩效的三个重要行为要素：企业 R&D 投入水平、技术开发机构完善程度以及营销能力的强弱。张旭军等（2012）以河北省科技型中小企业为调查对象，发现这些企业的创新活动主要局限于国内范围，创新重点在于改进技术水平、提高产品产量和质量，并指出当企业的创新战略与竞争环境相匹配时以及学习模式与技术来源相适应时，企业能够获得更高的创新绩效。张德茗和李艳（2011）实证验证了科技型中小企业的知识吸收能力对创新绩效的驱动作用。其中，潜在吸收能力有利于企业获取更多的外部知识，现实吸收能力能够帮助企业实现外部知识到创新产出的

① 孔凡柱. 企业家内部社会网络与技术创新绩效：跨功能知识整合的中介效应［J］. 华东经济管理，2014（8）：97-100+148.

转化。姜波（2011）根据科技型中小企业的发展阶段特点，提出了基于组织学习的领导者行为与技术创新绩效的关系模型，实证验证了任务型、关系型和变革型领导者行为以及组织学习对企业技术创新绩效的贡献。姜波和毛道维（2011）在对科技型中小企业的资本结构与创新绩效的关系进行分析时指出，资本结构中的负债比重越高，企业经营现金流和财务负担越重，进而对企业的技术创新活动产生负面影响。李贞和杨洪涛（2012）以长三角地区236家科技型中小企业为调查对象，实证验证了科技型中小企业知识两个内部能力（整合和吸收能力）与学习能力等企业外部能力，共同促进企业创新绩效的提升。马晓芸和何红光（2015）通过对浙江省科技型中小企业的实证研究发现，网络关系嵌入和知识获取对科技型中小企业创新绩效具有正向影响。

第二节　跨界搜寻与创新绩效相关研究

"跨界"（Boundary-spanning）一词最早出现在20世纪七八十年代组织行为和组织理论的文献中，描述企业跨越组织边界的活动，最早由Rosenkopf和Nerkar（2001）引入战略管理领域，并将企业跨越组织边界和产业技术边界的探索活动界定为跨界搜寻[①]。企业通过跨边界的资源搜寻可以接触到合作伙伴的新知识（尤其是隐性知识），获取新的创意、解决创新问题，避免企业陷入"创新者窘境"（Christensen，1997；朱朝晖，2007）。特别是在开放式创新背景下，创新者往往会通过市场的外部渠道搜寻企业外部的创新思想并使其商业化[②]。跨界搜寻成为继企业内部研发和外部并购之后第三条提高企业竞争优势的重要途径

① Rosenkopf L., Nerkar A. Beyond local search: Boundary-spanning, exploration, and impact in the optical disk industry [J]. Strategic Management Journal, 2001, 22 (4): 287-306.

② Chesbrough H. Open innovation: The new imperative for creating and profiting from technology [M]. Boston: Harvard Business Press, 2003.

(Grant, 1996; Katila & Ahuja, 2002; 熊伟等, 2011)。

已有相关研究对于跨界搜寻会影响企业创新产出和竞争优势达成了共识并取得了一定的研究成果。通过对现有文献进行梳理发现，跨界搜寻对创新产出的关系研究主要有三个方面。

一、跨界搜寻对创新绩效的直接影响研究

跨界搜寻能够帮助企业有效监控内外环境变化，使企业从外部不同知识源获取异质性新知识，丰富了企业内部知识存量，增加了新知识与企业原有知识组合创新的机会，帮助企业发现新的市场需求并发现潜在的新兴市场，以此解决企业的创新问题，提高企业成功创新的可能。因此，一部分学者支持跨界知识搜寻对企业创新具有积极影响的观点。

Nelson 和 Winter（1982）指出，对外部环境的搜寻帮助企业发现更多的异质性资源，从而创造新的技术和知识组合[①]。Brown 和 Eisenhardt（1997）指出，与那些仅依靠内部技术来源的企业相比，对组织边界以外前沿技术的搜寻在新产品生产上更成功[②]。Rosenkopf 和 Nerkar（2001）运用专利引用数据，通过对光盘行业后续技术演化的实证研究发现，同时跨越组织边界和技术边界的搜寻对这些企业的后续技术发展具有非常显著的影响。Ahuja 和 Lampert（2001）利用化学行业专利数据，基于认知搜寻视角，对企业如何进行突破性发明的问题进行了探索，研究发现企业对新颖的、新兴的以及全新的技术探索有利于企业的突破性发明[③]。Katila 和 Ahuja（2002）将企业搜寻行为分为搜寻深度和搜寻宽度两个维度，利用机器人行业专利数据进行研究发现，搜寻行为与企业新产品开发之间存在相关

① Winter S. G., Nelson R. R. An evolutionary theory of economic change [M]. Cambridge: Harvard University Press, 1982.

② Brown S. L., K. M. Eisenhardt. The art of continuous change: Linking complexity theory and time-paced evolution in relentlessly shifting organizations [J]. Administrative Science Quarterly, 1997 (42): 1-34.

③ Ahuja G., Lampert C. M. Entrepreneurship in the large corporation: A longitudinal study of how established firms create breakthrough inventions [J]. Strategic Management Journal, 2001, 22 (6-7): 521-543.

关系，搜寻宽度对产品创新具有显著的正向影响①。Ettlie 和 Pavlou（2006）② 通过对 72 家汽车公司经理及他们的供应商的调查数据发现，企业边界以外的技术搜寻能够提高企业的创新性。Henttonen 等（2011）发现市场知识驱动搜寻、科学知识驱动搜寻和一般知识驱动搜寻三类开放式搜寻战略均能促进企业的创新绩效③。Wu 等（2013）通过实证研究证实了地理跨界搜寻对企业创新的积极影响。魏江和冯军政（2009）认为，企业需要超越本地搜寻，利用冗余搜寻和系统搜寻加强对新知识的探索，识别新的技术机会进行突破式创新，提高企业创新绩效。邬爱其和李生校（2011）以新创集群企业为研究对象，实证验证了企业专业外知识深度搜寻对产品创新的正向影响，以及合作深度搜寻对市场创新的正向影响。张文红和赵亚普（2013）实证研究结果表明，技术知识跨界搜寻和市场知识跨界搜寻均有利于产品创新④。奉小斌和陈丽琼（2015）以 188 家浙江省科技型中小微企业为实证样本，验证了市场知识搜寻和技术知识搜寻能够提升中小微企业的协同创新能力。宋慧林等（2015）将跨界搜寻的概念引入到酒店服务创新领域，探索酒店跨界搜寻对酒店服务创新的影响，实证结果表明，技术知识和市场知识跨界搜寻都能够促进酒店服务创新。

然而，另外一些学者却发现，开放式创新为企业带来的外部知识对企业创新可能存在负向影响。例如，Ann 和 Paul（2005）对爱尔兰电子公司进行研究发现，企业从供应商处搜寻的创新信息与企业创新绩效之间的关系并不显著⑤。Belderbos 等（2004）以荷兰制造企业为研究对象，发现从组织外部搜寻的创新信

---

① Katila R., Ahuja G. Something old, something new: A longitudinal study of search behavior and new product introduction [J]. Academy of Management Journal, 2002, 45 (6): 1183-1194.

② Ettlie J. E., Pavlou P. A. Technology-based new product development partnerships [J]. Decision Sciences, 2006, 37 (2): 117-147.

③ Henttonen K., Ritala P., Jauhiainen T. Exploring open search strategies and their perceived impact on innovation performance-empirical evidence [J]. International Journal of Innovation Management, 2011, 15 (3): 525-541.

④ 张文红，赵亚普. 转型经济下跨界搜索战略与产品创新 [J]. 科研管理，2013 (9): 54-63.

⑤ Ann L., Paul C. Splendid isolation: Does networking really increase new product success? [J]. Creativity & Innovation Management, 2005, 14 (4): 366-373.

息与企业创新绩效之间存在不显著的负相关关系①。Lööf 和 Heshmati（2003）在对瑞士制造业企业的外部知识搜寻进行研究时发现，竞争对手的知识搜寻对新产品销售额具有积极影响，但是对顾客的知识搜寻与企业创新绩效之间呈负相关关系②。Miotti 和 Sachwald（2003）发现，来自科研院所的新知识以及竞争对手的新知识与新产品创新绩效之间存在负相关关系③。

二、跨界搜寻对创新绩效的双重影响研究

虽然不少研究证实了跨越组织或技术等边界的知识搜寻能够为企业创新带来更大收益，但研究表明企业的搜寻行为应该维持在一定的临界点范围内，避免"过度搜寻"（Over Search）行为（Laursen，2012；Li et al.，2008），过度搜寻会增加企业的搜寻成本以及新旧知识的整合成本，降低搜寻的可靠性并增加风险和不确定性，不利于企业的创新产出。因此，许多学者研究发现，跨界搜寻行为并非总是有利于创新的，即跨界搜寻对创新产出的影响可能并非线性的，而是倒 U 型的。Uzzi（1997）在对企业间网络嵌入性进行研究时指出，对外部技术的搜寻惯性可能导致在技术搜寻中产生过度嵌入，而过度嵌入会使企业对外界环境的冲击变得脆弱或者使企业与它所在网络之外的信息隔绝，从而破坏企业的经济绩效④。Katila（2002）通过对机器人产业的专利数据进行分析时指出，对组织内部旧知识的搜寻有利于工艺流程创新，但达到一定临界点后便会对企业的技术革新产生负面影响，研究还发现，对竞争对手旧知识的过度搜寻会给企业的产品研发绩效带来负面影响。由于知识搜寻本身是有成本的，而且人的认知能力和企业组

① Belderbos R.，Carree M.，Lokshin B. Cooperative R&D and firm performance [J]. Research Policy，2004，33（10）：1477-1492.

② Lööf H.，Heshmati A. Knowledge capital and performance：A new firm level innovation study [J]. International Journal of Production Economic，2003，76（1）：61-85.

③ Miotti L.，Sachwald F. Co-operative R&D：Why and with whom? An integrated framework of analysis [J]. Research Policy，2003，32（8）：1481-1499.

④ Uzzi B. Social structures and competition in interfirm networks：The paradox of embeddedness [J]. Administrative Science Quarterly，1997，42（1）：35-67.

织能力是有限的[①]，因此，企业的搜寻行为应该维持在一定的临界点范围内，否则过度的搜寻将会增加企业的负担。Katila 和 Ahuja（2002）在对机器人行业企业的搜寻行为和新产品数量之间的关系进行研究时发现，企业创新绩效部分是搜寻行为的函数，知识搜寻宽度和深度与新产品创新之间均呈倒 U 型关系。部分企业表现出过度搜寻倾向，任何一方的过度投入都不利于组织的创新活动，只有搜寻深度和广度达到一定的平衡状态时，才有利于企业的持续创新。在此基础上，Ahuja 和 Katila（2004）基于技术与地理边界，研究跨学科边界搜寻和跨地理边界搜寻对技术创新的影响，分析结果表明，两个维度的跨界搜寻与技术创新均呈倒 U 型关系[②]。Laursen 和 Salter（2006）以整个英国制造业的 2707 家企业为调查样本进行研究发现，外部搜寻宽度和深度越大，企业的新产品产值越高，但过度的知识搜寻宽度会阻碍创新绩效的提升[③]。对于过度搜寻带来的负面影响，他们给出的解释是，过于宽广的外部知识搜寻意味着企业可以选择的创意过多，从而造成企业处理和研发每个创意的精力分配问题以及吸收能力问题，此外，并非所有创意都适合企业的发展，在错误的时间和错误的地点选择和开发不合适的创意将会产生某些问题。

郭国庆和吴剑锋（2007）以 141 家美国大型电子医疗设备上市企业为研究对象，对企业技术探索广度与创新绩效的关系进行了相关研究时指出，企业的探索行为存在一个临界点，在临界点前，企业创新绩效随技术探索强度的增加得到提升，但是超过临界点后，技术探索对创新的效益逐渐下降，甚至是阻碍新技术的发明，企业技术探索与技术创新之间呈现曲线关系。同时他们指出，文章是以美国大型企业为研究对象，研究结论可能并不适用于中小企业。陈钰芬和陈劲（2008）在研究不同产业的企业开放度对创新绩效的影响时指出，外部创新资源

① Laursen K.，Salter A. Open for innovation：The role of openness in explaining innovation performance among U. K. manufacturing firms [J]. Strategic Management Journal，2006，27（2）：131–150.

② Ahuja G.，Katila R. Where do resources come from? The role of idiosyncratic situations [J]. Strategic Management Journal，2004，25（8–9）：887–907.

③ Laursen K.，Salter A. Open for innovation：The role of openness in explaining innovation performance among U. K. manufacturing firms [J]. Strategic Management Journal，2006，27（2）：131–150.

的获取和利用是开放的本质，开放对创新绩效具有促进作用，但过度开放会对企业带来负面影响[①]。具体分析结果表明，对于经验驱动型产业的企业来说，对外部创新要素开放度越高，创新绩效越高，但对于科技驱动型产业的企业来说，行业特点导致专有知识泄露风险增大，过度开放对技术创新产生负面影响，开放度和创新绩效呈倒U型曲线关系。吴晓波等（2013）以全球半导体行业上市公司为样本，实证验证了跨界搜寻与企业创新产出的技术影响力间呈倒U型曲线关系。

学者的研究表明，不同类型的跨界搜寻对创新产出或不同类型创新的影响是不同的。Nerkar（2003）利用美国33家医药行业企业的专利引用数据研究基于时间维度的跨界搜寻对创新影响力的影响，研究结果表明，利用式搜寻对创新影响力具有正向线性影响，而探索性搜寻与创新影响力呈倒U型关系[②]。Phene等（2006）基于技术边界和地理边界，利用生物技术行业的专利数据研究跨技术领域和跨国家领域的知识对突破式创新的影响，研究发现，来自国外的相关技术领域知识对突破式创新具有显著正向影响，本国的技术领域的知识与突破式创新呈倒U型关系，而同时跨技术、跨国家边界的知识对突破式创新无显著影响[③]。Katila（2002）以欧洲、日本和美国的131家机器人企业为研究对象，将企业的搜寻空间分为三部分，企业内部空间、企业所处产业内空间和产业外空间，在此基础上研究搜寻的知识新旧属性对企业产品创新的影响，结果发现，对产业外旧知识的搜寻将促进创新，而对产业内的旧知识搜寻会阻碍创新。陈钰芬和叶伟巍（2013）指出，不同类型的外部合作伙伴对创新绩效的重要性存在差异[④]。通过对我国创新型企业进行问卷调查发现，对企业创新绩效促进作用最大的是向纵向对合作企业进行知识搜寻，而对创新绩效促进作用最小的是向横向对合作企业进行

① 陈钰芬，陈劲. 开放度对企业技术创新绩效的影响［J］. 科学学研究，2008（2）：419-426.

② Nerkar A. Old is gold? The value of temporal exploration inthe creation of new knowledge［J］. Management Science，2003，49（2）：211-229.

③ Phene A.，Fladmoe-Lindquist K.，Marsh L. Breakthrough innovations in the U. S. biotechnology industry：The effects of technological space and geographic origin［J］. Strategic Management Journal，2006，27（4）：369-388.

④ 陈钰芬，叶伟巍. 企业内部R&D和外部知识搜寻的交互关系——STI和DUI产业的创新战略分析［J］. 科学学研究，2013（2）：266-275+285.

知识搜寻。Chiang 和 Hung（2010）基于组织间知识流动视角，将开放式创新搜寻宽度视为一种探索性学习方式，将搜寻深度视为一种利用性学习方式①。他们利用 184 家中国台湾电子制造企业研究数据，通过实证研究发现，开放式搜寻宽度对创新企业的突破式创新产生积极影响，而开放式搜寻深度对渐进性创新产生影响。Hwang 和 Lee（2010）通过对韩国信息与通信技术（ICT）产业进行研究发现，外部搜寻宽度与渐进性创新呈显著的倒 U 型关系②。李生校（2013）基于企业搜寻的“内容—行为”组合，提出 8 种外部创新搜寻战略类型，以新创企业为研究对象发现，对本地以往知识、本地现在知识、全球以往知识和全球现在知识进行搜寻的广度及深度均与新创企业创新绩效之间存在倒 U 型相关关系③。

三、跨界搜寻对创新绩效的影响机制研究

（一）调节作用

跨界搜寻活动具有情景依赖性，它是在一定的外部环境条件和内部组织情景下进行的，跨界搜寻与企业创新产出的关系会受到这些情景因素的影响。

1. 组织外部环境因素

现有研究普遍认为环境动态性是影响搜寻行为与创新绩效关系的重要情景变量。但是，关于环境动态性对跨界搜寻与创新关系的调节作用存在一定的分歧。一部分学者认为，动态性较高的环境导致企业现有知识过时，为了应对动荡变化的环境，企业会增加搜寻概率，跨界搜寻活动为企业创新提供新知识，从而促进产品或服务的创新。例如，Jansen 等（2006）指出，高度动态环境使企业面临技术、市场需求和消费者偏好的不断变化，企业必须不断地搜寻以保证及时适应外部环境的变化④。Cassiman 和 Veugelers（2006）指出，在动态环境中，企业不能

① Chiang Y. H., Hung K. P. Exploring open search strategies and perceived innovation performance from the perspective of inter-organizational knowledge flows [J]. R&D Management, 2010, 40 (3): 292-299.

② Hwang J., Lee Y. External knowledge search, innovative performance and productivity in the Korean ICT sector [J]. Telecommunications Policy, 2010, 34 (10): 562-571.

③ 李生校. 外部创新搜寻战略对新创企业创新绩效的影响研究 [J]. 管理学报, 2013 (8): 1185-1193.

④ Jansen J. J. P., Van Den Bosch F. A. J., Volberda H. W. Exploratory innovation, exploitative innovation, and performance: Effects of organizational antecedents and environmental moderators [J]. Management Science, 2006, 52 (11): 1661-1674.

从内部做出对所有技术和市场发展的响应，因此他们通常更加积极地获取外部知识[①]。Teece（2007）认为，企业处于相对稳定的环境中，可以从现有技术和市场中获取价值，探索性学习的积极作用变得没有那么强烈。Sofka 和 Grimpe（2010）发现，环境动态性正向影响市场知识搜寻与创新绩效之间的关系[②]。阳银娟和陈劲（2014）指出，企业在面对高度动态的商业环境和更高的技术复杂度时，需要提高自身的开放度以降低创新成本，提高创新绩效，并以我国高科技制造企业为研究对象，实证验证了环境动态性对开放式创新开放度与创新绩效的关系中起着正向调节作用。薛捷和张振刚（2015）指出，在高度动态的环境中，企业往往更加强烈地依赖于外部知识，探索性学习变得更加重要，这增加了外部知识对于创新和绩效的影响。

学者认为，高动态环境会降低搜寻活动所获取新知识的价值[③]，从而降低跨界搜寻活动对创新的正向影响。沈灏和李垣（2010）认为，在高度动态性环境下，知识接收方所获取的知识不能给自身带来创新收益，使得企业跨界知识搜寻对创新绩效的提升作用有可能减弱。Johnsen 和 Ford（2000）指出，对外部知识的过多利用可能影响企业内部研发部门的战略性地位，造成企业对外部知识源的依赖，不利于企业日后创新[④]。Sidhu 等（2007）探索技术环境动态性在跨界搜寻与企业创新关系中的调节作用，结果表明，供给端跨界搜寻对创新性的影响在高技术动态性环境下是正向的，而在低技术动态性环境下是负向的；需求端跨界搜寻对创新性的影响在高技术动态性环境下是负向的，而在低技术动态性环境下是正向的；地理端跨界搜寻对创新性的影响在何种环境下都是正向的。

有的学者也研究了其他外部环境因素对跨界搜寻与创新的调节作用。例如，

---

① Cassiman B., Veugelers R. In search of complementarity in innovation strategy: Internal R&D and external knowledge acquisition [J]. Management Science, 2006, 52 (1): 68-86.

② Sofka W., Grimpe C. Specialized search and innovation performance-evidence across Europe [J]. R&D Management, 2010, 40 (3): 310-332.

③ Levinthal D. A., Posen H. E. Bringing context to the exploration exploitation trade-off: Considering the impact of selection and turbulent environments [R]. Working Paper, University of Michigan, 2009.

④ Johnsen T. E., Ford I. D. Managing collaborative innovation in complex networks, findings from exploratory interviews [C]. The 16th Annual MP Conference University of Bath, Bath, UK, 2000.

张文红和赵亚普（2013）发现，行业竞争强度和所有权类型是跨界搜寻与产品创新的重要情景变量。其中，行业竞争强度在技术知识跨界搜寻促进产品创新的关系中起到正向调节作用，在市场知识跨界搜寻促进产品创新的关系中起负向调节作用。相比外资企业，内资企业进行市场知识跨界搜寻对产品创新的影响较大。胡保亮和方刚（2013）指出，本地集群网络位置能够提升企业的知识基础和吸收能力，并且能够通过获取创新所需的互补资源以及打破创新的路径依赖进而对知识搜寻与创新绩效的正向关系起到调节作用①。张文红等（2014）利用苏州工业园区 270 家制造企业的样本数据，实证分析得出地理跨界搜寻与企业创新存在 U 型关系，反映行业的吸引力和盈利能力的行业增长对二者的关系起到了显著的消极调节作用，即行业增长的不断提高将会减弱企业地理跨界搜寻对创新的积极影响②。奉小斌和陈丽琼（2014）通过对国内外主要学术数据库中关于跨界搜寻与创新绩效间关系的 33 篇实证文献进行元分析发现，动态环境和文化背景是跨界搜寻与创新绩效关系研究中的重要情景因素，跨界搜寻对创新绩效的影响在动态环境中和西方文化背景下更为显著③。

2. 组织内部情景因素

影响跨界搜寻与企业创新关系的组织内部因素包括组织结构、吸收能力、研发能力、创新战略等。Dil 和 Wagner（2012）以德国制造企业为样本，分析组织结构对跨界搜寻与创新绩效的调节作用，研究结果表明，低集权化组织结构能够提高搜寻深度的有效性，而专业化组织结构能够提高搜寻宽度的有效性。Salgeet 等（2012）通过对 1170 家德国企业数据进行分析时发现，吸收能力对外部知识搜寻与新产品的关系起正向调节作用。陈钰芬和叶伟巍（2013）对科技驱动型产业和经验驱动型产业的创新战略进行分析时指出，企业内部 R&D 和外部知识搜寻之间存在互补性，R&D 能力是企业外部知识搜寻对创新绩效影响的一个重要

① 胡保亮，方刚. 网络位置、知识搜索与创新绩效的关系研究——基于全球制造网络与本地集群网络集成的观点［J］. 科研管理，2013（11）：18-26.

② 张文红，唐彬，赵亚普. 地理跨界搜索对企业创新影响的实证研究［J］. 科学学与科学技术管理，2014（11）：172-180.

③ 奉小斌，陈丽琼. 组织跨界搜索与创新绩效间关系的元分析［J］. 技术经济，2014（10）：41-50.

调节因素。阮爱君和陈劲（2015）从正式—非正式知识搜寻视角出发，探究网络嵌入性和吸收能力在外部知识搜寻宽度与企业创新绩效关系中的调节作用①。实证验证了网络关系质量和吸收能力对正式外部知识搜寻宽度与创新绩效关系中的显著正向调节作用，以及结构洞对非正式外部知识搜寻宽度与创新绩效关系的显著正向调节作用。郭国庆和吴剑锋（2007）发现，技术探索强度对企业创新绩效的直接影响受到企业现有知识库的深度、宽度和潜在机会的调节②。吴航和陈劲（2015）基于注意力理论视角，将外部知识搜寻分为知识搜寻选择和搜寻强度两部分，探索知识搜寻选择（本地知识搜寻和国际知识搜寻）对创新绩效的影响以及搜寻强度（搜寻努力程度和搜寻持续性）的调节效应③。研究结果表明，本地知识搜寻和国际知识搜寻均对创新绩效具有正向影响，而且国际知识搜寻的正向效应更为明显。搜寻强度的两方面均正向调节国际知识搜寻与创新绩效的关系，负向调节本地知识搜寻与创新绩效的关系。此外，张峰和刘侠（2014）从外部市场环境和内部创新策略两个层面探讨外部知识搜寻的宽度和深度的作用边界及作用机理，研究结果表明，知识搜寻与市场环境和创新策略的匹配显著影响创新绩效④。

（二）中介作用

金昕和陈松（2015）以 214 家知识密集型服务企业为研究样本，实证验证了动态能力（感知能力、转化能力和资本能力）在知识源深度和广度与创新绩效间的中介作用及调节作用⑤。研究指出，外部知识源战略作为企业外部获取知识的组织学习方式，对组织的感知能力和转化能力具有促进作用，而企业迅速感知环境变化的能力和对知识与信息进行及时更新及应用的能力，帮助企业开拓新市场

---

① 阮爱君，陈劲. 正式/非正式知识搜索宽度对创新绩效的影响［J］. 科学学研究，2015（10）：1573-1583.

② 郭国庆，吴剑峰. 绩效管理企业知识库、技术探索与创新绩效关系研究：基于美国电子医疗设备行业的实证分析［J］. 南开管理评论，2007（3）：87-93.

③ 吴航，陈劲. 企业外部知识搜索与创新绩效：一个新的理论框架［J］. 科学学与科学技术管理，2015（4）：143-151.

④ 张峰，刘侠. 外部知识搜寻对创新绩效的作用机理研究［J］. 管理科学，2014（1）：31-42.

⑤ 金昕，陈松. 知识源战略、动态能力对探索式创新绩效的影响——基于知识密集型服务企业的实证［J］. 科研管理，2015（2）：32-40.

或开发出满足新需求的产品和服务，进而不断提升企业的创新绩效，感知能力和转化能力在知识源深度和广度与探索式创新绩效之间起部分中介作用，而对现有资源进行重新配置的资本能力仅在知识源深度与探索式创新绩效的关系中起正向调节作用。缪根红等（2014）构建了外部创新搜寻、知识整合与创新绩效的分析框架，实证验证了知识整合在外部新知识搜寻与创新绩效之间的部分中介作用，以及在外部旧知识搜寻与创新绩效之间的完全中介作用①。奉小斌和陈丽琼（2015）利用浙江省中小微科技型企业的样本，探索互补性与辅助性知识整合在跨界知识搜寻与企业协同创新能力关系中所起的中介作用②。文章指出，技术知识搜寻和市场知识搜寻均有利于中小微企业协同创新能力的提升，并且互补性知识整合在技术知识搜寻与协同创新能力之间起完全中介作用，而互补性知识整合和辅助性知识整合在市场知识搜寻与协同创新能力之间起部分中介作用。唐朝永等（2014）将失败学习引入创新搜寻与组织创新关系的研究框架中，构建了“外部创新搜寻—失败学习—创新绩效”的概念模型，并以我国商用飞机产业及其相关辅助产业企业为研究对象，实证验证了失败学习在外部创新搜寻与企业创新绩效之间起部分中介作用③。

第三节　动态能力与跨界搜寻及企业创新相关研究

市场与技术的快速变化加快了产品与技术创新的频率，使得企业生存和发展的外部环境的不确定性越来越强。为了获取持续的竞争优势，企业需要随外部环

① 缪根红，陈万明，唐朝永．外部创新搜寻、知识整合与创新绩效关系研究［J］．科技进步与对策，2014（1）：130-135.

② 奉小斌，陈丽琼．外部知识搜索能提升中小微企业协同创新能力吗？——互补性与辅助性知识整合的中介作用［J］．科学学与科学技术管理，2015（8）：105-117.

③ 唐朝永，陈万明，彭灿．外部创新搜寻、失败学习与组织创新绩效［J］．研究与发展管理，2014（5）：73-81.

境的变化而更新它们的有价值资源。Teece 等（1994，1997）提出了动态能力的概念，即整合、重构组织内外部资源、技术和流程以快速响应市场变化的能力，将环境动态性引入企业内在能力体系，并指出企业的竞争优势来源于企业的动态能力，进一步深化和发展了资源基础理论和竞争优势理论。因此，动态能力的研究成为战略管理领域的热点前沿。

通过对动态能力相关文献进行梳理发现，目前，对动态能力的研究主要集中在以下几个方面：动态能力的内涵与维度划分、动态能力的形成与演化、动态能力的影响因素以及动态能力对企业产出的影响。本书将重点阐述与本研究主题相关的影响动态能力形成与演化的企业创新搜寻行为，以及动态能力对企业创新产出的影响。

一、跨界搜寻与动态能力关系研究

对于搜寻与动态能力的关系，学术界存在两种观点：第一种观点认为，动态能力包括搜寻，如识别机会与威胁的能力，或者是识别消费者需求、技术机会和竞争发展变化的能力（Augier & Teece，2007；Teece，2007），该观点将搜寻过程看作是一种允许企业获取持续竞争优势的动态能力①；第二种观点认为，搜寻并不是动态能力本身，而是动态能力的引擎（Enablers）或是抑制剂（Inhibitors）②，是巩固和使动态能力能够得到部署的管理和组织过程③。Morris 等（2014）指出，试图理解动态能力起源的学者一直努力地阐明具体的能力并找到企业内部变异的来源，而知识搜寻可以帮助发展这一主题④。Helfat 等（2007）指出，企业创造、扩展或重构其资源基础的途径有两个：一个是在组织内部开发新的产品或服务，

---

① Eisenhardt K. M.，Martin J. A. Dynamic capabilities：What are they? [J]. Strategic Management Journal，2000，21（10-11）：1105-1121.

② Ambrosini V.，Bowman C. What are dynamic capabilities and are they a useful construct in strategic management? [J]. International Journal of Management Reviews，2009，11（1）：29-49.

③ Helfat C.，Finkelstein S.，Mitchell W.，et al. Dynamic capabilities：Understanding strategic change in organizations [M]. London：Blackwell，2007.

④ Morris S.，Hammond R.，Snell S. A microfoundations approach to transnational capabilities：The role of knowledge search in an ever-changing world [J]. Journal of International Business Studies，2014（45）：405-427.

对现有的组织惯例进行变革，另外一个是跨越组织边界寻求新的资源。因此，企业可以通过组织内部和组织外部两种途径提升自身的动态能力。Chesbrough（2006）认为，动态能力具有情景依赖性，而开放式创新强调了环境的情景。在开放式创新环境中，越来越多的企业选择从组织边界外获取企业所需资源，对组织边界外新资源的探索有助于企业动态能力的形成与提升。Sörensen 和 Stuart（2000）指出，跨越组织边界的搜寻行为是组织适应动态环境的必要途径，企业为了构建和培育机会感知能力，必须跨越技术与市场边界进行扫描、搜寻和探索①。现有研究主要从知识和组织学习视角研究跨界搜寻对动态能力形成与演化的影响。

基于知识或学习视角的动态能力研究认为，企业之所以对自身能力进行改变的原因是隐藏在组织能力背后的知识已经不再适合环境的变化，动态能力的形成过程就是追求新知识的过程。动态能力的高阶特征可以理解为探索性学习模式②，探索性学习是知识获取的具体过程③，可以促进企业动态能力④。企业的跨界搜寻为企业带来了新知识和新机会，有利于企业更新现有知识基础，对应组织二阶动态能力的发展，是通过组织能力构建组织竞争优势的重要前提（Nerkar，2003；Benner & Tushman，2003；Danneels，2008；焦豪，2011；肖丁丁，2013）。Danneels（2008）认为，技术知识搜寻有利于培育企业的动态能力⑤。他在对企业二阶动态能力的组织前因变量进行研究时指出，利用是对企业已有资源进行的学习活动，对应组织一阶动态能力的发展，探索是积累新资源的组织学习方式，对应组织二阶动态能力的发展，企业通过搜寻和整合异质性知识获得二阶能力，即构

① O'Reilly Ⅲ C. A., Tushman M. L. Ambidexterity as a dynamic capability: Resolving the innovator's dilemma [J]. Research in Organizational Behavior, 2008 (28): 185-206.

② March J. G. Exploration and exploitation in organizational learning [J]. Organization Science, 1991, 2 (1): 71-87.

③ Lane P. J., Koka B. R., Pathak S. The reifi cation of absorptive capacity: A critical review and rejuvenation of the construct [J]. Academy of Management Review, 2006, 31 (4): 833-863.

④ Wang C. H. How relational capital mediates the effect of corporate reputation on competitive advantage: Evidence from Taiwan high-tech industry [J]. Technological Forecasting & Social Change, 2014, 82 (82): 167-176.

⑤ Danneels E. Organizational antecedents of second-order competences [J]. Strategic Management Journal, 2008, 29 (29): 519-543.

建一阶能力的能力。焦豪等（2008）在对企业动态能力构建路径进行分析时指出，组织需要通过学习的过程在竞争中搜寻新知识，从而实现企业知识资产结构的更新，塑造具有适应性的组织惯例①。马鸿佳等（2008）基于资源基础理论和企业能力理论指出，资源是企业发展的基础，能力是企业发展的关键，对于科技型企业而言，对外部新知识和技术等关键资源的获取能够提升企业的动态能力②。马如飞（2009）在对跨界搜寻与企业绩效的关系进行研究时指出，跨界搜寻是一种典型的探索性组织学习方式，跨界搜寻带来的多样化、异质性知识更有利于企业的知识创新和动态能力的形成。闫春（2013）指出，技术搜寻包括技术监控和技术扫描，能够帮助企业在技术创新中识别出为企业所用的科学和技术进步。其中，技术监控对应搜寻的广泛性，是针对某个特定技术领域的技术搜寻；技术扫描是对信息和知识搜集的深入性，针对企业目前的技术研究尚未涉及的全新技术领域技术发展机遇的搜寻，以搜寻信息和知识为目的的技术扫描则是动态能力的重要前因变量（Danneels，2008）。聂雪林和张炜（2013）通过对开放式创新行为的回顾和梳理，构建了开放式创新过程的“行为—情景—能力—绩效”整合理论模型，模型显示，在开放式创新模式中，企业的技术探索行为和应用行为显著地影响企业动态知识能力的形成过程。赵亚普等（2014）基于 Teece 的研究指出，非本地搜寻能够为企业带来新的差异化知识元素，及时更新现有知识库，增强企业的动态能力③。金昕和陈松（2015）从知识搜寻作用角度构建了“知识源战略—动态能力—创新绩效”的关系模型，并指出，向外部知识源搜寻新知识对企业动态能力具有促进作用。

① 焦豪，魏江，崔瑜. 企业动态能力构建路径分析：基于创业导向和组织学习的视角［J］. 管理世界，2008（4）：91-106.

② 马鸿佳，葛宝山，汤浩瀚. 科技型创业企业资源获取与动态能力关系的实证研究［J］. 科学学与科学技术管理，2008（11）：139-143.

③ 赵亚普，张文红，陈斯蕾. 动态环境下组织冗余对企业探索的影响研究［J］. 科研管理，2014（2）：10-16.

二、动态能力与企业创新关系研究

对于动态能力与企业创新的关系，很多学者肯定了动态能力对企业创新产生的积极促进作用。Teece（1997）认为，动态能力可以促进企业知识、技术和信息的转移，推进产品和工艺的创新，进而提高企业的技术创新绩效。Ettlie 和 Pavlou（2006）在对汽车企业进行调查研究时发现，新产品开发动态能力能够提高企业新产品成功率并促进新产品商业化进程①。Marsh 和 Stock（2006）指出，企业需要持续不断地创新以适应产品生命周期不断缩短的现实，而这正需要企业依靠动态能力适应环境的变化②。Agarwal 和 Selen（2009）在对电信企业进行实证研究时发现，对动态能力的运用和管理能够促进企业的服务创新③。Liao 等（2009）通过实证研究发现，动态能力在互联网企业资源存量与创新的关系中具有中介作用④。Ellonen 等（2009）通过对四家出版企业进行探索性案例分析以探讨动态能力与创新的相关性，结果显示，企业的感知、捕获和重组能力对企业创新产生显著的影响，具体地，动态能力单维度较高的企业更倾向于激进性创新，而动态能力三个维度都高的企业则倾向于进行渐进性创新⑤。Makkonen 等（2014）在对处于金融危机的芬兰海运业、媒体行业以及食品加工行业企业进行案例研究时发现，企业的再生能力和更新能力能够提高这些企业的新产品销售比例⑥。

我国学者对动态能力与企业创新的关系研究也取得了一定的进展。龚一萍

---

① Ettlie J. E., Pavlou P. A. Technology-based new product development partnerships [J]. Decision Sciences, 2006, 37 (2): 117-147.

② Marsh S. J., Stock G. N. Creating dynamic capability: The role of intertemporal integration, knowledge retention, and interpretation [J]. Journal of Product Innovation Management, 2006, 23 (5): 422-436.

③ Agarwal R., Selen W. Dynamic capability building in service value networks for achieving service innovation [J]. Decision Sciences, 2009, 40 (3): 431-475.

④ Liao J. J., Kickul J. R., Ma H. Organizational dynamic capability and innovation: An empirical examination of internet firms [J]. Journal of Small Business Management, 2009, 47 (3): 263-286.

⑤ Ellonen H. K., Wikström P., Jantunen A. Linking dynamic-capability portfolios and innovation outcomes [J]. Technovation, 2009, 29 (11): 753-762.

⑥ Makkonen H., Pohjola M., Olkkonen R., et al. Dynamic capabilities and firm performance in a financial crisis [J]. Journal of Business Research, 2014, 67 (1): 2707-2719.

(2010) 指出，动态能力为企业创新提供动力源泉和能力基础，是企业成功创新的关键①。张钢和王宇峰（2012）实证验证了动态能力是高技术企业创新活动的能力基础②。沈锭荣和王琛（2012）从资源位势、市场感知能力、整合重构能力、学习吸收能力、网络协作能力五方面界定动态能力，实证检验了企业动态能力对技术创新绩效的积极影响③。苏敬勤和刘静（2013）构建了复杂产品系统创新动态能力与创新战略和创新绩效的理论模型，并通过大样本的问卷调查发现，动态能力通过创新战略对产品创新绩效产生显著影响④。江积海和蔡春花（2014）指出，动态能力是企业有目的地创造、拓展或整合资源库的能力，动态能力加速了企业运作能力的演化，运作能力的演变带来了具有价值的资源组合的更新与变化，从而对企业创新产生影响。并通过对中国南车 2005~2011 年动车组的纵向案例分析，印证了其提出的“动态能力—运作能力—资源组合—创新绩效”逻辑框架⑤。吴航（2015）基于整合能力视角，从机会识别能力和机会利用能力两方面度量企业的动态能力，指出机会识别能力使企业通过外部资源整合以发现创新机会，同时，机会利用能力使企业通过内部资源整合与组织重构解决创新问题，进而推动企业创新，并通过实证研究发现动态能力能够提升企业的创新绩效。张炜等（2015）基于动态能力视角，利用 129 家中小科技型企业的调研数据检验了中小科技型企业动态知识管理能力与创新绩效的关系⑥。研究表明，动态知识管理能力能够提升企业的创新绩效。范景明和肖洪钧（2015）基于案例嵌入式统计方法，以如家酒店为探索性单案例研究对象，构建了酒店企业动态能力对创新绩效影响的作用模型，并通过调查数据实证验证了动态能力的三个维度（顾客需求

① 龚一萍. 企业动态能力与企业创新的相关分析［J］. 企业经济，2010（4）：8-12.

② 张钢，王宇峰. 组织模块性、知识基础与创新绩效——以动态能力为中介变量的实证研究［J］. 浙江大学学报（人文社会科学版），2012（2）：206-220.

③ 沈锭荣，王琛. 企业动态能力与技术创新绩效关系研究［J］. 科学管理研究，2012（2）：54-58.

④ 苏敬勤，刘静. 复杂产品系统中动态能力与创新绩效关系研究［J］. 科研管理，2013（10）：75-83.

⑤ 江积海，蔡春花. 企业动态能力对创新绩效的作用机理——中国南车动车组 2005~2011 年纵向案例研究［J］. 中国科技论坛，2014（4）：148-154.

⑥ 张炜，赵娟，童欣欣. 动态知识管理能力与创新绩效关系研究：创新开放度调节效应［J］. 科技进步与对策，2015（5）：131-135.

感知能力、产品创新能力和组织学习能力）对酒店企业创新绩效具有显著正向影响[①]。

第四节　文献述评

通过对以往相关文献的回顾，学者们基于不同理论视角对开放式创新环境下的企业跨界搜寻问题进行了研究，并取得了丰富的研究成果，为后续研究奠定坚实的理论基础。但是，已有研究仍存在对某些问题的忽视。

第一，在对科技型中小企业创新相关研究进行综述时发现，获取外部创新资源是科技型中小企业进行创新的重要途径。开放式创新成为科技型中小企业创新的重要模式。但是以往创新研究多以发达国家的大中型企业为研究对象，缺乏对科技型中小企业的研究，这就造成了开放式创新理论本身的空缺。

第二，通过对跨界搜寻与企业创新关系的相关研究进行综述发现，目前已有研究存在以下几点不足：①现有创新搜寻的研究大多关注企业对技术知识的搜寻，而忽视了对市场知识的搜寻。成功的创新同时需要技术知识和市场知识（Teece，1986），有必要从技术知识和市场知识两方面考虑企业的跨界搜寻行为。②目前，关于跨界搜寻对企业创新的直接影响研究较多，但是探究跨界搜寻对企业创新产生影响的中介作用机理研究较为匮乏。因此，未来研究有必要探索跨界搜寻影响创新绩效的中间机制。③外部环境是影响跨界搜寻与创新绩效关系的重要情境变量，但已有研究就外部环境作用于跨界搜寻对创新绩效的影响边界存在较大分歧。因此，从环境动态性角度考察跨界搜寻对企业创新绩效的影响，有助于更加深刻地了解企业跨界搜寻的边界问题。

---

① 范景明，肖洪钧．酒店动态能力对其创新绩效的影响——基于案例嵌入式统计方法［J］．技术经济，2015（1）：77-81.

第三，通过对跨界搜寻与动态能力关系以及动态能力与企业创新关系的相关文献进行综述发现，动态能力的研究特别是实证研究相对较少（Gebauer，2011；Ellonen et al.，2009；吴航，2015），具体表现在三个方面：①相关研究缺乏对跨界搜寻与动态能力之间关系的实证验证。跨界搜寻有利于企业获取外部知识资源，知识资源是动态能力形成与提升的关键，但是相关研究并没有对跨界搜寻与动态能力的关系进行详细的阐述与实证验证，这也是本书接下来所要做的工作。②缺乏动态能力对企业创新的影响机理研究。一方面，虽然已有研究表明动态能力对企业创新有积极影响，但没有深入探讨这种影响是如何发生的，即缺乏动态能力对创新绩效产生影响的中介作用机理研究；另一方面，对动态能力作用结果的权变因素缺乏系统研究，动态能力影响创新的作用边界并不明晰。动态能力的产生背景使其与生俱来就与环境动态性有着密切关系①（宝贡敏和龙思颖，2015），但目前就环境动态性是如何作用于动态能力对企业创新影响的研究较为匮乏。③对于动态能力与创新绩效的关系研究大多以大中型企业为研究对象，缺少对中小企业的研究。中小企业由于自身资源的局限，必须具有与外部环境相匹配的适应能力才能生存发展，动态能力对中小企业来说尤为重要。因此，有必要实证验证动态能力对中小企业创新的影响。

本章小结

开放式创新是本书研究的现实背景，跨界搜寻是核心概念，如何通过跨界搜寻提高科技型中小企业的创新绩效是研究目的。因此，厘清创新搜寻与科技型中小企业创新绩效的关系对于企业管理实践具有重要意义。本章首先对科技型中小企业创新绩效的相关研究进行了综述，具体涉及科技型中小企业的界定、科技型

① 宝贡敏，龙思颖. 企业动态能力研究：最新述评与展望［J］. 外国经济与管理，2015，37（7）：74-87.

中小企业创新特征以及科技型中小企业创新绩效的相关实证研究。然后对跨界搜寻与创新绩效的关系、跨界搜寻与动态能力以及动态能力与创新绩效之间的关系已有研究进行细致梳理，发现跨界搜寻对创新绩效产生的不同影响可能产生于二者之间存在其他变量的中介效应和调节效应。因此，本书将探索跨界搜寻对创新绩效的影响机制，弥补现有理论研究的不足。通过对跨界搜寻、动态能力与创新绩效之间关系的综述，进一步明确本书的研究切入点。

第三章　研究的理论基础

第一节　开放式创新理论

一、开放式创新理论的产生与发展

传统的创新观念认为，创意的产生、开发和商业转化过程必须在企业内部完成，企业应该注重对内部创新的保密性，以确保自身在技术领域的领先地位，获取企业在创新中的核心能力与竞争优势。在这种背景下，企业边界是明晰的，创新资源在不同企业之间是不能流通的，企业强调依靠自身资源进行创新。在市场中处于领先地位的企业往往是研发能力较为雄厚的企业，这些企业强调通过内部研发活动获取技术垄断的竞争优势，依靠外部资源被认为是企业的一种劣势。一些世界知名大企业如施乐、杜邦和索尼等，汇集世界上最具创造力的人才，投入大量的研发经费，在企业内部开展大量的基础研究和应用研究，不断地进行创新，为企业带来丰厚的利润。这种将企业的创新活动限制在企业边界内的“封闭式创新”（Chesbrough，2003）模式曾是企业追求的形式。

20世纪80年代以来，随着产品生命周期迅速缩短，技术创新复杂性不断增强以及顾客需求多样化趋势越来越明显，企业仅仅依靠自身资源难以满足技术创新需求，企业的研发效率和研发投资回报率不断降低，创新成果转化越来越少。与之相对应的是，一些被企业所丢弃的项目却在其他企业发展为十分成功的新产品，取得了巨大的成功（Chesbrough，2004）。另外，行业中的许多新兴企业虽然自身缺乏足够的内部研发能力，但却能够通过企业外部的创新资源进行创新活动（Chesbrough，2003）。企业创新变得更为复杂，以汽车、电子、通信和航空航天为代表的一些产业创新项目往往跨越多个学科的科技领域（Hagedoom，1993）。

在这样的背景下，企业外部的创新资源变得越来越重要，企业需要与具有技术优势的大学、科研机构以及企业进行合作，利用互补资源开发新技术（Gulati，1998）；企业需要向领先用户进行咨询以发现及完善创新意见，进行用户创新（Von Hippel，1988）。越来越多的企业通过外包、并购、联盟、授权等方式获取广泛的外部创新资源，弥补企业内在知识在创新活动中的不足，传统的封闭式创新受到越来越多的质疑。针对这一现象，美国学者Chesbrough于2003年提出“开放式创新”的思想，他对美国一些研发投入很高的企业与内部研发能力有限但有意识利用外部资源的企业进行对比发现，后者在创新的速度和回报率上都强于前者，原因在于前者只注重内部研发而忽视了大量的外部机会。成功的企业应该同时利用外部创新资源和内外部商业化资源（Chesbrough，2003；高良谋和马文甲，2014），资源外取已经成为企业成功运作的关键要素（梁靓，2014）。开放式创新模式受到学术界和企业界的广泛认同，并且从创新实践看，开放式创新模式已经成为企业创新的主导范式（马文甲，2014）。一些成功实施开放式创新的典范，如宝洁公司直接引用外部创新资源，英特尔与供应商、用户和相关开发商的合作研发，苹果的生态系统创新等，从开放式创新模式中取得了巨大的成功与收益。麦肯锡公司于2010年评出的全球十大创新趋势中，开放式创新、组织网络化发展以及更大范围地利用协作技术位列前三（何郁冰，2015）。

二、开放式创新的内涵与分类

（一）开放式创新内涵

Chesbrough（2003）最早提出了开放式创新的概念，指创新资源跨越组织边界的流动，有价值的创意可以从企业的外部和内部同时获得，内部技术的商业化路径既可以从企业内部进行，也可以从企业外部进行。开放式创新将外部技术获取与企业内部研发提升到了同等重要的高度。此后，学者们从不同视角对这一概念内涵进行了拓展。基于资源角度，Piller等（2003）从信息源角度指出，开放式创新是企业系统地从消费者那里收集与整合信息，进行创新、修正或规范产品与服务的过程。Hastbacka（2004）认为，开放式创新应该同时强调企业内外部资源与内外部市场的核心作用。Laursen和Salter（2006）认为，开放式创新表现为企业搜寻外部创新资源行为。基于创新模式和战略行为角度，West和Gallagher（2006）将开放式创新界定为一种创新模式，企业在内部和外部广泛的资源中寻找创新资源，有意识地对外部获得的资源与企业内部的能力和资源进行整合，并通过多种渠道开发市场机会。陈钰芬和陈劲（2008）从利益相关者角度，将开放式创新视为一种注重吸纳更多创新要素、以创新利益相关者为基准的多主体创新模式。杨武（2006）从知识产权角度，将开放式创新界定为企业鼓励和探索范围广泛的内部与外部创新机会来源的战略行为，开放式创新不仅包括利用用户、竞争对手、大学等外部创新源，同时也包括使用、管理和运用知识产权方面的变革。基于知识流动角度，Lichtenthaler（2011）将开放式创新视为企业在创新过程中系统地在组织内部和外部进行知识探索、知识保持和知识挖掘的行为。Chesbrough（2008）进一步指出，开放式创新是企业有目的地利用知识流入加快企业内部创新，或者利用知识流出为外部创新拓展市场。

尽管学者们从不同角度对开放式创新进行了相应的描述与界定，但其出发点是针对封闭式创新提出来的，其核心思想是企业能够像使用内部创新资源一样使用外部创新资源，同时像使用内部路径一样使用外部路径实现创新成果商业化（Chesbrough，2003）。开放式创新将外部创意和外部市场化渠道提升到了与内部创意和内部市场化渠道同等重要的高度（Chesbrough，2003；陈钰芬，2007）。在开放式创新环境下，企业一方面通过联盟、并购等方式积极获取外部创新资源，将外部知识作为内部知识的有益补充，另一方面通过合作与转让等方式将企业内部技术知识转移到企业外部，既能够让其他企业利用这一技术，也能够使企业从中获利（Chesbrough，2003）。开放式创新有别于传统创新模式的突出特点是充分利用包括技术和市场信息在内的外部创新资源。企业将研发项目有过程、有目标地向外部组织公开，借助开放的市场力量，从外部获取创新支持，最终形成自身的竞争优势和核心竞争力。开放式创新模式并非仅仅是一种简单依靠外部资源实现创新的模式，开放式创新是搜寻并引入与内部研发项目相互补充的创意和资源，强调内外创新资源的互补协同①（陈钰芬，2013）。由此可见，开放式创新为企业提供了一种创造价值和获取价值的新模式。需要强调的是，在开放式创新体系中，创新资源和创新路径来源于企业外部或内部，但是满足消费者需求的问题解决方案必须来自于企业内部（彭小宝，2012）。因此，企业必须拥有能够成功获取、吸收并利用整合外部资源的背景能力和维持竞争优势的核心技术能力（Prahahd & Hamel，1990；Granstrand et al.，1997）。

（二）开放式创新分类

尽管开放式创新的概念受到了广泛的应用，但从学习研究的角度看，有学者指出开放式创新的很多元素在其他理论模型中早已出现，有“新瓶装旧酒”的嫌疑（Trott & Hartmann，2009）。例如，开放式创新所强调的整合内外部资源早已在创新网络、合作网络等理论中被提出；开放式创新的许多具体问题在关于企业间合作的研究中已被涉及（高良谋和马文甲，2014）。为了解决这一问题，Chesbrough 和 Crowther（2006）对开放式创新进行了深入研究，并根据知识流动方向将开放式创新分为“内向型开放式创新”和“外向型开放式创新”。其中，内向型开放式创新是企业利用外部创新源，将外部创新源的知识转移到企业内部并进行整合与应用的过程；外向型开放式创新是企业成为其他组织的创新源，将企业

① 陈钰芬. 探求与企业特质相匹配的开放式创新模式［J］. 科研管理，2013（9）：27-35.

内部开发的知识转移到企业外部，由外部组织进行应用与商业化的过程。Gassmann 和 Enkel（2006）将开放式创新分为内向型、耦合型和外向型三种类型，耦合型创新是指企业在一个联盟中，同时进行内向型和外向型开放式创新的现象。Dahlander 和 Gann（2010）结合知识流动方向和是否涉及经济交易两个维度，进一步将开放式创新分为并购型（Acquiring）、获取型（Sourcing）、释放型（Revealing）以及授权型（Licensing）四种类型。其中，并购型创新是涉及经济交易的内向型创新，获取型创新是不涉及经济交易的内向型创新，释放型创新是涉及经济交易的外向型创新，授权型创新是不涉及经济交易的外向型创新。

从学术研究上看，目前研究侧重于对内向型开放式创新的研究，而对外向型开放式创新的研究还处于探索阶段（梁靓，2014）。从开放式创新实践上看，Chesbrough 和 Crowther（2006）研究表明，在成熟的、资本密集的企业中，内向型开放式创新最为普遍。Dittrich 等（2010）认为，在竞争日趋激烈以及技术和产品生命周期不断缩短的当今环境下，内向型开放式创新已经在企业中得到较为普遍的运用，而外向型开放式创新主要在领先企业（如 IBM、思科等公司）中进行实践。Gassmann 和 Enkel（2006）指出，低技术密集产业中的企业更倾向于采取内向型开放式创新，而高技术企业倾向于采取外向型开放式创新。企业通常单独采用某一种开放式创新类型，同时采取内向型和外向型创新的企业比较少见。陈钰芬和陈劲（2008）基于资源基础理论视角，认为科技驱动型产业的企业更倾向于采取内向型开放式创新模式，并通过实证研究验证了开放式创新对我国科技驱动型产业企业创新绩效的促进作用更明显。

三、开放式创新的研究视角

开放式创新理论作为创新理论中一个新兴理论分支，受到学术界和企业界的广泛认同，成为创新理论研究的热点课题。基于对现有文献的分析，现有关于开放式创新的研究主要集中在内向型开放式创新，并从不同角度进行阐述，包括开放式创新动因、开放式创新合作主体、开放式创新程度、开放式创新方式以及开放式创新作用等。

（一）开放式创新动因

现有研究表明，企业实施开放式创新是内外部动因共同作用的结果。驱动企业实施开放式创新的外部因素包括创新的全球化、R&D 外包及联盟的大量出现、企业应付技术和市场的不确定性、产品生命周期的迅速缩短等（Chesbrough，2003；Gassmann，2006；Lee et al.，2012）。例如，杨武和申长江（2005）提出了开放式创新产生的四个背景，即技术人才的流动性加大，学术机构研究能力和质量的提高及其对企业研究关注度的提高，风险投资的迅速发展，经济全球化给创新带来崭新局面。Dahlander 和 Gann（2010）总结了企业普遍实施开放式创新的四个动因：技术型员工积极寻求工作组合，而不是单一的、终生不变的工作模式；全球化带来更细的劳动专业化分工；技术交易市场的存在允许企业开展知识交易；互联网等技术的发展推动了跨地理距离的合作。从组织层面看，内部包括经济性与非经济性因素两个方面（Chiaroni et al.，2011）。经济性动因主要是获取创新收益（Gassmann，2006）；非经济性动因主要包括构建或进入外部知识网络以扩大知识基础、参与到特定联盟中或快速进入特定市场等（Gassmann，2006；West & Gallaghter，2006；Dahlander & Gann，2010；Chiaroni et al.，2011）。Chesbrough（2003）、Kranenburg 和 Hagedoorn（2008）等的研究都表明，随着研发和创新跨越多个学科而变得越来越复杂，无论规模多么大的企业都无法仅仅通过内部研发跟上科技发展步伐，企业与多种多样的合作者发生联系，不仅是为了获得现有资源，也是为了能更好地发展或嵌入外部知识网络（如企业间研发联盟、产学合作平台）以获取新的技术和能力。此外，企业进行开放式创新的核心是获取外部技术知识（Hastbacka，2004；Knudsen，2006），当企业缺乏技术商业化所需的互补资产时，对开放式创新的需求会更高（何郁冰，2015）。

（二）开放式创新合作主体

在开放式创新背景下，企业的创新既有输入也有输出，不同类型的输入或输出模式被开放式创新企业用来与很多外部主体建立联系。企业根据不同的创新目的与不同类型的外部主体进行合作。现有研究也从多个角度探讨了详细的外部创新主体范围，以及不同合作主体的分类准则，而且研究证实企业开放式创新中对不同类型创新合作主体的利用程度也普遍存在差异（闫春，2012）。Miotti 和 Sachwald（2003）将合作主体分为三类：供应商和顾客、竞争对手、公共研究机构。与竞争对手的合作目标是集中相似资源以应对高成本，而与大学的合作则是为了获得互补性资源以抢占技术前沿制高点。纵向合作研发的比例要高于竞争对手之间的横向研发合作。研究结论显示，1/3 的样本企业与所有的对象都有研发合作，中高技术产业（如化学、汽车）中研发合作的比例相对更高。Laursen 和 Salter（2006）将 16 种外部创新源归为四类：市场、制度、其他和专业，市场资源明显占据了创新合作的主要地位，而制度资源的利用率最低。在 OECD（2008）的报告中，企业的开放式创新合作主体覆盖了供应商、顾客、竞争者、咨询公司、私人研究机构、大学及其他高等教育机构、政府和公共研究机构。陈钰芬和陈劲（2008）认为，开放式创新有别于传统创新模式的突出特点是充分利用包括技术和市场信息在内的外部创新资源。企业可以从用户、供应商、竞争者、非相关企业、大学、研究机构、咨询公司和政府等外部主体获取创新资源。

（三）开放式创新程度

企业进行开放式创新的核心是获取外部创新资源（Hastbacka，2004；Knudsen，2006），开放式创新视角是基于外部资源获取程度的研究。现有研究使用"开放度"（Openness）衡量开放式创新程度。2004 年，Laursen 和 Salter 首次从定量的角度定义开放度：每家企业都可以用于创新活动的不同外部知识资源的数量。Laursen 和 Salter（2006）在研究中进一步指出，创新开放度由"开放广度"和"开放深度"两部分构成。其中，前者指企业与外部主体合作对象的数量，后者指双方合作的程度。Hippe（2010）认为，从属性视角看，开放度指组织边界的可渗透性，即创新要素能够流入或流出组织的程度。Trott 和 Hartmann（2009）对开放度的范畴予以界定，他们认为，完全封闭与完全开放之间是一个连续集，而开放度是两者间的调节变量。

现有对创新开放度的研究主要集中在创新开放度对企业绩效的影响。研究表明，企业对外部互补资源的获取有利于降低创新风险，缩短创新周期，提高创新效率。然而，开放式创新同样也会给企业带来诸如对外部技术的多度依赖、协调成本的增加、技术知识泄露等负面效应（Bieman，1995）。因此，企业开放的核心是开放度的选择及其动态平衡问题①。Koput（1997）指出，对外部资源的过度搜寻和获取会对创新绩效产生负面影响②，企业在开放过程中可能存在“最佳开放点”（陈劲和吴波，2012）。张永成等（2015）指出，对开放度的选择不仅取决于开放资源的特性，还受到组织规模、组织文化、创新战略、领导风格等组织内部的影响以及创新伙伴类型等外部因素的影响。因此，企业应该结合外部环境条件和自身内部特点选择一个“最佳开放点”。

（四）开放式创新方式

开放式创新有着多样化的实施方式，许多学者针对开放式创新的实施方式进行了研究。对于内向型开放式创新，Elmquist 等（2009）提出企业进行内向型开放式创新的两类方式——合作或集聚。Huang 和 Rice（2009）按照资源获取方式将开放式创新划分为基于市场交易（技术购买等）和基于企业间协作（组织间网络等）两类。Dahlande 和 Gann（2010）将内向型开放式创新的实施方式划分为非获利性质的资源获取和获利性质的知识购买两种类型。Monteiro 等（2011）按照资源获取将开放式创新实施方式划分为正式和非正式两类，前者指企业通过建立正式的合作关系，以购买或相互协作的方式获取资源，后者指企业通过非正式的渠道或方式获取资源。对于外向型开放式创新，其思想最早源于开源软件。West 和 Gallaghter（2006）提出了四种普遍的开放式创新实施方式：汇集研发、剥离、出售互补资源和捐赠互补资源。其中，除了汇集研发外，其他三种策略均是外向型开放式创新的实施方式。Chesbrough 和 Brunswicker（2014）从开放式创新的知识流动方向以及是否获利对内向型开放式创新与外向型开放式创新的实施方式进行综合。其中，内向型—获利的模式包括知识产权引进、合约研发服务、专业性开放式创新中介、企业主导的创新创业大赛、供应商创新奖励、大学研究

① 张永成，郝冬冬，王希. 国外开放式创新理论研究 11 年：回顾、评述与展望［J］. 科学学与科学技术管理，2015（3）：13-22.

② Koput K. W. A chaotic model of innovative search：Some answers，many questions［J］. Organization Science，1997，8（5）：528-542.

机构捐赠等；内向型—非获利的模式包括用户和消费者参与创新、众包、公共资助研发联盟、非正式网络等；外向型—获利模式包括合资活动、衍生企业、公司业务孵化、转让已上市的产品、知识产权对外许可等；外向型—非获利的模式包括参与标准化、公众捐款或为非营利机构捐款等。Chesbrough 和 Brunswicker (2014) 对欧洲和美国的 125 家大型企业的问卷调查显示，有 78%的企业认为存在着开放式创新活动。其中，82%的企业认为 2011 年的开放式创新程度比三年前显著增强。他们的研究同时发现，2011 年，与消费者的联合创新、非正式网络、大学研究机构捐赠是这些企业在进行内向型开放式创新中三个最为重要的形式，而众包、专业性开放式创新中介机构在重要性排名中最低；合资企业、转让已上市产品以及标准化则是这些企业在外向型开放式创新中三类最重要的形式，而衍生企业、公共捐赠则最不为这些企业所实践。

（五）开放式创新作用

开放式创新作用视角主要阐述开放式创新对企业发展的影响，这方面的理论研究主要遵循三条线索：资源基础视角、外部网络视角和组织学习视角（何郁冰，2015）。资源基础视角认为，企业通过开放式创新获取外部的知识、信息和资金，能弥补内部的创新资源基础的不足，降低了内部研发投入的不确定性，提高了新产品开发速度；外部网络视角认为，开放性的创新过程有助于企业构建或嵌入外部创新网络，增强了企业的社会资本，扩宽了企业生存和发展的空间，创新网络化还使企业有更多的机会融合内外部技术以提高突破性创新能力；组织学习视角认为，企业通过跨边界的资源搜寻可以接触到合作伙伴的新知识（尤其是隐性知识），提高了企业对已有技术领域知识和新技术领域知识的学习能力，而学习能力被认为是竞争优势的来源。

开放式创新具有新思想自由流动的优势，开放式创新模式为企业提供从外部获取创新所需各种资源的良机，以促进技术创新能力，从而提升竞争力。然而，开放式创新的实施需要外部创新资源的搜寻成本和组织间合作的交易成本，这将引起从企业文化建设到组织结构的变革，增加创新管理的复杂性；开放还可能造成企业对外部技术的过度依赖以及企业关键技术知识的泄露，过度的开放可能会对创新绩效带来负面影响。因此，开放对创新绩效的影响是复杂的，不同产业的企业实施开放式创新的效果和负面影响可能不同，不能一概而论（陈钰芬和陈劲，2008）。

开放式创新理论为企业获取创新资源提供了新视角（陈劲和吴波，2012）。创新资源跨越组织边界的自由流动为企业创新提供了资源基础，越来越多的企业选择从组织边界外获取创新资源，内向型开放式创新成为企业创新的主导范式。陈钰芬和陈劲（2008）发现，我国科技驱动型企业在创新实践中更倾向于内向型开放式创新，开放对这些企业的创新绩效具有更明显的促进作用。开放式创新从根本上打破了传统封闭式创新中企业边界的局限，实现创新资源跨越组织边界的流动。跨界搜寻作为内向型开放式创新模式中企业获取外部创新资源的重要组织行为，丰富了企业创新活动的知识来源，成为知识内化过程的逻辑起点（Nelson & Winter，1982；Laursen & Salter，2006；肖丁丁，2013）。企业通过跨界搜寻获取新的技术和市场知识，解决创新问题，进而提高企业竞争优势。开放式创新理论的提出，将企业创新搜寻的研究进一步扩展至对跨界搜寻的研究。外部创新资源的异质性和多样性成就了企业跨界搜寻研究的可行性，创新的开放性要求使跨界搜寻变得更为重要。

第二节　知识基础理论

一、知识基础观的理论渊源

知识基础理论产生的渊源可以追溯到对企业竞争优势根源的探寻。传统企业理论的观点将企业竞争优势归结为企业所处的市场结构与市场机会等，即竞争优势外生论，该理论以新古典经济学的 SCP 范式和波特的产业分析理论为代表。新古典经济学认为，这种企业绩效的差异是由市场结构和市场行为所决定的。由于市场结构、市场行为是存在于企业之外，所以企业的竞争优势是外生的。根据波特所提出的“五力模型”，企业的竞争优势源于企业外部的产业结构。该理论将产业作为研究对象，认为企业的竞争优势是产业环境和企业市场定位共同作用的结果，企业的竞争优势是由外在于企业的市场竞争关系和市场机会所决定的。

20 世纪 80 年代早期，学者们对竞争优势外生论产生了质疑。实证研究结果表明，企业表现为超额利润率的竞争优势并非来自外部市场力量，而来自企业自身的某种因素，即竞争优势产生于企业内部。在这一背景下，学者们将探索企业竞争优势的着眼点转移到了企业层面，由此产生了资源基础理论。1959 年，资源基础理论的鼻祖 Penrose 在其经典著作《企业成长理论》中提出了一些后来成为资源基础理论的基本见解：其一是将企业视为生产性资源的集合；其二是认为企业所拥有的资源是异质性的；其三是企业资源影响企业绩效。正式意义上的资源基础理论形成于 20 世纪 80 年代早期，从资源角度研究企业竞争优势的来源。Wernerfelt 于 1984 年发表的《企业资源基础理论》正式提出了资源基础观的概念，视企业为有形资源与无形资源的独特组合，并指出资源是企业战略的基础，长期独占独特资源的企业更容易获取持久的超额利润和竞争优势。资源基础理论的基本前提假设是企业所拥有的资源具有异质性，企业的竞争优势来源于企业所拥有或控制的异质性资源。Barney（1986，1991）认为，能够为企业带来持续竞争优势的资源必须是有价值的、稀缺的、不能完全模仿的和难以替代的。资源基础理论试图解析被经济学家视作生产函数的企业这个“黑箱”，以寻找企业竞争优势的根源。

然而，并非所有资源都可以成为企业竞争优势或高额利润率的源泉，因为在竞争较充分的市场上，资源是可以通过市场交易获得的。由此可见，在竞争优势与对大多数企业都具有普遍意义的资源间不可能存在因果关系。当我们透过这些具体的资源做进一步观察时，可以认识到，隐藏在资源背后的企业配置、开发和保护资源的能力才是企业竞争优势的深层来源。这样一来，在探寻企业竞争优势来源的过程中，企业资源这一层又被剥离了，认识又向前迈进了一步，企业竞争优势的根源便由具体的资源变成抽象的能力。企业能力理论对企业资源论做了进一步引申，认为企业的竞争优势来自于企业配置、开发与保护资源的能力。然而，问题并未就此结束，我们可以进一步追问：究竟是什么决定了企业配置、开发与保护资源的能力？也就是说，隐藏在能力背后的又是什么？研究表明，隐藏在能力背后并决定企业能力的是企业掌握的知识（余光胜，2000）。决定企业竞争优势的是企业所拥有的独特知识及整合这些知识的能力，也就是异质性知识的创造、存储以及应用（Zander & Kogut，1995；Grant，1996；Spender & Grant，1996）。

1996 年，Grant 在上发表了“Toward a Knowledge-based Theory of the Firm”一文，提出“知识基础观”（Knowledge Based View，KBV）的概念。Grant 系统论述了知识的价值以及企业存在的本质，认为企业更多的是一种知识整合及知识应用组织，知识异质性是企业间绩效差异的决定因素①。知识基础观是对资源基础理论的继承和发展。知识基础观将知识视为企业的战略性资源：企业的知识往往是难以模仿的，它的获得需要长期的学习过程；企业将新、旧知识进行融合，会使企业拥有其竞争对手难以获得的知识合成机会；企业内知识的积累具有依赖性，企业的知识存量越大，新知识与已有知识相关性越高，新知识被吸收、利用、共享的几率越大；知识资源的回报具有边际递增性，知识利用率越高，越有价值。因此，知识是企业竞争优势产生的根源。一方面，企业所拥有的知识，尤其是内隐性、默会性知识难以被竞争对手模仿；另一方面，企业当前的知识存量所形成的知识结构会对企业各种资源效能的发挥产生影响，进而决定了企业的知识积累，知识的这种积累过程能够帮助企业更加准确地预测外部环境变化并采取适当行动，产生竞争优势②。理论界对竞争优势来源的认识经历了竞争优势外生论到企业资源基础理论的转变，并从企业内部对资源、能力的关注转化为对知识的关注，知识资源在企业竞争优势构中扮演越来越重要的角色。企业竞争优势来源于对有价值的新知识的获取、整合、扩散和创新（Grant，1996）。

---

① Grant R. M. Toward a knowledge-based theory of the firm [J]. Strategic Management Journal，1996，17 (S2)：109-122.

② 余光胜. 一种全新的企业理论（上）：企业知识理论 [J]. 外国经济与管理，2000 (2)：8-11.

二、知识基础理论的主要内容

知识经济时代，知识已经成为企业生存与发展的战略资源。知识基础理论是一种以知识为基础对企业行为和绩效进行研究的理论观点。知识基础理论将企业视为知识的集合体与知识处理系统，企业的竞争优势来源于企业所拥有的异质性知识。由组织学习所带来的知识整合与重组以及组织间知识流动所带来的持续创新对企业获取和保持竞争优势具有重要作用，知识的获取和利用也成为企业不断提高创新绩效的关键。

（一）知识基础观的基本假设

知识基础观是资源基础观的逻辑延伸（Grant，1996）。在结合资源基础观点的逻辑以及过去学者所探讨的组织知识内涵后，Grant 和 Baden-Fuller（1995）为知识基础观提出了以下五个观点①：知识为组织的关键生产性资源；知识包括信息、技术与技能，而隐性与显性知识的差异在于显性知识是可以被清楚表达的，易于沟通，而隐性知识则是个人的而且是难以沟通的；知识由个体通过学习取得，隐性知识存在于个体；由于人类认知与时间的限制，人们必须专注于特定的知识，通过牺牲知识的广度而增加知识的深度；生产时需要各种不同类型的专业化知识。基于上述理论观点，知识基础理论的基本前提假设是企业的竞争优势来源于企业所拥有的异质性知识。企业内的知识是一种能够提升组织竞争优势的重要战略资源（Liebeskind，1996；Grant，1996），企业存在的意义是运用知识进行创新，并转化为企业的竞争优势（Kogut & Zander，1992）。

（二）基于知识的企业本质

知识基础理论从更开放和动态的角度阐述企业的本质。知识基础观认为，企业是异质性知识的集合体，企业的关键投入和主要价值来源是知识。企业的知识储存于内部员工以及嵌入于组织环境中，是多个拥有知识的个人相互作用

---

① Grant R. M., Baden-Fuller C. A knowledge-based theory of inter-firm collaboration [C]. Academy of Management Annual Meeting Proceedings, 1995 (1): 17-21.

的结果，其形成是知识在企业内部社会化的结果。企业是整合各种专业知识的体制（Grant，1997），是社会性知识移转与新知识创造的机制（Kogut & Zander，1992）。

企业之所以存在，是因为与市场机制比较起来，企业更能有效率地整合各种生产所需的专业性知识以及移转组织内外部的隐性知识，降低组织显性知识被损害的风险，避免市场机制在知识发展、移转、利用时的失灵现象（Grant，1996；Liebeskind，1996）。企业作为一种知识整合机制还体现在为企业提供了一种以沟通为基础的知识整合方式，即企业的重要功能是通过发展一种独特的语言或表达方式促进组织成员和部门之间的交流，使得知识转移和共享更加经济和有效，实现组织内隐性知识和显性知识之间的转换，从而促进知识在企业内的运用和发展。企业的作用在于通过组织原则有效整合专业化知识以获取价值（Kogut & Zander，1992；Grant，1996）。此外，湛正群和李非（2006）指出，企业之所以存在，是因为在有限理性和专业化分工的条件下，企业是一种更好的协调机制[①]，即企业的主要功能是创造出协调机制，整合组织内各种专业化的知识（Grant，1996）。企业与市场相比的优势在于企业组织中个人和团体知识的共享和转移机制。知识掌握在个人手中，但必须在规则中发挥作用，这种规则正是人们在社会共同体（如团体、组织或企业网络）中进行合作的表现形式。

知识基础观是透过知识解释组织的本质，即企业存在的目的在于有效整合组织的知识，企业的主要任务是建立知识协调机制对组织内外知识进行获取、转移、利用与创造，进而提升企业知识的异质性。

（三）基于学习的知识创造与共享

知识基础理论认为，企业的竞争优势和长期绩效取决于企业能否有效地学习和创造新知识。企业知识与认知学习是天然地联系在一起的，认知学习的结果即表现为知识。如何通过认知学习获得知识是认知学习的最终目的，也是企业知识基础观的基本要求。研究成果表明，认知学习不是认知主体对已存在的所谓客观

① 湛正群，李非. 企业的知识基础观：动态开放视角［J］. 情报杂志，2006（8）：18-21.

的认知客体所进行的简单摹写，而实际上是一个认知主客体之间相互作用的过程，即“系统认知”。系统认知是学习活动的基本前提。从系统认知的角度看，任何个人的理性都取决于其知识存量与认知结构。通过学习，个人可以改变其知识存量和认知结构，从而相对地突破有限理性的约束，组织学习则是创造与共享企业知识的有效途径（余光胜，2000）。

此外，企业作为知识处理系统，除了在内部进行知识的创造与共享之外，企业不可避免地要从外部获得知识，以更新自身的知识，企业通过与外部组织间的学习进行知识的创造与共享。组织间学习分为利用性学习和探索性学习（March，1991）。其中，利用性学习的目的是消化、吸收并运用现有知识去创造价值，为企业间知识共享和应用服务；探索性学习以开发新知识为导向，发生在企业内并产生对企业有益的新知识，是企业知识创造的支柱。组织间学习能够促进企业知识的增长，推动企业知识的创造与共享。知识基础观使我们更加清晰地认识到由组织学习带来的新旧知识重组和组织间知识流动带来的持续创新对企业获取及保持竞争优势的重要作用。

（四）基于知识的跨界搜寻

知识基础理论体现了知识对企业成长和获取竞争优势的重要作用，是资源基础观在知识经济时代的演变和扩展。知识基础理论强调知识是企业创新的基本要素（Kogut & Zander，1992；Grant，1996），知识资源在企业实现差异化、增强创新能力和绩效方面具有关键作用。较宽范围的知识整合可以产生更好的创新绩效（Henderson，1990）。企业在创新过程中需要更广泛的知识，虽然不同类型知识基础在表现形式、扩散渠道等方面存在属性差异①，但是，不同类型的专业知识往往起到互补的作用，企业对这些知识的整合使得竞争者难以复制。例如，Kafouros 和 Forsans（2012）指出，同质性知识有利于对现有技术的深度利用，有利于模仿创新，异质性知识有利于企业开发新产品或进入新市场，促进自主

① 肖丁丁. 跨界搜寻对组织双元能力影响的实证研究［D］. 华南理工大学博士学位论文，2013.

创新①。

企业不仅是一个知识集合体，还是一个知识处理系统。企业内的知识以人为载体，通过各种手段如文本、技术系统、言传身教等实现部分和完全共享，通过知识整合和创造，产生能带来经济价值的新知识。企业处理知识的特征使得企业同时面临两个主要任务：一是对企业内部的个人知识进行整合、创新以创造出新的有价值的专门知识；二是从外部有效获取企业所需知识。因此，除了在内部进行知识的整合与创新之外，企业不可避免地要从外部获得知识，来更新自身的知识。换而言之，企业竞争优势的来源不仅来自于企业内部，同时还来自于企业外部。

在开放式创新环境中，企业往往会通过部署通向市场的外部通道搜寻企业组织边界外的创新思想并使其商业化（Chesbrough，2003）。组织进行搜寻的目的是从获取外部知识资源，跨界搜寻更注重目标知识的异质性与合作伙伴的多样性（Huang & Li，2011）。跨界搜寻能够帮助企业获取异质性知识资源，增加企业的知识存量，扩展企业的知识基础，对宽广范围的知识进行整合有利于企业产品与工艺的改进（Kogut & Zander，1992）。此外，企业成功的创新同时需要技术知识和市场知识（Teece，1986），技术知识跨界搜寻和市场知识跨界搜寻成为最重要的创新搜寻类型②，因此企业应该同时进行技术知识跨界搜寻和市场知识跨界搜寻。但是，因为不同知识存在不同的内容形式，跨越不同边界需要不同的能力，需要企业付出不同的探索性努力，导致不同的创新绩效。因此，有必要区分技术知识跨界搜寻与市场知识跨界搜寻对创新绩效的不同影响。总之，知识资源是企业进行跨界搜寻的动机和目的，知识基础理论是企业跨越组织边界进行搜寻的重要理论基础。本书在开放式创新背景下，深入研究外部技术知识跨界搜寻和市场知识跨界搜寻对科技型中小企业创新绩效的影响。

---

① Kafouros M. I.，Forsans N. The role of open innovation in emerging economies：Do companies profit from the scientific knowledge of others？[J]. Journal of World Business，2012，47（3）：362-370.

② 张文红，赵亚普.转型经济下跨界搜索战略与产品创新 [J]. 科研管理，2013（9）：54-63.

第三节　组织学习理论

一、组织学习理论的发展

早在工业化时期，组织学习问题就受到管理学者的关注，只是当时没有被明确提出来。其中，以泰勒和法约尔为代表，他们要求收集、记录、归纳、分析以及推广工人长期实践经验积累起来的大量传统知识、技能和诀窍，并要求找出其中合乎科学的部分，使之系统化。他们的思想反映了工业化时期组织学习的特征[①]。然而，在这一时期，组织理论的主要内容是围绕组织职能合理地建立组织，组织学习问题并未受到足够的重视。直到 20 世纪中期，一些管理学者在探讨组织适应性机制的理论中才明确提出了组织学习问题[②]。1958 年，March 和 Simon 首次提出了组织学习的概念。1963 年，Cyert 和 March 出版的专著《企业行为理论》开始讨论有关组织学习的问题。1965 年，Cangelosi 和 Dill 两位美国学者发表了名为《组织学习：一个理论的发现》的文章，再一次提到组织学习的概念。之后，哈佛大学教授 Argyris 于 1977 年发表了《组织中的双环学习》一文，初步定义了组织学习的概念。1978 年，Argyris 和 Schön 在著作《组织学习：一种行动透视理论》中对组织学习概念进行了深入的分析。其后，Argyris 连续发表多篇文章，讨论组织学习理论。Argyris 也因为其在这方面出色的工作，后来被称作“组织学习之父”。此后，组织学习的概念、理论逐渐受到学术界和企业界的重视。学者们不断对组织学习的概念进行修正，并从不同视角进行大量研究。组织学习理论已成为管理学、社会学、心理学、人类学等主要社会科学研究的一个主要方

① 郭咸纲. 西方管理思想史［M］. 北京：经济管理出版社，2004.

② 张鹏. 企业社会资本、组织学习和技术创新绩效研究［D］. 山东大学博士学位论文，2009.

面，且在企业组织运行中得到了广泛运用。面对不断变化的竞争环境，许多企业深刻认识到需要不断地调整和创新，因而组织的学习能力变得越来越重要，是企业生存的必要条件，组织学习是企业改变自身机制和结构从而适应环境的重要手段。

二、组织学习的内涵与层次

（一）组织学习的内涵

March 和 Simon（1958）首次提出组织学习的概念，认为组织学习是组织在面临变化日趋复杂的内外部管理环境，通过有组织、分层次的学习行为，实现组织成长所需知识与能力的顺利传递及提高，克服发展障碍，顺利实现变革的社会化行为。Cyert 和 March（1963）在对企业行为进行研究时提出“组织能学习”的假设，即组织能像人类个体一样经历同样的学习过程而成长。他们认为这种假设是成立的，随着时间的推进，组织将表现出某些适应性行为。Argyris 和 Schön（1978）正式提出组织学习的概念，他们将组织学习界定为发现错误，并通过重新构建组织的“使用理论”（人们行为背后的假设，却常常不被意识到）而加以改正的过程[①]。Fiol 和 Lyles（1985）提出了组织学习的一般定义：组织学习是组织在过去的经验、活动基础上开发或者发展相应的能力和知识并将这些能力和知识应用在此后的行动中，以期提高该组织的竞争能力和绩效[②]。Lee（1992）认为，组织学习是一种基于个体对环境解释的组织、环境互动过程，在这个过程中，个体对行为的因果关系进行学习。

目前国内外学术界对组织学习概念的理解存在一定的分歧，但是这些概念从不同视角反映出组织学习多方面的本质特点，有助于我们从不同视角全面认识和理解组织学习。已有研究对组织学习的认识表现在以下几方面：

---

① Argyris C.，Schön D. A. Organizational learning：A theory of action perspective [M]. Reading，MA：Addison-Wesley，1978.

② Fiol C. M.，Lyles M. A. Organizational learning [J]. Academy of Management Review，1985，10 (4)：803-813.

第一，组织学习与环境和知识密切相关。组织学习是嵌入于环境中的，学习可以产生有意义的知识，知识可以降低环境带来的不确定性，基于知识的学习对构建企业的竞争优势至关重要（Starkey，1996）。Huber（1991）指出，知识获取是与组织学习相关的重要概念。对知识的获取是组织学习的重要目的，组织获取知识通常源于三种学习方式：①从组织内部已经积累的经验中学习；②通过实验推断未来可能的情况来获得知识；③从组织外部学习获得不存在于组织中的知识[①]。Grant（1996）从知识观角度将组织学习界定为企业获取更多知识的过程。

第二，组织学习是解决问题的行为过程。关于组织学习的过程，Baets（1998）认为，可以分为问题解决导向和信息处理导向两大类。前者倾向于将组织学习视为一个从发现问题到解决问题的过程；后者则将组织学习视为不断地获取知识或信息并予以分发、应用以及再创造的过程。组织学习是为了适应环境的不确定性而进行的获取知识和知识创造以解决问题的行为过程（March & Simon，1958；March & Olsen，1975；Fiol & Lyles，1985；March，1991；Huber，1991；Garvin，1993）。

第三，组织学习是组织行为的一种持续性、系统性的改善过程。组织学习是发现错误和改正错误的过程（Argyris & Schön，1978）。邱昭良等（1998）指出，确认一个组织在学习，必须要具备三个条件：①能不断地获取知识，在组织内传递知识并不断地创造出新的知识；②能不断增强组织自身能力；③能带来行为或绩效的改善。因此，组织学习是一个持续的过程，是组织通过各种途径和方式，不断地获取知识、在组织内传递知识并创造出新知识，以增强组织自身实力，带来行为或绩效的改善的过程。

第四，组织学习是实现知识的群体化过程。组织学习不同于个体学习的简单加总，组织学习由组织中个体、群体与组织之间的三者互动得以实现。在组织内部，组织的个体成员通过自身的不断努力学习，获得对自身进步和企业发展的有

① Huber G. P. Organizational learning：The contributing processes and the literatures [J]. Organization science，1991，2 (1)：88-115.

用性知识，进而通过在组织内部的扩散机制把自己习得的知识与其他组织成员共享，在组织内部对知识进行“创造—扩散—应用—再创造”（焦豪，2007）。

第五，组织学习与组织创新密切相关。创新是组织学习最为重要的部分。组织学习能够获取新的知识和洞察力，并且这些知识和洞察力能够影响、修正和提高组织的行为能力。Stata（1989）认为，组织学习是产生创新的主要过程，Cavaleri 和 Fearon（1996）将组织学习界定为由于组织成员共同经验所产生的共享性理解的有目的的创造过程，Slater 和 Narver（1995）认为，组织学习最基本的定义是能潜在地影响行为的新知识或新创意的培养过程。学习型组织通过组织学习保持企业的竞争优势和创新能力（Mills & Friesen，1992）。

（二）组织学习的层次

无论从哪个角度认识和理解组织学习，学者们都认为组织学习是在某些层次上进行的。组织学习的层次包括个体学习、团队学习、组织学习和组织间学习。从整体上看，这四个层次之间呈现出递进关系，相互重叠、相互影响。

早期的组织学习理论只包括个体、团队和组织三个层面，强调组织内部学习，却忽视了对组织间学习的深层次研究（Dierkes et al.，2003）。关于组织内部学习的理论主要集中于如何将个体知识转化为组织知识（Nonaka & Takeuchi，1995），并且强调团队学习和组织学习是在个体学习基础上进行的。组织学习需要借助个人的学习，组织学习同时也是个人和集体的学习过程。组织的学习离不开个人对信息的获取、整理、加工、记忆直至成为组织的知识。组织可以从不断的学习中积累知识，提高学习能力，即“干中学”。但是这样一个过程离不开组织成员本身，组织成员每个个体都是组织学习的载体。组织成员不断感知环境，而后处理相关信息，最终形成个人知识。组织成员的流动会促进个人知识的传播、解释、发挥和记忆，个人信息会逐渐变成对组织有价值的组织知识（王莉，2008）。

但是，在经济全球化的背景下，仅仅依靠组织内部的个体学习、团队学习和组织学习难以适应环境的快速变化，并且越来越多的组织间合作与知识转移的研究表明，组织学习不再只是发生于组织内部，而是越来越多地存在于组织之间。

向竞争对手学习，与同行同业者交流，都是组织间学习的重要方式。Marquardt（1997）提出的“学习型组织系统”模型中的人员子系统中探讨了组织间学习：把整个业务链上的利益相关者，如领导、员工、顾客、合作伙伴、供应商以及社区等，都视为学习型组织不可忽视的重要角色。客户通过识别需求、接受培训等方式，与学习型组织之间建立联系，构成组织学习系统的一部分。业务伙伴和联盟、供应商和经销商、社区团体等都可以通过与企业分享知识、参与企业的学习项目而获益并有所贡献。Lane（2001）认为，修正后的组织学习理论必须考虑组织间的学习问题。组织间学习成为组织学习行为中的重要学习层次。广泛的组织间网络关系是组织学习的重要来源，因为组织网络促进了拥有多种技术和知识背景的组织成员间的接触，在这个过程中，组织成员获得了更多的学习机会，并且组织网络发生在不同的领域和产业，这更扩大了组织成员的知识来源范围。

三、探索性学习与利用性学习

March（1991）区分了探索（Exploration）和利用（Exploitation）两类组织学习方式[①]。其中，探索是指获取外部全新知识，包括“搜寻、变化、冒险、尝试、灵活、发现、创新”等，强调对新知识和能力的尝试；利用是指深化内部知识，包括“完善、筛选、生产、效率、选择、实施、执行”等，强调对现有知识和能力的应用。两者最主要的区别是组织对已有知识的态度，探索指“对新的知识的追求”，利用指“对已有知识的利用和开发”（Rothaermel，2001；Levinthal & March，1993）。前者倾向于脱离组织已有知识，开创全新的知识领域，对应企业二阶能力的发展；后者倾向于在组织当前已有知识的基础上进行学习，充分利用已有知识，对应企业一阶能力的发展（Danneels，2008；马如飞，2009）。随着对探索与利用研究的深入，二者的关系成为研究关注的焦点，主要有对立观、平衡观和协同观（朱朝晖，2008）。其中，对立观认为，利用与探索处于一个连续谱

① March J. G. Exploration and exploitation in organizational learning [J]. Organization Science，1991，2（2）：71-87.

的两端，相互争夺稀缺的组织资源（March，1991），同时追求探索和利用会加重中小企业的资源负担，造成组织内部冲突和增加管理的复杂性①，企业应避免同时进行探索和利用，需要在两者之间权衡利弊（Zollo & Winter，2002；Lee et al.，2003）。平衡观认为，探索与利用的平衡是系统生存和繁荣的主要因素②，能够同时进行探索与利用的组织是"双元组织"③。协同观认为，探索性学习与利用性学习的平衡问题是创新中一个永恒的矛盾④，企业所要做的是如何协调这种对立（朱朝晖，2008）。开放式创新的发展使得企业与外部环境的边界变得越来越模糊，企业可以在全球范围内获取和识别资源，打破了内部资源稀缺带来的限制。因此，探索与利用存在一定的互补性和相互依赖性。企业可以通过领导行为、情境设计、结构分离等方式缓解这种资源竞争和惯例冲突，以实现探索和利用的协同发展。

组织学习理论为跨界搜寻的研究提供了理论支点。Cyert 和 March（1963）指出，搜寻行为服从于学习行为，组织的学习行为将关注他们所处环境中的某些特定部分，这一适应行为的一部分存在于组织学习搜寻行为中⑤。Huber（1991）系统地回顾了与组织学习相关的知识获取的概念，并将"搜寻关于组织环境和业绩的信息"作为知识获取的一个过程，指出搜寻是组织学习的一个过程，包括扫描、聚焦的搜寻和绩效监控三个子过程。因此，当前学术界对组织搜寻是一种组织学习方式形成了较为一致的认识。通过组织搜寻，企业试图在模棱两可的世界里解决问题（洪如燕，2012）。在技术复杂程度不断提高和技术变革速度不断加快的环境中，企业只有不断地学习或搜寻才能实现绩效的改进。March（1991）

① Benner M. J.，Tushman M. L. Exploitation，exploration，and process management：The productivity dilemma revisited [J]. Academy of Management Review，2003，28（2）：238-256.

② March J. G. Contiuity and change in theories of organizational action [J]. Administrative Science Quarterly，1996，41（2）：278-287.

③ Tushman M. I. O.，Reilly C. A. Ambidextrous organizations：Managing evolutionary and revolutionary change [J]. California Management Review，1996，38（4）：8-30.

④ 彭新敏. 企业网络与利用性—探索性学习的关系研究：基于创新视角 [J]. 科研管理，2011（3）：15-22.

⑤ Cyert R. M.，March J. G. A behavioral theory of the firm [M]. Prentiee-Hall：Englewood Cliffs，NJ，1963.

提出的探索性学习和利用性学习为后续创新搜寻领域的研究提供了理论基础，大量关于创新搜寻的研究都关注了探索与利用两类组织学习方式[①]，并基于组织学习的角度对创新搜寻进行了界定。例如，Benner 和 Tushman（2002）明确指出，本地搜寻是利用，远程搜寻是探索[②]。Sidhu 等（2007）认为探索与利用是非本地—本地搜寻连续谱上的两端，并将本地搜寻视为利用性搜寻，非本地搜寻（跨界搜寻）视为探索性搜寻。Li 等（2008）根据新知识与现有知识的距离界定探索和利用，对本地熟悉的知识搜寻是利用，对远程不熟悉的知识搜寻是探索。基于组织学习视角，跨界搜寻是一种典型的探索性学习[③]。由此可见，组织学习理论为跨界搜寻的内涵研究提供了拓展基础。

Greve（2007）指出，在动荡的环境下利用性学习势必会削弱企业发现市场机会以及应对复杂环境的能力；相反，基于探索性学习的跨界搜寻将有助于企业拓展异质性知识基础，增加了企业对不同类型知识元素进行整合与重构的机会，增强企业适应动态变化环境的能力（邬爱其和方仙成，2012；Heeley & Jacobson，2008）。正如 Henkel（2006）所言，跨越组织边界的外部宽度知识搜寻对缺乏内部研发能力和资源的中小企业而言更为重要。此外，Ren 等（2015）在对新兴市场中企业的搜寻行为进行研究时指出，对于缺乏强大能力的中小企业而言，他们与大客户之间存在的不平衡能力导致两者无法进行充分的沟通，并且大多数新兴经济体中的中小企业在其业务领域都不是全球技术领导者，但他们却能够更灵活地整合相对广泛的新信息，因此，中小企业更适合采取宽广范围的搜寻[④]。基于上述理论分析，与大企业相比，中小企业的知识存量有限，无法像大企业那样通过内部探索去实现创新，中小企业需要进行更大范围的跨界搜寻（李晓翔和霍国

---

① Katila R., Chen E. L. Effects of search timing on innovation: The value of not being in sync with rivals [J]. Administrative Science Quarterly, 2008, 53 (4): 593-625.

② Benner M. J., Tushman M. Process management and technological innovation: A longitudinal study of the photography and paint industries [J]. Administrative Science Quarterly, 2002, 47 (4): 676-706.

③ 马如飞. 跨界搜索对企业绩效的影响机制研究 [D]. 浙江大学博士学位论文, 2009.

④ Ren S., Eisingerich A. B., Tsai H. T. Search scope and innovation performance of emerging-market firms [J]. Journal of Business Research, 2015, 68 (1): 102-108.

庆，2013）。本书考虑到科技型中小企业的规模特点以及资源匮乏的局限性，认为科技型中小企业更可能采用探索性的跨界搜寻行为，并且可能从跨界搜寻中获取更多的利益。因此，本书研究科技型中小企业的跨界搜寻行为，以进一步扩展组织学习理论在创新搜寻研究中的应用。

第四节　动态能力理论

一、动态能力理论的产生背景

一直以来，战略管理领域都将“如何获取并保持竞争优势”作为该领域的研究重点（Teece et al.，1997）。依据资源基础观，企业持续的竞争优势来源于企业所拥有和控制的有价值的、稀缺的、不能被完全模仿的和难以替代的资源（Barney，1991）。但是，随着资源基础观研究的深入，有学者质疑资源基础理论研究属于静态分析，无法聚焦于某一时间点上的资源识别，没有说明如何获取这些资源，同时也无法解释从资源到竞争优势的形成机制，更难以适应当今复杂多变的动态环境（Teece et al.，1997；Priem & Butler，2001）。Prahalad 和 Hamel（1990）基于案例研究提出了“核心能力”的概念①，并指出专有知识和信息是核心能力的构成基础，学习是提高核心能力的重要途径，核心能力是能够为企业带来竞争优势的知识体系。但对于企业来说，资产专用性和路径依赖存在所构成的现有竞争优势基础的资源和能力组合，在动态变化的竞争环境中可能成为制约企业发展的“核心刚性”（Leonard-Barton，1992）②和“能力陷阱”（Levitt &

① Prahalad C. K.，Hamel G. The core competence of the corporation [J]. Harvard Business Review，1990，68（3）：275-292.

② Leonard-Barton D. Core capabilites and core rigidities：A paradox in managing new product development [J]. Strategic Management Journal，1992，13（1）：111-125.

March，1988)[①]，这些资源和能力组合曾经是有价值的，但已经不适应变化的环境并阻碍了企业的发展。因此，在动态复杂的环境中，传统的核心技术和资源由于“相对黏性”(Teece et al.，1997) 而往往成为企业发展中的绊脚石，导致企业陷入惯性陷阱，因而在动态环境下不能为企业带来持续的竞争优势。为了弥补在以往竞争优势理论忽视企业内部资源和能力与外部环境动态性的联系，Teeee 等(1992，1994，1997) 将环境动态性引入企业内在能力体系，并指出，仅仅拥有独特的、难以复制的资源是不够的，企业需要独特的动态能力，使得企业能够持续地创造、扩充、升级、保护企业独特的资源基础 (Teece et al.，2007)。动态能力的作用是改变企业的资源基础，企业的竞争优势来源于企业的动态能力，进一步深化和发展了资源基础理论和竞争优势理论。

二、动态能力的内涵

动态能力的概念思想最早源于 Teece 等 (1992) 的一篇工作论文《动态能力与战略管理》，文中指出：“企业不仅是资源的集合，也是学习与积累新技巧和能力的机制，以及约束这种过程发展方向的驱动力，这种观点可能比标准的资源基础观更丰富。”Teece 和 Pisano (1994)[②] 在《企业动态能力：导言》一文中进一步正式提出动态能力的概念，他们将环境动态性引入企业内在能力体系，并指出企业的竞争优势来源于企业的“动态能力”。1997 年，Teece、Pisano 和 Shuen 在战略管理顶级期刊《战略管理杂志》上发表了《动态能力与战略管理》一文，文章指出资源基础战略并不能保证企业获取持续的竞争优势，对半导体、信息服务和软件等竞争激烈的高新技术产业而言，“面对变化的环境，能够及时反应、进行快速灵活的产品创新以及有效获得协调和重组内外部竞争力的管理能力”的企业才是全球市场中的胜利者，这种获取持续竞争优势的能力是“动态能力”，即动

---

① Levitt B.，March J. G. Organizational learning [J]. Annual Review of Sociology，1988，14 (5)：319-340.

② Teece D.，Pisano G. The dynamic capabilities of firms：An introduction [J]. Industrial and Corporate Change，1994 (3)：537-556.

态能力是“为了适应快速变化的外部环境，企业整合、构建和重置企业内外部技能、资源和能力的能力”。动态能力是由“位置”和“路径”形成的“流程”。该文被认为是动态能力研究蓬勃发展的里程碑（Barreto，2010），从此之后，动态能力的研究引起了学术界和企业管理实践界的研究热情和广泛关注。

纵观学者们的研究，动态能力很好地体现了企业在动态环境下的组织能力的含义。环境的动态特征是动态能力概念的出发点，应对环境变化的适应性调整是这些定义的共同特征[①]（孟晓斌等，2007）。虽然学者们对动态能力的概念表述不一致，但还是对动态能力的理解达成了一定的共识（吴航，2014；冯军政，2012；高若阳，2010），主要表现在以下几方面：

第一，动态能力是一种高阶能力。“改变能力的能力”是以 Teece 等（1994，1997）为代表的学者对动态能力提出的经典定义，但这种用能力定义能力的描述受到一些质疑，因为这造成了能力的无限回归问题，无法确定竞争优势的最终来源（Collis，1994）以及逻辑上的“同义反复”（Priem & Butler，2001）。对此，能力阶层理论清晰地阐述动态能力的本质特征：对企业常规能力进行调整和变革的高阶能力。Collis（1994）将组织能力分为三类：一类是反映企业基本职能活动的能力，即广义上的企业资源；二类是动态改进企业基本职能活动的能力；三类是关于动态改进但具体能“识别其他资源的内在价值或先于竞争对手开发新战略”的能力[②]。事实上，根据 Teece 等（1997）的定义，第二类能力和第三类能力已经涉及动态能力的范畴，它们涉及到修改、创造和被标记为“高阶能力”或“元能力”的类别（Ambrosini & Bowman，2009）。在此分类基础上，Winter（2003）将组织能力分为两类，零阶能力和高阶能力[③]。零阶能力也被称为运营或普通能力，是企业在短期内维持生存的能力，即企业的资源基础；高阶

① 孟晓斌，王重鸣，杨建锋. 企业动态能力理论模型研究综述［J］. 外国经济与管理，2007（10）：9-16.

② Collis D. J. Research note：How valuable are organizational capabilities?［J］. Strategic Management Journal，1994，15（S1）：143-152.

③ Winter S. G. Understanding dynamic capabilities［J］. Strategic Management Journal，2003，24（10）：991-995.

能力是对零阶能力进行扩展、调整或创造的能力。Danneels（2008）基于 Collis（1994）的高阶或元能力概念，将组织能力分为一阶能力和二阶能力，其中一阶能力是执行具体任务的技能，二阶能力是构建新能力的能力，即动态能力。根据能力阶层理论，企业的组织能力实际上可以划分为常规能力（基本运营能力）和动态能力两大类，动态能力是改变常规能力的能力，是一种高阶能力（Zahar et al.，2006；Cepeda & Vera，2007；Dmevich & Kriauciunas，2011）。在动态变化的环境下，与低阶能力相比，企业投资于高阶能力更有利于保持竞争优势（孟晓斌等，2007）。动态能力的高阶属性能够确保组织低阶能力随时间和环境变化而改变的观点逐渐成为共识。

第二，动态能力是一种组织惯例或活动。对于组织能力的无限回归问题，Winter（2003）提出了自己的看法：尽管可以从逻辑上提出比动态能力更高阶的能力，但它只存在于数学计算公式中，演化视角下组织能力应该是一种组织惯例或惯例集，所以，动态能力必须是一种组织惯例，并且受企业过去发展历史的影响（Teece et al.，1997）。因此，动态能力是企业构建的而不是在市场上购买的（Makadok，2001），具有路径依赖（Zollo & Winter，2002）和企业嵌入性（Eisenhardt & Martin，2000）的特征。此外，动态能力必须是持续的、可重复的（Zollo & Winter，2002；Winter，2003；Helfat et al.，2007；Schreyögg & Kliesch-Eberl，2007）、具有目的性和主动性、有意识的组织活动（Zahra et al.，2006；Helfat et al.，2007；Ambrosini & Bowman，2009）。因此，动态能力并不是一种即兴问题解决活动或是一种运气，而是企业在重复实践和试错学习中建立起来的、改变企业资源基础所做的有意识努力。

第三，动态能力是一种抽象的组织能力。这些定义反映了动态能力是一般意义上的组织过程，如对外部环境变化和机会与威胁的感知能力（Teece，2000；2007；O'Reilly Ⅲ & Tushman，2008），资源整合、构建和重构能力（Teece & Pisano，1994；Teece et al.，1997），资源/投资剥离或释放能力（Eisenhardt & Martin，2000；Sirmon et al.，2006；Danneels，2010），整合能力，特别是技术整合能力（Ianisti & Clark，1994），对组织内外部资源的协调整合能力和重组转型能力（曾萍，2009），它们的作用是改变企业的资源基础（Ambrosini & Bowman，2009），以适应快速变化的外部环境。

第四，动态能力是一系列具体的战略和组织过程（Eisenhardt & Martin，2000），例如产品开发、联盟、战略决策制定能力（Eisenhardt & Martin，2000），研发能力（Helfat，1997；Danneels，2002；Hung et al.，2007；Rothaermel & Hess，2007；Danneels，2008），营销二阶能力和研发二阶能力（Danneels，2008），新产品与新流程开发能力（Marsh & Stock，2006；McKelvie & Davidsson，2009），双元组织（O'ReillyⅢ & Tushman，2008）等。

第五，动态能力是一种知识管理能力。Eisenhardt 和 Martin（2000）指出，不同企业的动态能力是具有共性的，并且这种共性是可以被识别的①。但是现有研究对动态能力的资源、能力和过程的泛泛定义缺乏共同基础（Wang & Ahmed，2007），导致这种共性没有被系统地识别。针对这一问题，一些学者以知识为分析单位，将知识资源的使用视为动态能力发展的核心因素（Teece，1998），将动态能力的演化过程视为一种知识管理和动态学习的过程（Subramaniam & Youndt，2005；Zollo & Winter，2002；董俊武等，2004），强调企业竞争优势来源于对知识的创造、存储与应用（Spender & Grant，1996）。与知识相关的吸收能力、整合能力、学习能力和创新能力均被视为一种动态能力。

三、动态能力的形成与提升机制

学者们对动态能力内涵的不同理解，导致不同学派基于不同的理论基础对动态能力的形成与提升进行不同的论述。

（一）基于知识或学习视角的动态能力形成与演化

Fiol 和 Lyles（1985）指出，组织学习是理解更多的知识，是对组织行为能力进行提高的过程，因此，组织学习是组织行为能力的微观基础，动态能力通常是

① Eisenhardt K. M.，Martin J. A. Dynamic capabilities：What are they? [J]. Strategic Management Journal，2000，21（10-11）：1105-1121.

组织内的经验和学习的结果（Ambrosini & Bowman，2009）。Easterby 和 Prieto（2008）在回顾组织学习与动态能力的关系时指出，学术界已经广泛认可“通过组织学习可以提升动态能力”的观点①，学习推动了动态能力的形成和演化（Eisenhardt & Martin，2000；Zollo & Winter，2002；Zott，2003；曾萍和蓝海林，2009②；高媛，2012）。胡旺盛（2006）指出，具有知识性和学习性的动态能力的发展是渐进的，因为能力依赖于组织的积累性学习而获得，组织学习可以系统地建立和改进组织的惯例，因此，组织学习是解释动态能力的核心要素，是企业形成和发展动态能力的根本手段。

基于学习与知识视角的动态能力研究认为，企业之所以要对自身能力进行改变的原因是隐藏在组织能力背后的知识已经不再适合环境的变化，动态能力随着知识的变化而变化，企业改变能力的过程实际上是企业追求新知识的过程（Nielsen，2001）。根据动态能力阶层分类模型，动态能力的高阶特征可以理解为探索性学习模式（March，1991），探索性学习是知识获取的具体过程（Lane et al.，2006）。对外部新知识和技术等关键资源的获取能够提升企业的动态能力（马鸿佳等，2008）。组织成员通过集体学习，将获取的新知识进行分析、筛选并吸收到组织内部，实现新知识与已有知识的整合，融入到企业的运营流程中，促进知识创新，进而促进动态能力的构建与发展。Cepeda 和 Vera（2007）指出，组织通过学习和创造新知识，把新知识传递到组织层面并将其制度化，从而能更好地提升自己的动态能力。

基于认知视角，Helfat 和 Raubitschedk（2000）提出了“知识、能力与产品共同演进”模型，指出动态能力的形成与提升过程是知识形成的动态过程，而知识形成的过程则是由半自动的经验积累和主动的学习过程所推动的，动态能力的形成及提升主要与主动的学习过程相关。Zollo 和 Winter（1999）指出，相对被动的经验积累过程以及相对自主的认知学习过程是推动组织动态能力发展的两类

---

① Easterby-Smith M.，Prieto I. M. Dynamic capabilities and knowledge management：An integrative role for learning?［J］. British Journal of Management，2008，19（3）：235-249.

② 曾萍，蓝海林. 组织学习、知识创新与动态能力：机制和路径［J］. 中国软科学，2009（5）：135-146.

组织学习过程。在此基础上，Zollo 和 Winter（2002）将与动态能力有关的组织学习方式分为有准备的学习（Deliberate Learning）和无计划的学习（Unplanned Learning）①。Miner 等（2001）将组织学习方式分为即兴发挥、试错和试验三种。其中，即兴发挥是指事先没有计划、在事中进行的学习；试错是企业通过不断采取各种有计划或无计划行动，并根据反馈信息采取进一步行动，在行动中进行的学习；试验是一种有准备的系统性学习方式，通过改变某些条件来观察结果，进而探索因果关系。Zahra 等（2006）进一步指出，随着企业的发展，企业采用即兴发挥的学习方式逐渐降低，通过试错进行学习的可能性先增后减，而进行试验性学习的可能性不断增加②。这意味着，企业将越来越多地进行有准备的学习，而减少无计划的学习。有准备的学习对于需要构建动态能力以应对范式转变的企业而言更有意义。彭正龙等（2008）指出，知识是组织在认知学习中逐渐积累的经验，是动态能力的基础，动态能力的演化过程在一定程度上反映了一种持续循环的认知学习过程，认知能力决定了企业知识积累并推动动态能力的发展③。

（二）基于演化理论的动态能力形成与提升

Nelson 和 Winter（1982）所提出的演化经济学认为，动态能力是以组织惯例的形式嵌入于组织管理过程中的，组织惯例的变迁过程实际上是动态能力的演化过程。演化理论强调企业根据对环境的适应性而择优存在的，他们吸收了组织行为理论中的两个观点：惯例和搜寻，将企业惯例对应于生物进化中的基因概念，将搜寻对应于适应和惯例变异机制。董俊武等（2004）指出，动态能力是一种动态性惯例，而推动惯例演化的是持续的组织学习。在学习过程中，变异是动态能力进化中的关键因素（Eisenhardt & Martin，2000）。企业在搜寻过程中找出、诊断并解决问题，搜寻的结果可能导致企业内存在的现有惯例发生改变，或者出现了新惯例代替旧惯例，或者增加了新惯例对企业现有的惯例进行了补充和丰富。

---

① Zollo M.，Winter S. G. Deliberate learning and the evolution of dynamic capabilities [J]. Organization Science，2002，13（3）：339-351.

② Zahra S. A.，Sapienza H. J.，Davidsson P. Entrepreneurship and dynamic capabilities：A review，model and research agenda [J]. Journal of Management Studies，2006，43（4）：917-955.

③ 彭正龙，陶然，季光辉. 基于元认知的认知学习对动态能力影响的实证研究 [J]. 心理科学，2008（6）：1343-1347.

企业依照惯例并通过搜寻，做出相应的战略选择和决策行为调整。

根据演化经济学观点，企业具有与生俱来的本地搜寻倾向，本地搜寻具有较强的路径依赖性，企业往往会在一定的技术边界或空间内重复搜寻与现有知识基础相类似的知识，本地搜寻有利于企业在稳定的环境中形成核心能力，应对组织一阶核心能力的发展，但是在动态变化的环境中，却可能加大企业陷入“能力陷阱”和“创新者窘境”。而尝试跨越组织、技术、时间、空间等多种边界的知识搜寻行为为企业带来了新知识和新机会，有利于企业更新现有知识基础，对从外部渠道获取的新知识元素和现有知识元素进行协调整合，对已有知识组合进行重新构建，打破了自身经验和路径依赖的局限，重新构建动态竞争环境下的环境敏感性和适应性。

（三）基于社会网络理论的动态能力提升

动态能力理论的发展建立在资源基础理论上，企业的资源是影响动态能力形成的组织内部因素。企业拥有足够的资源是企业进行整合与重构内外部资源的重要前提条件[①]（Wu，2007）。虽然 Teece（1997）提出了动态能力战略观的位势、路径和流程三个关键要素，从企业资源角度建立了动态能力形成的基本分析框架，但并没有对特定的组织资源与动态能力的关系进行深入分析。社会网络理论则打破了原子主义观点，将企业视为社会网络中的一员，企业与社会网络中的供应商、消费者、大学科研机构、金融部门、政府等形成合作、认知和信用关系网络，社会网络是一种由社会网络节点联结所生成的无形的关系资源，揭示出资源基础观对资源认识的不足。

社会网络理论认为社会网络为企业资源获取提供途径，加强企业变革所需资源的需求，进而影响动态能力。Coleman（1988）指出，较大的网络强度有利于信息和知识的获取，促进知识在企业间的分散和转移，进而促进企业内外知识的整合。Acquaah（2007）指出，企业通过社会网络能够获取适应不确定环境的信

① Wu L-Y. Entrepreneurial resources，dynamic capabilities and start-up performance of Taiwans high-tech firms [J]. Journal of Business Research，2007，60 (5)：549-555.

息和知识等资源，这种资源可能对提升企业的竞争优势产生深远影响，进而提升动态能力（杜丹丽等，2015）。

对于动态能力的形成与演化，知识或组织学习视角强调了动态能力形成与提升的动态特征；演化视角强调了动态能力惯例演化的本质，并且组织学习是推动惯例演化的重要手段；社会网络视角强调了动态能力提升的组织外部资源和能力的重要作用，而这种社会关系可以成为推进新型组织学习的动力（Teece et al.，1997）。因此，学习机制是动态能力形成与提升的主导机制（何泽军，2012）。

动态能力理论为"学习—能力—绩效"逻辑关系研究提供了理论基础。基于知识或学习视角的动态能力研究认为，组织获取新知识的主动学习能够促进动态能力的演化，而动态能力的演化能够为企业带来竞争优势。跨界搜寻的目的是解决创新问题而主动进行的知识获取行为，企业通过跨界搜寻获取新知识，有利于企业更新现有知识基础，对应组织二阶动态能力的发展，跨界搜寻是通过组织能力构建组织竞争优势的重要前提（Nerkar，2003；Benner & Tushman，2003；Danneels，2008；焦豪，2011；肖丁丁，2013）。由此可见，基于组织学习的搜寻过程能够推动动态能力的发展，而动态能力又被视为企业创新的内在机制和动力源泉。

此外，开放式创新在为企业创造机遇的同时也为企业带来了开放度选择、知识分布、共同创造等困境①。同样，跨界知识搜寻也面临着搜寻"度"、搜寻的碎片知识整合等问题，跨界搜寻并非总是有利于企业创新，以往理论视角对于解释跨界搜寻促进创新绩效的提升存在困境。有学者指出，企业可以通过吸收能力、创造能力、技术能力和知识整合能力等解决这些问题（Tseng & Pai，2014；Acosta et al.，2012；Grimpe & Sofka，2009；熊伟等，2011；吴增源等，2015；奉小斌和陈丽琼，2015；缪根红等，2014；戴维奇等，2013）。但是 Helfat（2007）认为，一般能力无法解决上述所有问题，企业需要一种更高层级的能力，

① 高良谋，韵江，马文甲. 开放式创新下的组织网络能力构架［J］. 经济管理，2010（12）：71-78.

即动态能力解决企业在开放式创新中面临的问题①。因此，动态能力视角为打开跨界搜寻对企业创新绩效的作用过程“黑箱”提供理论解释。

本章小结

本章主要介绍了与本书研究相关的理论基础，包括开放式创新理论、知识基础理论、组织学习理论以及动态能力理论。首先介绍了开放式创新理论。明确开放式创新成为企业创新的主导范式。在开放式创新模式中，创新资源可以跨越组织边界进行自由流动，这为企业跨界搜寻行为的产生提供了现实和理论背景。其次介绍了知识基础理论。知识基础理论将知识视为企业的战略资源，企业创新依赖于企业所拥有的异质性知识，企业对组织边界外的技术知识和市场知识的搜寻有利于企业异质性知识的获取，为企业成功创新提供异质性知识基础。再次介绍了组织学习理论。该理论认为跨界搜寻是一种探索性组织学习行为，通过探索企业试图在一个模棱两可的世界里解决问题。企业只有不断地学习和创新才能在快速变化的环境中实现绩效改进。最后介绍动态能力理论。动态能力理论是针对核心能力刚性的问题而提出的，动态能力作为一种组织惯例，依赖于组织积累性学习获得，并且能够指导企业资源的重构，创造出其他企业难以模仿的资源组合，学习是动态能力构建和提升的基础及前提。

① Lichtenthaler U., Lichtenthaler E. A capability-based framework for open innovation: Complementing absorptive capacity [J]. Journal of Management Studies, 2009, 46 (8): 1315-1338.

第四章　跨界搜寻对企业创新绩效的影响变量设计

第一节　影响变量的概念界定与维度划分

一、跨界搜寻

跨界搜寻源于企业行为理论中的组织搜寻行为研究。Cyert 和 March（1963）在《企业行为理论》中指出，企业的搜寻行为是问题导向的，企业通过搜寻获得解决问题的信息。该理论强调搜寻行为服从于企业的学习行为，企业在学习过程中进行信息搜寻。Nelson 和 Winter（1982）认为，组织搜寻是组织在不确定环境中为了解决问题或尝试新想法而进行的信息搜集过程①。在此基础上，Huber（1991）认为搜寻是组织学习的一个过程，组织通过搜寻以解决问题和发现机会②。March（1991）在创新背景下首次区分了“探索”与“利用”两类组织学习方式

① Nelson R.，Winter T. An evolutionary theory of economic change［M］. Cambridge MA：Harvard University Press，1982.

② Huber G. Organizational learning：The contributing processes and the literatures［J］. Organization Science，1991，2（1）：88-115.

的概念，并将探索性学习描述为广泛的知识搜寻活动，强调“对新知识的追求”。组织搜寻作为一种解决问题的组织学习方式得到了学术界的普遍认可。此后，学者将搜寻思想扩展到创新领域进行研究，衍生出产品搜寻和创新搜寻等概念。

随着创新实践的发展，开放式创新成为企业主导创新范式，关于开放式创新的文献越来越强调从组织边界外获取创新资源的重要性，企业跨越组织边界的活动引起了战略学者的关注。Rosenkopf 和 Nerkar（2001）首次将“跨界”一词引入战略管理领域，并将企业跨越组织边界和产业技术边界的探索活动界定为跨界搜寻。类似的概念还有远程搜寻、探索性搜寻和非本地搜寻等。相比起来，跨界搜寻的概念更为明确、更易于操作[①]，受到学术界的广泛关注。目前，关于跨界搜寻内涵研究的代表性观点是组织学习观，跨界搜寻被视为一种探索性学习方式（March，1991；Sidhu et al.，2007；Li et al.，2008；马如飞，2009；吴增源等，2015）。因此，本书认为跨界搜寻是企业为了解决创新问题，超越已有认知基础对组织边界以外的新知识进行探索的组织学习行为。显然，对企业外部新知识的获取是一种典型的跨界搜寻行为（马如飞，2009）。

现有研究主要从知识类型和知识距离两个角度划分跨界搜寻。基于知识类型边界的划分强调企业所搜寻的是价值链上的知识种类，主要包括技术知识搜寻和市场知识搜寻（Nerkar & Roberts，2004；Sofka & Grimpe，2010；张文红和赵亚普，2013）。基于知识距离边界的划分强调企业所搜寻的知识与现有知识的相对距离，主要包括认知距离边界、时间距离边界和地理距离边界。认知距离边界强调企业所搜寻的知识与现有知识的相似度，如 Ahuja 和 Lampert（2001）将企业的新知识分为三类：“对本企业来说是新的”，“对本行业来说是新的”以及“对世界来说是新的”。时间距离边界强调搜寻的知识的新旧程度[②]，如 Rothaermel 和 Alexandre（2009）将知识搜寻分为新知识搜寻和旧知识搜寻[③]。知识的滞后性意

① Chen W. R. Firms，technological search behaviors [D]. Purdue University，2003.

② Nerkar A. Old is gold? The value of temporal exploration in the creation of new knowledge [J]. Management Science，2003，49 (2)：211-229.

③ Rothaermel F.，Alexandre M. Ambidexterity in technology sourcing：The moderating role of absorptive capacity [J]. Organization Science，2009，20 (4)：759-780.

味着过去没有价值的知识有可能在未来时间点发挥巨大作用。地理距离边界强调对不同地理区域中机会的搜寻。地理边界可能是省市边界，也可能是国家边界，吴航等（2015）将知识搜寻分为本地知识搜寻和国际知识搜寻。此外，一些学者根据研究需要从不同角度对知识搜寻进行分类。如，Li 等（2008）基于知识距离边界（认知、时间和空间）和价值链上知识内容边界（科学、技术和产品市场）将组织的搜寻行为与组织学习方式结合起来，判断跨界搜寻的连续程度①。Li-Ying 等（2013）在 Li 等（2008）的研究基础上，将跨界搜寻视为企业在“本地—远程”连续谱上的探索程度，将搜寻的认知、空间和时间维度整合到一个研究框架下②。Sidhu 等（2007）基于外部信息搜寻视角将跨界搜寻分为供应端搜寻（技术知识）、需求端搜寻（市场知识）和地理搜寻③。马如飞（2009）、李晓翔和霍国庆（2013）基于知识距离（认知维度和地域维度）和知识类型（技术知识和市场知识）两个边界的两个维度将跨界搜寻分为四种类型。袁健红和龚天宇（2011）提出了四种知识搜寻策略：技术知识开发策略、市场知识开发策略、技术知识探索策略和市场知识探索策略④。

张文红等（2011）指出，对跨界搜寻进行分类的关键是明确企业跨越何种边界搜寻何种知识，跨界搜寻是一个多维概念，应该结合知识类型和知识距离两个维度进行划分，以识别不同类型的跨界搜寻活动。笔者认同张文红等（2011）的观点，从知识类型和知识距离两方面对跨界搜寻进行维度划分。其中，知识类型角度描述的是企业跨界搜寻的是何种知识，即知识搜寻内容；知识距离角度描述的是企业跨界搜寻是跨越的何种边界，即跨越边界类型。成功的创新同时需要技术知识和市场知识，技术知识和市场知识是企业最主要、最常见的两种经营知识

---

① Li Y., Vanhaverbeke W., Schoenmakers W. Exploration and exploitation in innovation: Reframing the interpretation [J]. Creativity and Innovation Management, 2008, 17 (2): 107-126.

② Li-Ying J., Wang Y., Salomo S. An inquiry on dimensions of external technology search and their influence on technological innovations: Evidence from Chinese firms [J]. R&D Management, 2014, 44 (1): 53-74.

③ Sidhu J. S., Commandeur H. R., Volberda H. W. The multifaceted nature of exploration and exploitation: Value of supply, demand, and spatial search for innovation [J]. Organization Science, 2007, 18 (1): 20-38.

④ 袁健红，龚天宇. 企业知识搜寻前因和结果研究现状探析与整合框架构建［J］. 外国经济与管理，2011 (6): 27-33+49.

（Teece，1986；Sidhu et al.，2007；Sofka & Grimpe，2010；张文红等，2011），本书依据知识类型将企业对外部知识的搜寻分为技术知识跨界搜寻和市场知识跨界搜寻。同时，技术知识是沿着认知边界和地域边界内的特定轨迹发展，市场知识是沿着认知边界和地域边界的市场价值网络发展（马如飞，2008）。所以，企业的跨界搜寻活动可以是跨越认知边界，也可以是跨越地理边界的（Ahuja & Katila，2004；马如飞，2009；李晓翔和霍国庆，2013）。企业对技术知识和市场知识的搜寻可能跨越知识的认知边界和地域边界，因此，本书依据搜寻对象（知识类型）将跨界搜寻分为技术知识跨界搜寻和市场知识跨界搜寻两种类型。在此基础上，依据知识距离，将技术知识跨界搜寻分为跨认知技术知识搜寻和跨地域技术知识搜寻，将市场知识跨界搜寻分为跨认知市场知识搜寻和跨地域市场知识搜寻。具体维度划分如图 4-1 所示。

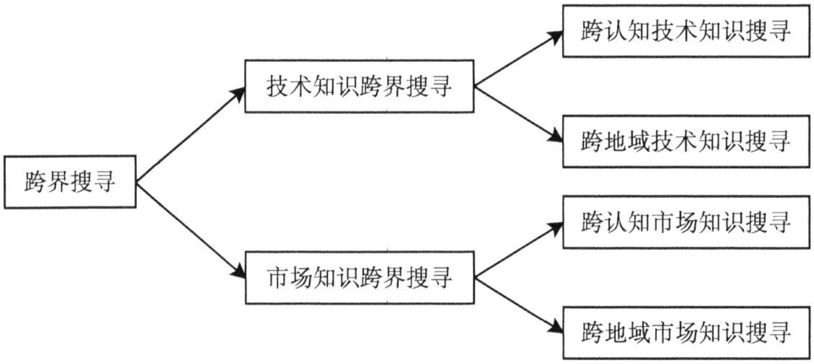

图 4-1　跨界搜寻的维度划分

其中，技术知识和市场知识是企业的主要搜寻对象，前者主要是与生产工艺和方法、产品设计等相关的知识，后者主要是与新的细分市场、产品营销等相关的知识。跨认知维度更多关注知识内容本身，而跨地域维度更多关注受地域差异性影响的知识应用情境。具体地，跨认知技术知识搜寻是企业跨越技术领域边界对新技术知识的探索；跨地域技术知识搜寻是企业跨越地理区域边界对新技术知识的探索；跨认知市场知识搜寻是企业跨越业务领域边界对新市场知识的探索；跨地域市场知识搜寻是跨越地理区域边界对新市场知识的探索。企业在进行技术知识跨界搜寻时，通过跨认知技术知识搜寻识别其他行业的新技术发展情况，通过跨地域维度关注其他区域国内国际市场的先进技术发展情况；企业在进行市场知识跨界搜寻时，通过跨认知搜寻识别其他细分市场价值网络的市场需求变化，通过跨地域搜寻关注其他地域价值网络的市场需求变化。

二、动态能力

如何获取和保持竞争优势是战略管理理论研究的核心问题。自从 Teece 提出动态能力的概念思想以来，动态能力成为企业在动态变化的环境中获取持续竞争优势的来源。1997 年，Teece 等发表的《动态能力与战略管理》一文，被认为是动态能力研究蓬勃发展的里程碑[①]。他们从动态能力的角度分析了企业获取竞争优势的来源，并将动态能力定义为：企业整合、构建和重组内外部资源及能力以适应快速变化环境的能力。拥有动态能力的企业能够随外部环境的变化更新企业内部有价值的资源，动态能力决定企业的资源尤其是 VRIN（有价值的、稀缺的、不可模仿的、不可替代的）资源的变化率，使得企业的资源与外部变化的环境相匹配。由此可见，环境的动态特征是动态能力内涵的出发点，如何获取持续竞争优势是动态能力理论研究的切入点，动态能力很好地体现了企业在动态环境下组织能力的含义。

虽然有学者指出对动态能力的描述仍是模糊的[②]，没有被系统地或是以经验为基础进行概念化（Barney et al.，2001；Grant，2002；Priem & Butler，2001），但是，这些定义的共同特征是应对环境变化的适应性调整[③]。动态能力的本质是为适应环境的变化对企业已有资源和知识基础进行整合或重构，不存在概念模糊、难以理解、同义反复或缺乏共同研究基础的问题（冯军政和魏江，2011）。因此，本书认同 Teece 等主流学者对动态能力概念内涵的阐释，将动态能力理解为一种抽象的组织能力，这类抽象的组织能力的本质特征是为了适应环境的动态

---

① Barreto I. Dynamic capabilities：A review of past research and an agenda for the future［J］. Journal of Management，2010，36（1）：256-280.

② Kraatz M. S.，Zajac E. J. How organizational resources affect strategic change and performance in turbulent environments：Theory and evidence［J］. Organization Science，2001，12（5）：632-657.

③ 孟晓斌，王重鸣，杨建锋. 企业动态能力理论模型研究综述［J］. 外国经济与管理，2007（10）：9-16.

变化，而对组织常规能力进行扩展、修改、创造的高阶能力（Winter，2003；Cepeda & Vera，2007；Wang & Ahmed，2007）。在此基础上，本书将动态能力定义为，为应对动态变化的外部环境，企业通过整合、重构内部与外部资源和能力来改变企业资源基础的高阶能力。

动态能力的构成要素与维度划分在思路上和内容上存在一定分歧，主要表现在以下四种发展趋势[①]：趋势一，基于 Teece 等（1994，1997）传统理论观点，强调动态能力的整合和重构两个维度的作用；趋势二，扩展了 Teece 等（1994，1997）传统的动态能力概念内涵，将对外部环境的感知能力和利用能力纳入动态能力的构念；趋势三，以 Eisenhardt 和 Martin（2000）为代表的理论探讨为基础，将动态能力视为一系列具体的战略和组织过程而划分动态能力；趋势四，基于 Prieto 等（2009）的观点，从知识观视角探索动态能力的内涵与构成维度。纵观现有研究，大部分学者是沿着 Teece 等（1997）关于动态能力的经典定义，将动态能力视为一种抽象的组织与管理能力而划分动态能力的。

事实上，对动态能力的构成要素和维度划分研究是建立在动态能力概念内涵的基础上进行的。纵观诸多学者对动态能力的概念界定，可以从宏观和微观两个层面理解，宏观层面上，动态能力是适应动态环境变化的能力，微观层面上，动态能力是对企业内外部资源进行重组或重构的能力（冯军政，2012）。考虑到动态能力的高阶属性，动态能力的关键特征在于对资源进行重新组合与部署并生产新的能力[②]。所以，基于 Teece 等学者对动态能力的最初定义，组织行为层次的整合能力和重构能力是动态能力的重要构成维度。冯军政和魏江（2011）认为，在动态能力的维度划分和测量方面，整合能力和重构能力是两个相对成熟的概念，得到国外学术界的普遍认可。尽管后续研究将机会感知能力、适应环境变化能力等认知维度概念（Teece，2000，2007；O'Reilly Ⅲ & Tushman，2008；Li et al.，2009）作为对动态能力内涵的扩展，但它们并不是动态能力本身，而是动

① 冯军政. 环境动荡性、动态能力对企业不连续创新的影响作用研究［D］. 浙江大学博士学位论文，2012.

② 戴维奇，林巧，魏江. 本地和超本地业务网络、吸收能力与集群企业升级［J］. 科研管理，2013（4）：79-89.

态能力的引擎或抑制剂（Ambrosini & Bowman，2009），是巩固和使动态能力能够得到部署的管理及组织过程（Helfat et al.，2007），不属于 Collis（1994）和 Winter（2003）所提出的改变企业能力的高阶能力的概念。因此，机会感知能力等组织认知维度概念仍处于提出和理论创建阶段①。宝贡敏和龙思颖（2015）认为，动态能力的概念应专注于资源的整合与重构，认知维度概念应当被视为动态能力的发展基础②。

基于上述分析，动态能力分为资源整合能力和组织重构能力。其中，整合能力是动态能力的核心（Eisenhardt & Martin，2000），包括释放不需要的资源和获取新资源，是企业对内外部资源的价值进行评估，并进行协调整合形成新资源、产生新价值，以抓住市场机会适应环境变化的能力。组织重构能力强调企业的能力要与外部环境变化相匹配，是对现有资源结构、技术结构和知识结构进行改变和重组的过程，帮助企业调整与环境变化不相匹配的经营惯例，实现组织内部各种资源的再次调整与组合（Teece，2007；冯军政，2012）。

三、创新绩效

创新是企业生存和发展的主要源泉，因此，对创新绩效的研究日益成为经济学和管理学领域关注的热点。Farrell（1957）所提出的“技术效率”的概念被认为是创新绩效的雏形。Jantunen（2005）认为，创新绩效是企业绩效随产品创新或过程创新活动所带来的提升③。Drucker（1993）认为，创新绩效强调所有创新元素的组合，是对企业技术创新结果的综合反映，因此很难明确界定④。Gemunden 等（1996）则采用“创新成功”的术语描述创新结果⑤。刘满凤（2005）将

① 冯军政，魏江. 国外动态能力维度划分及测量研究综述与展望［J］. 外国经济与管理，2011（7）：26-33+57.

② 宝贡敏，龙思颖. 企业动态能力研究：最新述评与展望［J］. 外国经济与管理，2015（7）：74-87.

③ Jantunen. Knowledge-processing capabilities and innovative performance：An empirical study ［J］. European Journal of Innovation Management，2005，8（3）：336-349.

④ Drucker P. Post-capitalist society ［M］. New York：Butter-worth-Heineman，1993.

⑤ Gemunden H. G.，Ritter T.，Heydebreck P. Network configuration and innovation success：An empirical analysis in German high-tech industries ［J］. International Journal of Research in Marketing，1996，13（5）：449-462.

创新绩效定义为，企业将一定的资源要素投入到创新系统所取得的创新效果和生产效率的提高①。陈劲和郑刚（2009）认为，可以从狭义和广义两个层面理解创新绩效：狭义上的创新绩效是在市场中引入新产品、新技术或新设备的比率②，广义上的创新绩效是指由创新想法的产生到产品进入市场的全过程。因此，创新绩效应该是企业创新活动所带来的创新结果的提高。本书将创新绩效定义为企业创新活动给企业带来的效率和效益的提高。

由于技术创新是科技型中小企业创新的本质特征，因此，学术界对科技型中小企业创新的大部分研究落到了企业技术创新绩效上。对于创新绩效的分类和评价，毕克新等（2006）指出，现有研究主要从创新投入产出、创新中的技术绩效、创新行为的过程、企业 R&D 投入、创新效益以及创新的标准定位等角度对中小企业的技术创新绩效进行研究③。张方华（2004）根据我国高科技企业的具体创新情况，从创新效益和创新效率两方面衡量高科技企业的技术创新绩效④。创新绩效一般指对企业创新活动效率和效益的评价，因此，本书将采用张方华（2004）、韦影（2005）、姜波（2013）的建议，从创新效益和创新效率两个角度测度科技型中小企业创新绩效。

四、环境动态性

Calantone 等（2003）指出，外部环境因素是创新绩效影响分析中常见的调节变量⑤。其中，环境动态性是管理学研究领域中应用最为广泛的外部环境因素之一，反映了环境变化的速率与不稳定性（张映红，2008）。伴随着世界科技的持续发展，重大产业变革和科技变革不断涌现，随着改革开放对我国经济的影响，消费者的消费理念、方式、结构和行为等产生了巨大变化，科技型中小企业

① 刘满凤. 创新绩效评价与民营科技企业发展研究［J］. 科技进步与对策，2005（1）：52-54.

② Freeman C.，Soete L. The economics of industrial innovation ［M］. London：3rd Edition，1997.

③ 毕克新，赵莉楠，孙金花.中小企业技术创新绩效评价研究现状和发展趋势［J］. 中国科技论坛，2006（5）：66-70.

④ 张方华. 知识型企业的社会资本与技术创新绩效研究［D］. 浙江大学博士学位论文，2005.

⑤ Calantone R.，Garcia R.，Dröge C. The effects of environmental turbulence on new product development strategy planning［J］. Journal of Product Innovation Management，2003，20（2）：90-103.

在生产经营中面临着更加动态复杂的技术发展环境和市场需求环境。现有研究普遍认为市场需求的动态性与技术发展的动态性最为重要，企业的生存与发展不可避免地受到这两个外部环境因素的影响（Wheelwright & Clark，1992；Jaworski & Kohli，1993；王永贵等，2004；蒋旭灿等，2011；薛捷和张振刚，2015；朱朝晖，2007，2008）。因此，本书将从市场动态性和技术动态性两方面考虑环境动态性。

具体地，市场动态性是指企业市场需求变化的不稳定和不确定性程度（Helfat 等，2007；Lichtenthaler，2009），包括顾客偏好与需求的不稳定性以及竞争对手组成的持续变化，表现为产业边界的不断打破以及顾客构成与偏好的变化（Jaworski & Kohli，1993；Hung & Chou，2013）。市场动态性较高意味着市场中的顾客构成和偏好快速变化，企业的产品基础迅速过时，原有技术难以满足顾客的多样化需求；市场动态性较低意味着顾客的构成和偏好相对稳定，产品更新换代较慢。技术动态性是外部环境中技术变革的速率和不可预测性（Dess & Beard，1984；Miller，1987），指企业感知产业技术变革或技术发展的速度（Jaworski & Kohli，1993；Lichtenthaler，2009）。技术动态性较高的环境意味着产业技术、生产工艺和产品本身前景不确定（Wiklund & Shepherd，2003）、市场不明确并且消费者没有形成具体的需求和偏好（Sidhu et al.，2007）；技术动态性较低意味着产业中的产品与生产技术处于成熟期，并且形成了占据主导地位的技术范式（Lefebvre et al.，1997）。

第二节　影响变量的研究假设

一、跨界搜寻与创新绩效

在开放式创新背景下，创新机会通常位于企业边界外，创新企业往往会通过部署通向市场的组织外部通道搜寻创新思想并使其商业化（Chesbrough，2003）。根据组织行为理论和组织学习理论，创新是搜寻行为的结果。外部知识搜寻对产业企业获取广泛的多样化知识资源至关重要，企业创新绩效取决于它们如何以及怎样搜寻合适的新知识（von Hippel，1986；Cohen & Levinthal，1990）。因创新强度高、技术密集等行业特点以及企业规模和创新资源等自身局限性，科技型中小企业更愿意对外开放，以期从外部获取所需资源（Lee et al.，2010；Gassmann，2006）。与大型企业相比，中小企业更多地依赖外部知识作为创新的输入（Malecki & Tootle，1996；Zhou & Li，2012），更广泛的外部知识搜寻对于中小企业的创新过程特别重要（Classen et al.，2012；Ebersberger & Herstad，2012；Street & Cameron，2007）。对于科技驱动型产业的企业，开放对创新绩效的促进作用效果明显。跨界搜寻为科技型中小企业带来了丰富的异质性技术和市场知识，丰富了企业的知识库，不仅能够弥补企业现有知识的不足，还能增加企业整合与重组知识的机会，为企业提供了丰富的创新问题解决方案，提高了科技型中小企业的技术创新效率与效果，进而提升企业创新绩效。

虽然现有研究表明，过度搜寻可能会对企业的创新产生负面影响，但中小企业的创新开放度远小于大型企业①。信息和通信技术的发展与应用大大减轻了过度搜寻的制约因素问题。因此，对于科技型中小企业而言，过度搜寻所带来的负面影响远远小于创新搜寻给企业带来的积极作用。

（一）技术知识跨界搜寻与创新绩效

技术知识跨界搜寻是企业跨越技术领域边界和跨越地理区域边界对新技术知识的探索。企业不仅密切关注本行业、本区域相关技术，还会跨越不同行业、不同技术领域和国内不同地域甚至是国外领域，从更广泛的环境中获取创新所需的新技术知识（Rosenkopf & Nerkar，2001；Phene et al.，2006）。技术知识跨界搜寻对科技型中小企业创新绩效具有积极影响。

---

① Van de Vrande V.，De Jong J. P. J.，Vanhaverbeke W. et al. Open innovation in SMEs：Trends，motives and management challenges [J]. Technovation，2009，29（6）：423-437.

首先，科技型中小企业受自身研发水平和技术能力的限制，无法依靠内部研发进行技术创新。技术知识跨界搜寻帮助企业获取外部互补性技术知识以及大量异质性技术知识，为科技型中小企业的技术创新提供更为丰富的知识选择，这不仅弥补了企业内部技术的不足，还能够避免企业因过度依赖原有技术而陷入创新者窘境，从而突破原有技术轨迹开发新产品。Brown 和 Eisenhardt（1997）研究指出，与那些仅依靠内部技术获取的企业相比，对组织边界以外的前沿技术探索的企业更可能在新产品引进中获取成功①。同时，科技型中小企业创新的本质特征是技术创新，技术创新的本质是对知识进行重新组合。在认知距离和地理距离上较为遥远的知识有利于企业发现新的知识联系与组合机会（Phene et al., 2006），帮助企业实现对已有知识元素的重新组合，从而促进企业的新产品研发和技术变革，进而提升企业的创新绩效。

跨认知技术知识搜寻是企业在不同的技术领域进行多样化的技术探索，跨地域技术知识搜寻是企业在不同地域范围进行多样化的技术探索。来自不同领域的技术知识有利于企业把握技术发展趋势，来自于不同地域范围的知识有利于企业增加不同地域知识的意识，并提供更多知识组合的机会。Ahuja 和 Katila（2004）利用美国化工行业的数据指出，对新技术地理搜寻范围广度的增加能够提高企业的创新。因此，跨认知和跨地域技术知识搜寻有利于企业发现新的技术组合机会，产生行业间和地域间的技术知识溢出，从而提升企业的技术创新效率和效益。基于上述理论分析，提出相关研究假设：

H1：技术知识跨界搜寻对科技型中小企业创新绩效有正向影响。

H1a：跨认知技术知识搜寻对科技型中小企业创新绩效有正向影响。

H1b：跨地域技术知识搜寻对科技型中小企业创新绩效有正向影响。

（二）市场知识跨界搜寻与创新绩效

市场知识跨界搜寻是企业跨越业务领域边界和地域边界对新市场知识的探

① Brown S. L., K. M. Eisenhardt. The art of continuous change: Linking complexity theory and time-paced evolution in relentlessly shifting organizations [J]. Administrative Science Quarterly, 1997 (42): 1-34.

索。市场是企业新思想和新理念的重要来源①，对市场知识的获取有利于企业更好地对市场需求变化进行预测②，洞察尚未被满足的潜在市场需求。供应商、顾客和竞争对手是企业搜寻外部市场知识的重要渠道。企业从供应商处搜寻和获取的专业知识有利于企业识别潜在的技术问题，加快企业对市场需求和开发新产品的反应。中小企业由于内部研发能力的不足，很难研发出具有主导市场的技术或产品，他们更倾向于搜寻与顾客潜在需求相关的知识。了解有影响力的顾客的需求有助于企业获取新的解决方案和识别市场趋势，从而提高新产品开发和成功的可能性③。因此，对于科技型中小企业而言，市场知识跨界搜寻有利于企业发现新市场或潜在市场、新的产品设计方案、新的销售渠道以及正在出现的商业模式，更好地理解与满足顾客需求和偏好④（Sidhu et al.，2007），有利于企业提供市场满意的新产品和服务，从而提高创新效率和效益。

跨认知市场知识搜寻不仅能够帮助科技型中小企业了解同类产品的市场趋势，还有利于企业洞察替代产品与互补产品的市场动向，从而为企业产品质量改进与新产品开发及上市提供有价值的市场知识和信息（Jaworski & Kohli，1993）。跨认知市场知识搜寻帮助企业突破现有业务领域边界，从而发现全新价值网络或改变现有价值网络的潜在机会，实现技术的全面创新（Geiger & Makri，2006）。科技型中小企业通过跨地域市场知识搜寻，获取本地市场、国内市场甚至是国际市场的市场信息与知识。基于知识基础观的角度，进行跨地域边界市场知识搜寻会使企业拥有更广泛的市场知识来源以及更为开阔的眼界，发现新的地域市场机会，从而避免企业“有限探索”的陷阱。通过对地域分散的市场知识的收集与整

① Hurley R. F.，Hult G. T. M. Innovation，market orientation，and organizational learning：An integration and empirical examination [J]. The Journal of Marketing，1998，62 (3)：42-54.

② Connor T. Market orientation and performance [J]. Strategic Management Journal，2007，28 (9)：957-959.

③ Thomke S.，Hippel E. V. Customers as innovators：A new way to create value [J]. Harvard Business Review，2002，80 (4)：74-81.

④ Sidhu J. S.，Commandeur H. R.，Volberda H. W. The multifaceted nature of exploration and exploitation：Value of supply，demand，and spatial search for innovation [J]. Organization Science，2007，18 (1)：20-38.

理，有利于企业发现更有价值的新产品创意，开发满足市场需求的新产品。Almeida 和 Kougut（1999）认为，企业的地理搜寻涉及不同地域的不同知识，搜寻范围越广，企业越有可能获取更多的异质性知识，从而产生更高的创新绩效[①]。例如，成立于 2010 年 4 月的智能手机企业小米，在短短的 4 年里成为企业含税销售额达 743 亿元的全球第三大智能手机制造商。小米的成长得益于对顾客知识的搜寻，企业在产品设计过程中，创造性地引入顾客，构建顾客社区，面向互联网上的新老顾客搜寻产品创新所需的新观点和新思想，扩大企业市场知识搜寻范围，提高企业新产品创新的速度，提供顾客满意的产品，进而提高创新绩效。基于上述分析，提出研究假设：

H2：市场知识跨界搜寻对科技型中小企业创新绩效有正向影响。

H2a：跨认知市场知识搜寻对科技型中小企业创新绩效有正向影响。

H2b：跨地域市场知识搜寻对科技型中小企业创新绩效有正向影响。

（三）不同类型跨界搜寻对创新绩效的不同影响

由于技术知识跨界搜寻和市场知识跨界搜寻对科技型中小企业创新绩效的作用机制存在差异，并且新的技术知识和新的市场知识对科技型中小企业的作用及影响存在不同。通过对两种类型的跨界搜寻对企业创新绩效的影响大小进行比较，在假设 1 和假设 2 的基础上提出两个竞争性假设：

H3：与市场知识跨界搜寻相比，技术知识跨界搜寻对科技型中小企业创新绩效有更大的正向影响。

H4：与技术知识跨界搜寻相比，市场知识跨界搜寻对科技型中小企业创新绩效有更大的正向影响。

二、跨界搜寻与动态能力

动态能力是企业为适应环境变化而对企业内外部资源力进行整合重构的能

① Almeida P., Kogut B. Localization of knowledge and the mobility of engineers in regional networks [J]. Management Science, 1999, 47 (7): 905-917.

力。跨界搜寻为动态能力的构建和提升提供了资源基础和学习基础。首先，从资源观视角看，动态能力是企业对外部资源和内部资源进行整合的过程，这一过程必须依托一定的资源存量（Teece et al.，1997；Teece，2007；Liao et al.，2009），因此，拥有足够的资源成为企业实施动态能力的前提条件（Wu，2006，2007）。跨界搜寻能够为企业动态能力产生和发展提供充足及多元性的资源，有利于企业进行创新，使企业在搜寻的学习过程中不断提升自身的动态能力水平。其次，从认知学习视角看，知识是组织在认知学习中逐渐积累的经验，是动态能力的基础，动态能力的演化过程在一定程度上反映了一种持续循环的认知学习过程，认知能力决定了企业知识积累并推动动态能力的发展①。跨越组织边界的企业外部知识搜寻是一项受控的、主动的检测、评估新知识和信息的认知活动（Wu，2014）。企业进行跨界搜寻的目的是在复杂多变的世界里解决问题，无论是对组织外部某个特定技术领域的有方向性的搜寻，还是对全新领域没有方向性的搜寻，都是企业为了解决创新问题而进行的主动探索性学习过程。组织成员通过集体学习，将获取的新知识进行分析、筛选并吸收到组织内部，实现新知识与已有知识的整合，融入到企业的运营流程中，促进知识创新，进而促进动态能力的构建与发展。

（一）技术知识跨界搜寻与动态能力

企业进行技术知识搜寻的重要目的是解决企业创新中遇到的问题。技术知识跨界搜寻是指跨越企业边界与现有知识基础去搜寻与产品、工艺等相关的技术知识（Sidhu et al.，2007；张文红等，2014）。对于科技型中小企业而言，技术知识跨界搜寻能够帮助企业充分利用外部知识源的技术知识溢出机会，有利于企业融合不同领域技术以及促进企业整合全球范围内的科技资源（Rosenkopf & Nerkar，2001）。技术知识跨界搜寻能够帮助企业获取互补性资源，组织员工通过学习能够促进互补性知识在企业内部的流动、扩散与共享，从而达到知识整合与组织重

① 彭正龙，陶然，季光辉. 基于元认知的认知学习对动态能力影响的实证研究［J］. 心理科学，2008（6）：1343-1347.

构的目的[①]。因此，提出本部分的总体假设：

H5：技术知识跨界搜寻对动态能力具有正向影响。

1. 技术知识跨界搜寻与资源整合能力

资源整合能力是企业对内外部资源的价值进行评估，并进行协调整合形成新资源、产生新价值，以抓住市场机会而适应环境变化的能力。企业对机会的把握需要维持和改善企业的互补资产及技术能力（Teece，2007），技术知识跨界搜寻是企业获取互补性资产和技术能力的一种途径。中小企业由于规模限制，创新活动更多地嵌入于本地集群网络。由于本地集群网络主体的相似性，使得企业能够在已有技术和知识领域对新知识进行深度挖掘（Tiwana，2008），同一领域的专业知识能够强化中小企业的核心能力[②]。因此，企业通过本地网络内的跨认知搜寻以获取与现有专业领域匹配的新技术知识，有利于激发企业已有的技术知识，帮助企业吸收和消化外部知识，实现新旧技术知识的更迭与知识的动态积累[③]。此外，随着经济全球化的发展，有价值的技术信息和知识往往分散在不同的地理区域，企业通过跨越地域边界，向本地网络以外甚至是国际市场进行搜寻，能够帮助企业在更广阔的技术空间中探索和学习全新的技术知识，有利于企业明晰技术演化路径，企业通过对外部有价值知识的筛选，实现对外部知识与内部知识的协调与整合，以促进知识创造。依据上述理论分析，提出研究假设：

H5a：技术知识跨界搜寻对资源整合能力具有正向影响。

2. 技术知识跨界搜寻与组织重构能力

组织重构能力是一个对现有资源结构、技术结构和知识结构进行改变和重组的过程，帮助企业调整与环境变化不相匹配的经营惯例，实现组织内部各种资源的再次调整与组合。组织重构的内容既可以是对商业模式的重新设计，也可以是

---

① 奉小斌，陈丽琼. 外部知识搜索能提升中小微企业协同创新能力吗？——互补性与辅助性知识整合的中介作用［J］. 科学学与科学技术管理，2015（8）：105-117.

② Teece D. J. Profiting from technological innovation：Implications for integration，collaboration，licensing and public policy［J］. Research Policy，1986，15（6）：285-305.

③ Kogut B.，Zander U. Knowledge of the firm，combinative capabilitiesand the replication of technology［J］. Organization Science，1992，3（3）：383-397.

惯例流程的改进，还可以是组织结构的重新调整。

技术知识跨界搜寻能够增强企业的组织重构能力。首先，技术知识跨界搜寻为企业带来了丰富的异质性技术知识，增加了企业的知识存量，促进了企业对技术知识的获取与整合，同时提高了企业学习的深度、广度和速度（Zahra et al., 2000），而专业技术获取与整合、学习、知识转化以及知识产权保护等知识管理行为是组织重构能力的微观基础之一①。其次，技术知识跨界搜寻为企业建立重构资源惯例提供了条件。企业进行跨界搜寻的目的是在复杂多变的世界里解决问题，无论是对组织外部某个特定技术领域有方向性的搜寻，还是对全新领域没有方向性的搜寻，都是企业为了解决创新问题而进行的主动探索性学习过程。组织成员通过集体学习，将获取的新知识进行分析、筛选并吸收到组织内部，企业需要不断地在内部进行协调、重新组合才能使技术知识在企业内部扩散和利用（Hitt et al., 1997），因此，进行技术知识跨界搜寻的企业逐步在企业内部建立了促进资源结构不断调整的惯例，从而推动组织重构能力的构建与发展。基于上述分析，提出研究假设：

H5b：技术知识跨界搜寻对组织重构能力具有正向影响。

（二）市场知识跨界搜寻与动态能力

及时准确地感知环境的变化是动态能力形成与演化的微观基础（Teece, 2007）。企业对市场知识的探索有利于企业发现新的市场机会，了解顾客需求，及时发现竞争对手的反应，这些都会产生必要的内部变化，允许企业通过创新去适应市场、技术和竞争的变化（March, 1991；McGrath, 2001；Sidhu et al., 2007），从而提高企业适应环境变化的能力。例如，日本的本田摩托车、中国的海尔跨越自身的业务领域到美国市场和欧洲市场去搜寻产品创新所需的市场知识，及时更新企业已有知识，增强企业不断适应外部环境变化的能力，成功地在美国市场以及欧洲市场领先竞争对手获取竞争优势。科技型中小企业为了生产出与市场需求相匹配的产品，主动搜寻外部市场知识，进而驱动企业获取、分配和

① Teece D. J. Explicating dynamic capabilities: The nature and microfoundations of (sustainable) enterprise performance [J]. Strategic Management Journal, 2007, 28 (13): 1319-1350.

利用搜寻到的新知识，帮助企业在快速变化的环境中建立动态能力。因此，提出本部分的总体假设：

H6：市场知识跨界搜寻对动态能力具有正向影响。

1. 市场知识跨界搜寻与资源整合能力

除了技术知识，市场知识是企业外部环境中的另一类重要知识，主要来源于顾客、竞争对手与供应商（Sofka & Grimpe，2010）。对市场知识的探索能够使企业更加深入地了解顾客的需求和竞争者的动态以及供应商的信息，为企业带来了新的市场知识，不断扩宽中小企业知识吸收渠道，扩大企业的知识存量，为企业整合内外部知识提供资源基础，促进企业对外部新获取资源与内部已有资源的整合，从而提高企业的知识整合能力（Jaworski & Kohli，1993）。

建立和提升资源整合能力的微观基础包括设计合适的产品结构和商业模式、制定战略决策的惯例或流程等（Teece，2007）。市场知识跨界搜寻聚焦于顾客、竞争对手和供应商，对顾客需求、竞争对手动态以及供应商信息的密切关注和积极响应，能够帮助企业在设计产品结构或商业模式时，更加充分地评估市场需求和竞争态势，提升企业资源整合的有效性和成功率。在企业创新过程中，无论是跨业务领域边界的跨市场知识搜寻还是跨地域边界的跨市场知识搜寻，都有利于企业及时地发现被忽略的未满足的市场需求，从而进行商业模式的创新。基于上述分析，提出研究假设：

H6a：市场知识跨界搜寻对资源整合能力具有正向影响。

2. 市场知识跨界搜寻与组织重构整合能力

Teece（2007）指出，在快速变化的动态环境中，企业要保持与环境间的匹配，把握并利用机会，必须摆脱不利的路径依赖，这需要对企业自身资产与组织结构进行协调、重组与配置①。市场知识跨界搜寻能够帮助企业获取新的市场需求信息和知识，为企业带来新的发展机会，引导企业组织重构资源，打破了自身经验和路径依赖的局限，重新构建动态环境下的环境敏感性和适应性。尝试跨认

---

① Teece D. J. Explicating dynamic capabilities: The nature and microfoundations of (sustainable) enterprise performance [J]. Strategic Management Journal, 2007, 28 (13): 1319-1350.

知、跨地域边界的市场知识搜寻行为为企业带来丰富的多样化和异质性市场知识，既包括从生产同类产品竞争对手、生产替代产品和生产互补产品企业等不同业务领域处获取的新知识，还包括从本地、国内甚至是国际市场上获取的新知识，这些知识有利于企业发现更多的市场机会，帮助企业迅速识别顾客需求的快速变化。以市场为导向的科技型中小企业一旦发现新的机会，便会迅速灵活地对企业战略、组织结构、自身资源等进行组织重构，从而提供新的产品设计方案、完善现有惯例流程，提供新的销售渠道等，以应对环境变化的新能力。基于上述分析，提出研究假设：

H6b：市场知识跨界搜寻对组织重构能力具有正向影响。

（三）动态能力与创新绩效

动态能力强调对环境变化的实时反应，表现为对环境变化的敏锐观察力，对市场新机遇的发现力，对消费者需求变动的鉴别力以及对竞争对手实施战略的反应力等。O'Connor 等（2008）基于系统理论与创新理论指出，动态能力是促进企业进行创新的触发器①。首先，技术创新是知识元素进行系统化整合与重组的产物，动态能力是企业有目的地创造或整合知识资源的能力，动态能力能够促进知识资源在企业内快速传播与扩散，为企业带来了具有价值的资源组合的更新与变化。Teece 等（1997）指出，动态能力可以促进外部知识、技术和信息的转移，有利于新知识与原有知识的整合及重组，推进产品和工艺的创新②。其次，动态能力强调企业必须具备不断更新自身能力的能力，以适应不断变化的市场环境。作为一种高阶能力，动态能力能够确保组织常规能力随环境变化而发生改变，通过对企业常规能力进行调整和变革，使企业的能力始终与新的市场需求保持匹配，提高企业技术创新的商业成果转化率，进而提升企业的技术创新绩效。最

① O'Connor A. B., Schwid S. R., Herrmann D. N. et al. Pain associated with multiple sclerosis: Systematic review and proposed classification [J]. Pain, 2008, 137 (1): 96-111.

② Teece D. J., Pisano G., Shuen A. Dynamic capabilities and strategic management [J]. Strategic Management Journal, 1997, 18 (7): 509-533.

后，Qian 和 Li（2003）指出，中小企业的明显特征是非正式性[①]，与大企业相比，中小企业更多地表现为缺乏正式的战略、正式的组织结构等，但正是这种非正式性为中小企业带来了灵活性，使企业能够及时根据外部环境条件的变化做出调整，使它们更加具备适应规则变化的动态能力。当外部环境发生变化时，中小企业能够灵活地调整企业战略、组织结构、改变现有组织流程以及配置资源，从而保持与环境的动态匹配。动态能力有助于帮助科技中小企业进行科学的市场定位，选择适合的技术创新路径并采用有效的组织流程。由此可见，动态能力能够增强科技型中小企业的战略柔性，克服企业核心能力刚性以及内部创新障碍，进而加速创新决策速度，提高创新效率。根据上述分析，提出研究假设：

H7：动态能力对科技型中小企业创新绩效具有正向影响。

H7a：资源整合能力对科技型中小企业创新绩效具有正向影响。

H7b：组织重构能力对科技型中小企业创新绩效具有正向影响。

三、动态能力对跨界搜寻与创新绩效的中介作用

在开放式创新背景下，跨界搜寻成为企业技术创新的必要途径，是构建动态能力的有效手段，而动态能力又是提高企业创新绩效的重要保证。跨界搜寻所获取的丰富的多样化知识元素增加了科技型中小企业知识整合的联系与路径，为企业的技术创新提供了知识整合的便利，进而促进创新活动的质量与新颖性（Laursen & Salter；奉小斌和陈丽琼，2015）。较强的整合能力能够帮助企业将跨界搜寻获取的技术知识和市场知识等资源进行整合，并将整合后的知识融入到企业的创新活动中，有利于企业将潜在的机会、碎片化知识转化为企业的优势和有价值的创新资源，从而促进创新成功的可能性。同时科技型中小企业通过跨界搜寻能够获取与产品和工艺相关的互补性思想、见解及技能，帮助企业理解与获取外部新机会，中小企业自身的灵活性有利于企业迅速做出战略选择和决策行为调整，从而提升创新效率与效益。因此，动态能力在跨界搜寻和技术创新之间起着

① Qian G.，Li L. Profitability of small-and medium-sized enterprises in high-tech industries：The case of the biotechnology industry [J]. Strategic Management Journal，2003，24 (9)：881-887.

关键的衔接作用。Hargadon 和 Sutton（1997）在对美国的产品设计企业进行研究时指出，这些企业通过对跨越不同产业的知识进行整合和重构，实现不断创新。基于上述分析，提出动态能力的中介作用研究假设：

H8a：动态能力在技术知识跨界搜寻与科技型中小企业创新绩效的关系中起中介作用。

H8b：动态能力在市场知识跨界搜寻与科技型中小企业创新绩效的关系中起中介作用。

四、环境动态性对跨界搜寻与创新绩效的调节作用

Laursen 和 Salter（2006）指出，跨界搜寻对企业创新产出的效用容易受到外部环境的影响，中小企业的自身特点决定了它们对环境的依赖性更大①，因此，跨界搜寻对科技型中小企业创新产出的作用受外部环境的影响更为明显②（李晓翔和霍国庆，2013）。通过对市场动态性和技术动态性分别对技术知识跨界搜寻和市场知识跨界搜寻与科技型中小企业创新绩效的影响的具体分析，提出相应研究假设。

（一）市场动态性的调节作用

1. 市场动态性对技术知识跨界搜寻与创新绩效关系的调节作用

在市场动态性较高的环境中，顾客的偏好与行为的快速变化，使得企业已有市场竞争地位和产品优势也出现滞后的现象。企业原有的技术知识和产品已经无法满足顾客的需求，尤其是在高新技术产业，不断变化的市场需求使得高技术企业不断地研发新技术并提供新产品。在这种情况下，一方面，开发新产品和研发新技术的需要增加了科技型中小企业跨界搜寻新技术的动力，企业通过技术知识跨界搜寻更有可能发现新兴技术的发展趋势，并拓宽企业自身工艺知识库而了解

---

① Laursen K., Salter A. Open for innovation: The role of openness in explaining innovation performance among U. K. manufacturing firms [J]. Strategic Management Journal, 2006, 27 (2): 131-150.

② 李晓翔，霍国庆. 中小企业沉淀冗余对产品创新的影响机制——基于跨界搜索和环境特征的视角 [J]. 经济管理，2013 (1): 171-185.

前沿技术，抓住新技术发展的最佳时机，提高企业成功创新的可能①（Tsai et al.，2011）；另一方面，技术知识跨界搜寻有利于科技型中小企业获取创新所需要的互补性和异质性技术知识，有助于企业迅速地创造新产品和更好地满足顾客不断变化的需求特征，从而提高企业的创新绩效。相反，在稳定的市场环境中，顾客的构成和消费偏好相对稳定，科技型中小企业可以基于现有技术知识改进或更新现有产品，新技术知识对科技型中小企业创新绩效的正向影响减弱。因此，提出相关研究假设：

H9a：市场动态性在技术知识跨界搜寻与科技型中小企业创新绩效之间起正向调节作用。

2. 市场动态性对市场知识跨界搜寻与创新绩效关系的调节作用

在较强的市场动态性环境下，顾客的构成和偏好不断变化，顾客对产品的要求和需求的个性化、差异化特征越来越明显，因此要求企业更新产品和服务的速度越来越快。企业如何根据市场需求的快速变化不断地为顾客提供满意的产品和服务成为企业成功创新的关键。跨认知市场知识搜寻不仅能够帮助科技型中小企业了解同类产品的市场趋势，还有利于企业洞察替代产品与互补产品的市场动向，从而为企业产品质量改进与新产品开发及上市提供有价值的市场知识和信息（Jaworski & Kohli，1993）。跨地域市场知识搜寻使企业会拥有更广泛的市场知识来源以及更为开阔的眼界而发现新的地域市场机会，有利于企业发现更有价值的新产品创意，开发满足市场需求的新产品。相反，在比较稳定的市场环境中，连续创新即可满足市场需求，企业缺乏动力去搜寻新市场知识来引入新产品，市场知识跨界搜寻对科技型中小企业创新绩效的作用并不明显。因此，提出研究假设：

H9b：市场动态性在市场知识跨界搜寻与科技型中小企业创新绩效之间起正向调节作用。

---

① Tsai K.，Hsieh M.，Hultink E. External technology acquisition and product innovativeness：The moderating roles of R&D investment and configurational context [J]. Journal of Engineering and Technology Management，2011，28（3）：184-200.

（二）技术动态性的调节作用

1. 技术动态性对技术知识跨界搜寻与创新绩效关系的调节作用

在较为动荡的技术环境中，基本的产品和工艺技术处于淘汰更新甚至是变革的状态，并伴有大量尚未开发的新机遇。科技型中小企业缺乏创新资源并面临内部研发能力不足的境况，企业依靠内部资源和能力进行成功创新的可能性较小。对外部不同行业、不同地域技术知识的搜寻可以为企业提供新的技术知识元素，增加企业解决创新问题的可能，提高企业寻找有价值的知识组合的机会，促进企业产品与工艺创新，提高企业创新绩效。在技术范式的早期动荡阶段，大量的变型产品并存，企业通过对许多不同的不熟悉的技术进行整合以创造新的成功设计（Henderson & Clark，1990；Suárez & Utterback，1995；Tushman & Anderson，1986）。例如，Android是一种基于Linux的自由及开放源代码的操作系统，最初由Anky Rubin开发，并被谷歌收购，此后，谷歌与8家硬件制造商、软件开发商以及电信运营商组建了开放手机联盟，共同研发和改良了Android系统，并发布了Android源代码，应用于Android智能手机上，随后Android逐渐扩展到平板电脑、电视、数码相机和游戏机等其他领域，Android于2011年第一季度在全球市场份额首次超越塞班系统，跃居全球第一。

在较低的技术动态性环境中，企业很少使用外部技术资源[①]（Miles et al.，1978），并且产品和工艺技术的使用在现有技术范式下相对稳定，通过外部技术知识进行有价值创新的可能性正在减少，进一步的技术知识跨界搜寻可能无法提供有用的新知识。此外，如果知识搜寻范围过宽，知识整合问题将更为复杂，进而增加知识的获取和整合成本，成本的增加将会超过技术知识搜寻给企业带来的好处。因此，在相对稳定的技术环境中，非本地的技术知识搜寻可能会降低科技型中小企业成功开发新产品的可能性，对企业的创新产生负面影响。基于上述分析，提出研究假设：

H10a：技术动态性在技术知识跨界搜寻与科技型中小企业创新绩效之间起正

① Miles R. E.，Snow C. C.，Meyer A.，et al. Organizational strategy，structure，and process [J]. The Academy of Management Review，1978，3（3）：546-562.

向调节作用。

2. 技术动态性对市场知识跨界搜寻与创新绩效的调节作用

技术动态性较高意味着技术范式处于早期发展阶段，技术的不确定性和不可预测性较强。根据信息理论，在高度动荡的技术环境中，市场需求充斥着各种假象，相关市场知识的效用较低，对新市场知识的搜寻通常会混淆管理者的决策思路，尤其是对以市场为导向、技术不占优的中小企业更是如此[①]。在这种情况下，市场知识跨界搜寻不太可能成为创新洞察力的最佳来源（Dosi，1982；Frosch，1996；Hamel & Prahalad，1994）。因此，科技型中小企业对市场知识的跨界搜寻可能导致企业无所适从，甚至错误地估计市场的现状或预测未来，外部市场新知识不仅没有为企业提供帮助，反而还浪费了企业创新所能利用的有限资源，进而降低创新产出（Frosch，1996）。相反，在较为稳定技术环境中，对新市场知识的追求，一方面能够使科技型中小企业加深对潜在顾客需求的理解，并催生更多新的市场出现；另一方面能够使企业获取新的创意和想法，推动企业改进现有产品、研发新产品，进而提升企业的创新绩效。因此，提出研究假设：

H10b：技术动态性在市场知识跨界搜寻与科技型中小企业创新绩效之间起负向调节作用。

五、环境动态性对动态能力与创新绩效的调节作用

动态能力是企业应对环境变化的能力，基于资源观和权变观，资源和能力的作用效果在很大程度上受到具体环境特征的影响（Peteraf & Barney，2003）。动态能力与企业创新绩效的关系受到环境动态程度的影响。Teece（2007）认为，动态能力具有情景依赖性[②]，并且企业的创新过程也根植于环境情境中，在对动态能力与创新绩效的关系进行分析时，应该考虑外部环境的作用。鉴于 Song 等

① 李晓翔，霍国庆. 中小企业沉淀冗余对产品创新的影响机制——基于跨界搜索和环境特征的视角[J]. 经济管理，2013（1）：171-185.

② Teece D. J. Explicating dynamic capabilities: The nature and microfoundations of (sustainable) enterprise performance [J]. Strategic Management Journal, 2007, 28 (13): 1319-1350.

(2005) 强调市场动态性和技术动态性在动态能力研究中的重要性[1]，通过对市场动态性和技术动态性分别对动态能力与科技型中小企业创新绩效影响的具体分析，提出相应的研究假设。

（一）市场动态性对动态能力与创新绩效的调节作用

市场动态性是指企业所处外部市场发展变化的不确定程度和不稳定性。Dreyer 等（2004）指出，高市场动态性通常表现在顾客需求不断变化、产品生命周期缩短、竞争不断加剧[2] 等方面。此时，企业需要不断地创新和开发新产品或服务，才能满足不断变化的顾客需求，以保持企业竞争优势。动态能力作为一种适应环境变化的能力，在面临不确定的市场环境时，能够有效识别顾客新需求或者竞争发展变化，使企业的资源及能力与外部市场环境的变化相匹配，生产出满足顾客需求的产品或提供顾客满意的服务，从而提高企业创新成功的可能性，促进创新绩效的提升。Marsh 和 Stock（2003）指出，动态能力对产品开发中企业绩效的影响作用在更为动态的市场环境中表现得更突出[3]。动态能力在高度动态复杂的市场竞争环境中能够产生更高的柔性效应。拥有高动态能力的企业具有较强的捕捉市场机会的能力，有利于企业识别和满足不断变化的顾客需求，从而在动态性较高的市场环境中运行得更为卓越，最大程度地提高企业绩效[4]。相反，在相对稳定的市场环境中，一方面，企业维护动态能力的成本过高；另一方面，企业创新活动主要依赖常规资源和能力。因此，动态能力对企业创新绩效的影响作用并不明显。基于上述分析，提出研究假设：

H11a：市场动态性在动态能力与科技型中小企业创新绩效之间起正向调节作用。

---

① Song M., Droge C., Hanvanich S., Calantone R. Marketing and technology resource complementary: An analysis of their interaction effect in two environmental contexts [J]. Strategic Management Journal, 2005 (26): 259-276.

② Dreyer B., Grönhaug K. Uncertainty, flexibility, and sustained competitive advantage [J]. Journal of Business Research, 2004, 57 (5): 484-494.

③ Marsh S. J., Stock G. N. Building dynamic capabilities in new product development through intertemporal integration [J]. Journal of Product Innovation Management, 2003, 20 (2): 136-148.

④ 陈志军，徐鹏，唐贵瑶. 企业动态能力的形成机制与影响研究——基于环境动态性的调节作用 [J]. 软科学，2015，29 (5)：59-62.

（二）技术动态性对动态能力与创新绩效的调节作用

技术动态性是指企业所处产业技术变革的速度。在技术动态性较高的外部环境中，技术的不确定性和不可预测性较强，企业的基本产品和工艺技术基本处于淘汰甚至变革的状态，现有知识和能力随外部环境变化迅速贬值[①]。科技型中小企业为了适应技术的快速变化，必须依靠动态能力快速地获取新资源，提高创新能力以实现技术变革。因此，技术动态性上升时，动态能力对企业创新的作用效果更明显。Mageau 和 Vallerand（2007）指出，在动态性较高的技术环境中，高动态能力企业的变革和创新能力及优势更容易得到发挥，进而增加动态能力对企业绩效的贡献[②]。此外，Smith 和 Reinertsen（1991）认为，快速变化的技术环境为企业提供了难得的机会窗口[③]，动态能力能够引导企业及时感知技术的更新，从而更好地定位技术前沿变动，为自身资源和能力的更新提供方向，实现企业绩效的提升。相反，当技术环境没有明显变化时，产品和工艺技术在现有技术范式下较为稳定，通过整合重构自身资源进行有价值创新的可能性减小。基于上述分析，提出研究假设：

H11b：技术动态性在动态能力与科技型中小企业创新绩效之间起正向调节作用。

第三节　影响变量的关系理论模型

根据对跨界搜寻、动态能力、创新绩效和环境动态性四个要素的基本内涵和

① Achrol R. S. Evolution of the marketing organization：New forms for turbulent environments［J］. Journal of Marketing，1991，55（4）：77-93.

② Mageau G.，Vallerand R. J. The moderating effect of passion on the relation between activity engagement and positive affect［J］. Motivation and Emotion，2007，31（4）：312-321.

③ Smith P. G.，Reinertsen D. G. Developing products in half the time［M］. New York：Van Nostrand Reinhold，1991.

构成维度的综合分析，将跨界搜寻分为技术知识跨界搜寻和市场知识跨界搜寻，其中技术知识跨界搜寻包括跨认知技术知识搜寻和跨地域技术知识搜寻两个维度，市场知识跨界搜寻包括跨认知市场知识搜寻和跨地域市场知识搜寻两个维度；动态能力分为资源整合能力和组织重构能力；环境动态性分为市场动态性和技术动态性。依据上述对跨界搜寻与创新绩效的关系分析、跨界搜寻与动态能力的关系分析、动态能力与创新绩效的关系分析、动态能力的中介作用和环境动态性的调节作用讨论，构建如图 4–2 所示的跨界搜寻、动态能力与创新绩效以及环境动态性各种变量的总体关系理论模型。

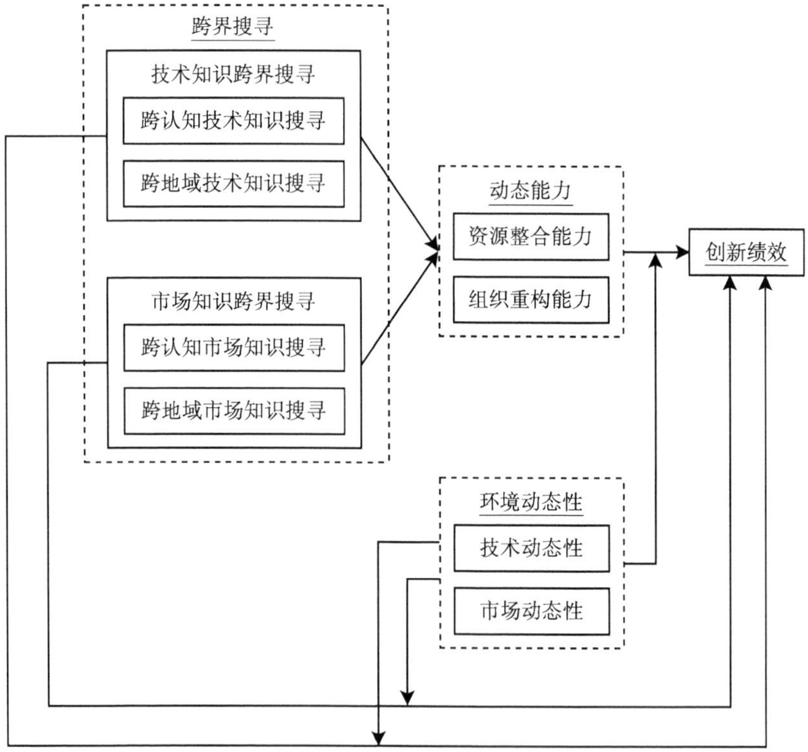

图 4–2　变量关系理论模型

本章小结

本章在相关理论基础上构建了跨界搜寻影响科技型中小企业创新绩效的概念模型，通过梳理相关文献推导了跨界搜寻对创新绩效的影响，跨界搜寻对动态能力的影响，动态能力对创新绩效的影响，动态能力在跨界搜寻与创新绩效间的中介作用以及环境动态性在跨界搜寻与创新绩效间、动态能力与创新绩效间的调节作用。遵循“学习—能力—绩效”的研究范式，构建了“跨界搜寻—动态能力—创新绩效”的概念模型，通过深入分析跨界搜寻、动态能力、创新绩效以及环境动态性之间的关系，从理论上厘清了跨界搜寻影响创新绩效的内在机理与实现路径。

第五章　跨界搜寻对创新绩效影响的研究内容与方法

为了进一步验证相关研究假设，本书采用了定量的实证研究方法。研究中所涉及的跨界搜寻、动态能力、创新绩效等变量数据无法从企业公开资料中获取，采用问卷调查的方法收集所需要的数据是较科学的选择。本章将从问卷设计、变量测量、问卷修正以及大样本实证分析方法进行说明和分析。

第一节　调查问卷设计

一、问卷设计原则与过程

合理的研究构思和问卷设计是保证研究信度和效度的重要前提。巴比（2005）认为在问卷设计时应该注意以下六个问题：考虑调研对象是否胜任回答以及是否愿意回答；对于封闭式问卷需注意答案的完备性与互斥性；对于自填式问卷需对如何完成问卷进行详细的说明与介绍；问卷问题要清晰明确，不要引起误解；问卷问题越短越好，不要带有倾向性语言；应该对问卷进行预调研。在研究过程中，问卷调查的设计重点考虑了以下几方面的内容：

第一，检索跨界搜寻（技术知识跨界搜寻和市场知识跨界搜寻）、动态能力（资源整合能力和组织重构能力）、创新绩效、环境动态性等方面相关文献，并尽量基于已有文献中使用的成熟量表形成初步问卷，以确保测量变量的内容效度。

第二，为了保证初步问卷测量题项的用词准确性和合理性，首先选择了 3 名著名的学者和专家以及相关研究人员进行征询意见，同时针对问卷内容的关联性、准确性和简洁性，向本领域多名专家学者广泛征求意见，形成初始问卷。

第三，深入相关企业进行调研和访谈，主要访谈对象包括企业主管和技术总监，就初始问卷研究思路进行验证，检验问卷中各变量的测量题项与实际是否相符，识别并修正被访谈者未能准确理解的题项，形成修改后的调查问卷。

第四，进行小样本预测试。通过小样本预测试，初步分析相关变量的信度和效度，删除不合理的测量题项，形成最终的调查问卷。预测试的企业范围主要选择辽宁、四川、江苏 3 省的 8 个城市 60 多家企业进行调查。

二、问卷的基本内容

研究问卷设计，主要围绕科技型中小企业跨界搜寻（技术知识跨界搜寻、市场知识跨界搜寻）、动态能力（资源整合能力和组织重构能力）、创新绩效以及环境动态性（市场动态性和技术动态性）的关系展开，调查问卷的主要内容包括五方面：企业与调研对象的基本信息；企业创新绩效的实际情况；企业跨界搜寻的实际情况，具体是技术知识跨界搜寻情况和市场知识跨界搜寻情况；企业动态能力实际水平，包括企业的资源整合能力和组织重构能力；企业所感知的外部环境动态性水平。

三、问卷的防偏措施

调查采取答题者自我报告的主观赋值方式，因此，数据结果可能会因为答题者的主观评价存在偏差问题，产生偏差的原因可能有以下几方面（Fowler，1988）：①答题者确实不知道答案；②答题者不能回忆问卷所涉及的信息；③对于某些敏感问题，答题者不想作答；④答题者不能充分理解所有问题①。这些问题有可能对调查问卷的可靠性产生影响。为了提高问卷的可靠性，本书采取以下措施避免数据偏差产生的问题出现。

第一，针对答题者不知道问题答案的情况，选择答题对象是在企业工作三年以上，并且对企业整体运作状况和创新实践较为熟悉的中高层管理者或技术总监，由他们进行问卷填写；当遇到某些不清楚或掌握不准确的问题时，应该向企业知情者进行核实后再填写。

第二，为了避免答题者无法回忆起问卷所涉及的信息，调查问卷所涉及的测量问题尽可能选择针对企业目前情景，或是企业近三年的情况，以避免因记忆障碍导致回答与实际情况产生偏差。

第三，针对答题者不愿意回答问题的情况，在问卷设计中不体现被调查对象的隐私性个人信息，同时向答题者保证所提供的信息严格保密，并且信息仅用于学术研究。

第四，为了尽可能减少不容易理解或是有歧义的问题，问卷设计时不仅参考了国内外成熟的量表，还向学术界的专家学者和企业界的管理者广泛征集意见和建议，对问卷进行反复修改并进行小样本预测试以最大限度减少表述不清和不易理解的问题。同时，在调查问卷中留下笔者的联系方式，当答题者遇到不理解的问题时，及时与笔者取得联系，消除理解偏差。

第二节　相关变量的测量

研究中所涉及的变量包括跨界搜寻、动态能力、创新绩效、环境动态性以及企业规模、企业性质、组织冗余资源等相关控制变量。问卷中的量表设计采用李

① Fowler F.J. Survey research methods [M]. Newbury Park，CA：Sage Publications，Inc，1988.

克特（Likert）5 级量表法，理由是：一方面，虽然较高级数的量表（如 7 级或 9 级）存在准确性高的优点，但它们代表测量变量的变异性较大，因大部分人缺乏辨别能力而导致较低的测量信度，并有可能出现较大的抽样误差；另一方面，较低级别的测量限制了意见的表达。数字 1~5 表示逐渐从“完全不同意”向“完全同意”过渡，正好可以表达温和意见和强烈意见之间的区分。

一、被解释变量

在研究过程中，将科技型中小企业的创新绩效作为被解释变量。已有的研究表明，技术创新是我国科技型中小企业创新的主要特征。因此，创新绩效主要指科技型中小企业的技术创新绩效。由于技术创新过程的多样性和复杂性，所以现有对技术创新绩效的测量体系还未达成共识。一部分学者采用专利数目衡量企业的技术创新绩效，但专利数目存在某种弊端[①]，如某些专利申请门槛和要求过高导致企业不能很好地体现改良性创新，进而出现创新绩效被低估的情况；企业因为担心泄露核心技术机密而缺乏将创新成果申请专利的意愿；我国普遍存在专利保护意识薄弱的情况，导致企业申请专利的积极性较差。但是，Arundel 和 Kabla（1998）认为，对于高技术企业，专利数是合适的测量指标，是大量相关文献所采用的指标。

基于以往研究，国内学者通常使用多个指标从创新效益和创新效率两个角度衡量企业的创新绩效，该种测量方法的可行性大，创新结果的准确性高。本研究采用了 6 个题项测量科技型中小企业的创新绩效。具体测量题项如表 5-1 所示。为了避免单一年份数据的波动性，调查过程中收集了三年内的平均情况的信息。

二、解释变量

研究过程中将跨界搜寻作为解释变量。现有研究对跨界搜寻的测量主要采用

① Griliches Z. Patent statistics as economic indicators: A survey [J]. Journal of Economic Literature, 1991, 28 (4): 1661-1707.

表 5-1 创新绩效维度与测量题项

变量	题项
创新绩效	企业专利申请数量很多
	来自新产品的销售额不断上升
	新产品开发的成功率不断提高
	比竞争对手更快地推出新产品
	产品改进与创新有较好的市场反应
	通过合作创新技术水平明显提升

两种方法：一种是采用专利引用数据的间接测量方法；另外一种是通过主观问卷调查的直接测量方法。例如，Katila 和 Ahuja（2002）采用组织当年引用新专利数量与引用专利总数量之比测度搜寻范围；Rosenkopf 和 Nerkar（2001）通过对企业引用组织内部、组织外部和行业内部以及行业外部专利数量进行分类，以此判断企业跨越组织边界和行业边界的知识搜寻活动；Ahuja 和 Lampert（2001）将引用专利的情况作为跨界搜寻的测量指标。

虽然专利数据可能有选择地反映更为成功的搜寻活动，但没有进行专利申请的企业也可能进行搜寻活动，又或许富裕的企业仅仅是因为它们能负担得起而申请更多的专利①，专利数据并不能完全反映企业的跨界搜寻情况，并且专利引用只能反映同一行业内的跨界搜寻活动。因此，为了克服采用专利数据的局限，学者们通过开发量表采用调查问卷的方式直接测量企业的跨界搜寻活动。如 Laursen 和 Salter（2006）让企业对 16 种外部知识源的利用情况进行判断以测量跨界搜寻的深度和宽度；Leiponen 和 Helfat（2010）将外部知识源分为 12 类，采用李克特 3 级量表来测量企业的跨界搜寻宽度。Sidhu 等（2007）在实证研究中采用"关注行业内技术与工艺发展情况"、"收集与本企业使用同类技术的所有行业的信息"以及"关注在技术上与本企业相关联的行业"三个指标衡量供给端跨界搜寻，采用"密切关注潜在竞争对手的信息"、"关注顾客偏好变化"以及"对

① Nerkar A. Old is gold? The value of temporal exploration in the creation of new knowledge [J]. Management Science, 2003, 49 (2): 211-229.

行业内相关产品的熟悉程度”三个指标衡量需求端跨界搜寻，采用“了解企业运作地理区域的重要机会”和“邻近区域的产品价格与质量”指标衡量地理端跨界搜寻。Lin 和 Li（2013）借鉴了 Sidhu 等学者的量表，从供给端、需求端和竞争对手端三方面测量企业跨界搜寻，并取得了较好的研究效果①。

借鉴 Sidhu 等（2007）、马如飞（2009）、张文红等（2013，2014）的研究，按照搜寻知识类型分为技术知识跨界搜寻和市场知识跨界搜寻，并基于企业搜寻跨越认知和地理两类边界将跨界搜寻分为跨认知技术知识搜寻、跨地域技术知识搜寻、跨认知市场知识搜寻和跨地域市场知识搜寻。研究的具体测量题项如表 5-2 所示。

表 5-2 跨界搜寻维度与测量题项

变量	维度	测量题项
技术知识跨界搜寻	跨认知技术知识搜寻	非常了解我们行业的技术与工艺发展情况
		收集与我们使用同类技术的所有行业的信息
		时刻关注在技术上与我们相关联的行业（如电信与计算机行业存在技术关联）
	跨地域技术知识搜寻	非常了解本地同行业企业的新产品开发和技术发展情况
		密切关注其他省市同行业企业的新产品开发和技术发展情况
		密切关注国外同行业企业的新产品开发和技术发展情况
市场知识跨界搜寻	跨认知市场知识搜寻	密切关注提供同类产品的企业的信息及市场销售情况
		密切关注提供与我们公司完全不同的产品或服务，但却能满足顾客相同需要的行业（如新能源汽车与传统汽车都可以满足顾客交通需求）
		密切关注那些提供互补性产品的公司的活动（如 3D 电视与 3D 眼镜是互补商品，顾客需要同时使用这两种产品）
	跨地域市场知识搜寻	非常了解本地市场的产品价格与质量情况
		非常了解邻近区域的产品价格与质量情况
		密切关注国际市场的产品价格与质量情况

三、中介变量

对动态能力的维度划分与测量是依据动态能力的概念内涵进行的，但是现有关于动态能力的界定仍然存在分歧，导致对动态能力的测量维度具有差异性。通

① Lin C. J., Li C. R. The effect of boundary-spanning search on breakthrough innovations of new technology ventures [J]. Industry and Innovation, 2013, 20 (2): 93-113.

过对相关动态能力维度划分的文献进行阅读与梳理发现，现有大多数研究均是沿着 Teece 等（1997）对动态能力的经典定义及维度划分思想进行继承和发展的，他们的研究更具有实际价值。因此，本书对动态能力构成维度的划分与测量方式是基于 Teece 等（1997）等学者对动态能力构念的最初定义，即动态能力包括组织行为层面的整合能力和重构能力两个维度（Teece & Pisano，1994；Teece et al.，1997；Wu，2006，2007，2010；Liao et al.，2009；Pridto et al.，2009）。在动态能力的维度划分和测量方面，资源整合能力和组织重构能力是两个相对成熟的构念，得到国外学术界的普遍认可，而机会感知能力等组织认知维度构念仍处于概念提出和理论创建阶段，且实证检验程度相对偏低（O'Reilly Ⅲ & Tushman，2008），出现在个别研究中的适应学习、学习能力和创新能力等构念在理论基础和实证结论方面也没有得到学者们的普遍认同[①]。因此，将动态能力划分为资源整合能力和组织重构能力两个维度进行测量研究是比较科学的。根据 Teece 等（1994，1997，2000，2007）、Liao 等（2009）、Pavlou 和 Sawy（2006）、Wu（2010）对动态能力两个具体测量指标和测量题项的研究成果，确定 10 个题项对动态能力进行测量，其中资源整合能力和组织重构能力构念的测量各自有 4 个和 6 个题项，具体测量题项如表 5-3 所示。

表 5-3　动态能力维度与测量题项

变量	维度	题项
动态能力	资源整合能力	能够有效地利用属于不同技术或应用领域的知识
		从外部获得的新知识能够在企业内部充分地共享
		行业信息或市场信息能够在企业内部广泛地传播
		能够不断优化企业核心资源以突出竞争优势
	组织重构能力	能够适时地调整内外关系网络和网络沟通方式
		能够适时地对已有的工作流程和程序进行再设计
		能够灵活地调整企业的组织结构，如拆分、取消或合并原有部分，组建新的部门和岗位
		企业赋予了不同部门很大的自主决定权

① 冯军政，魏江. 国外动态能力维度划分及测量研究综述与展望［J］. 外国经济与管理，2011（7）：26-33+57.

续表

变量	维度	题项
动态能力	组织重构能力	能够适时地对部门的工作任务和职能进行再设计
		能够及时地抛弃已经过时的资源或知识

四、调节变量

市场动态性和技术动态性是科技型中小企业在生产经营中面临的两个重要外部环境因素，将环境动态性划分为市场动态性和技术动态性两个维度，这两个维度在国内外文献中比较常见，因此对变量的测量可以采用已有成熟的测量量表。借鉴 Miller（1987）、Jaworski 和 Kohli（1993）、Zhou 和 Wu（2010）等学者的相关研究，分别采用 3 个题项对市场动态性和技术动态性进行测量，具体测量题项如表 5-4 所示。

表 5-4 环境动态性维度与测量题项

变量	维度	题项
环境动态性	市场动态性	行业的产品和服务的淘汰率很高
		客户总是倾向于寻求、尝试新的产品
		新客户对产品的相关需求与原有客户明显不同
	技术动态性	行业的技术在过去几年里变化很快
		行业的研发活动在过去两三年里显著增加
		产业技术的突破性发展促进了大量新产品产生

五、控制变量

大量研究表明，企业规模、成立年限、所属产业类型、组织冗余资源等是影响企业行为、能力与组织绩效的重要因素。因此，选取企业规模、企业年龄、企业性质、研发强度和冗余资源 5 个变量作为研究的控制变量。其中，企业规模以企业员工总数的自然对数进行测度（Katila & Ahuja，2002；Li & Zhang，2007）；企业年龄以企业成立之初至调查之日的经营年限进行测度（Zhang & Li，2010；Filatotchev & Piesse，2009）；企业性质用国有企业、民营企业、合资企业、外商独资和其他 5 个类别测量；研发强度选用企业研发投入占当年销售总额的平均比例衡量（Filatotchev et al.，2009；Filatotchev & Piesse，2009）；采用 4 个题项对企业冗余资源进行测量（Sidhu et al.，2007；Danneels，2008），分别是公司资源（人、财、物）除支撑现行项目外还有剩余、公司预留有相当数量的资源、充裕的可支配资金、为特定的项目找到“人力资源”。

第三节　调查问卷的修正

为了检验调查问卷内容的适宜性，在进行大样本问卷发放前，对问卷进行小样本检验，作为对问卷内容进行修改的依据，以此得到有效的、精简的变量测度量表。

一、定性测试

在初始量表生成后，请有关专家学者和企业界专家对问卷的题项内容、语言表述等方面进行专业性检验，以确保调查问卷测量题项没有歧义，利于被调查者理解。市场知识跨界搜寻量表中，根据 Sidhu 等（2007）的研究成果，为了让被调查者更好地理解市场知识跨界搜寻维度中有关替代品和互补品的概念，他们在“B8 密切关注提供与我们公司完全不同的产品或服务，但却能满足顾客相同需要的行业”题项中举例说明替代品“飞机与火车都可以满足顾客交通需求”，在“B9 密切关注那些提供互补性产品的公司的活动”题项中举例说明“照相机与胶片是互补商品，顾客需要同时使用这两种产品”。专家学者认为，根据研究的对象特征，对替代品和互补品的举例应该更多地考虑科技型产品，建议从科技型产品角度描述替代品和互补品。根据专家意见，将上述两个例子调整为“新能源汽车与传统汽车都可以满足顾客交通需求”和“3D 电视与 3D 眼镜是互补商品，顾客需要同时使用这两种产品”。此外，实践界专家认为，动态能力测量量表中，题项“C2 从外部获得的新知识能够在企业内部充分地共享”与“C10 能够及时地抛弃已经过时的资源或知识”中对“知识”的描述太过抽象，应将“知识”改为“信息”，这样更容易理解。

二、小样本预测试

（一）小样本数据收集

小样本测试采用判断抽样和简单抽样的方法发放问卷。小样本数据收集主要通过两种方式：一种方式是通过相关社会关系深入相关企业进行考察和访谈，并请相关负责人对问卷进行填写，共获取 11 份有效问卷；另一种方式是采用简单随即抽样方式选取 60 家科技型中小企业的高层管理人员或技术主管进行调查。此次共发放前测问卷 60 份，回收 51 份，其中存在多处缺答的问卷有 4 份，多处指标缺乏区分度的有 6 份，对这 10 份无效问卷予以删除，最终获取有效问卷 41 份，通过两种方式共获取有效问卷 52 份。进行探索性因子分析所需要的最低样本量为变量数的 5 倍到 10 倍，或者样本量达到变量中题项数的 5 倍到 10 倍即可。当变量数为 4 个的时候，可以认定小样本测试收集的 52 份有效问卷能够较好满足研究需求。

（二）小样本描述性统计分析

描述性统计分析主要包括样本企业背景信息分布情况以及被试者的基本信息情况，其中，企业背景信息包括企业规模、年龄、企业性质、研发人员比重、研发投入以及产业分布等指标，被试者基本信息包括学历、职务、所属部门以及工作年限，如表 5-5 和表 5-6 所示。

表 5-5　小样本企业基本特征分布情况统计

变量特征		样本数量	占比（%）
员工人数	20 人以下	6	11.5
	21~50 人	12	23.1
	51~100 人	14	27.0
	101~300 人	15	28.8
	301~500 人	5	9.6

续表

变量特征		样本数量	占比（%）
成立年限	1~2 年	5	9.6
	3~6 年	24	46.1
	7~9 年	12	23.1
	10~20 年	9	17.3
	20 年以上	2	3.9
企业性质	国有企业	7	13.5
	民营企业	35	67.3
	合资企业	10	19.2
研发科技人员比重	10%~20%	4	7.7
	21%~40%	12	23.1
	41%~70%	31	59.6
	70%以上	5	9.6
企业研发投入占当年销售总额百分比	少于 3%	3	5.8
	3%~5%	13	25.0
	6%~8%	19	36.5
	8%以上	17	32.7
企业产业领域	电子与信息	20	38.5
	生物与医药	6	11.5
	新材料	8	15.3
	光机电一体化	4	7.7
	资源与环境	7	13.5
	高技术服务业	3	5.8
	新能源与高效节能	4	7.7

表 5–6　小样本调查对象个人基本情况统计

变量特征		样本数量	占比（%）
学历	博士	2	3.9
	硕士	9	17.3
	本科	33	63.5
	专科及以下	9	17.3
职务	高层管理者	18	34.6
	中层管理者	29	55.8
	基层管理者	5	9.6
	行政	8	15.4

续表

变量特征		样本数量	占比（%）
部门	技术研发	26	50.0
	财务	6	11.5
	生产	3	5.8
	市场	7	13.5
	综合	2	3.8
工作年限	3 年以下	9	17.3
	3~5 年	26	50.0
	5~9 年	13	25.0
	9 年以上	4	7.7

对于企业规模，使用企业员工人数衡量。在小样本调研中，员工人数在 20~300 人的企业较多，其中 20~50 人的企业有 12 家，占样本总数的 23.1%；51~100 人的企业有 14 家，占样本总数的 27%；101~300 人的企业有 15 家，占样本总数的 28.8%；而 20 人以下和 301~500 人的企业分别有 6 家和 5 家，分别占样本总数的 11.5%和 9.6%。

对于企业年龄，使用了企业成立年限衡量。样本企业中成立年限在 3 年以下以及 20 年以上的企业相对较少，仅占样本量的 9.6%和 3.9%，而 3~6 年的企业相对较多，有 24 家，占样本总量的 46.1%；此外，成立 7~9 年的企业有 12 家，占样本总量的 23.1%；10~20 年的企业有 9 家，占样本总量的 17.3%。对于企业性质，小样本企业大部分是民营企业，占样本总数的 76.9%；而国有企业和合资企业仅占样本总数的 13.5%和 9.6%。

研发人员的数量是衡量科技型企业的重要指标，通常可以使用直接从事研究开发科技人员的比例作为衡量标准。研究对象中，约 60%的企业研发科技人员占从业人员比重位于 41%~70%之间；研发科技人员比重为 21%~40%的企业有 12 家，占样本总数的 23.1%；比重为 70%以上的企业有 5 家，占样本总数的 9.6%；比重在 10%~20%间的企业仅有 4 家，占样本总数的 7.7%；没有企业的研发科技人员比重在 10%以下。说明预调研样本企业从事研发的科技人员比重较大，符合科技型企业科技人员比重大的特点。

研发投入强度同样是衡量科技型企业的重要指标，研究中使用了研发投入占销售总额百分比来衡量。研发投入占销售总额百分比为3%~5%的企业有13家，占样本总数的25.0%，6%~8%的企业有19家，占样本总数的36.5%；8%以上的企业有17家，占样本总数的32.7%，而研发投入比重少于3%的企业仅有3家，占样本总数的5.8%。大部分预调研样本企业的研发投入强度在5%以上，符合我国科技型企业研发投入的实际状况。

对于企业所属产业类别，可以看出样本企业覆盖了电子与信息、生物与医药、新材料、光机电一体化、资源与环境、高技术服务业以及新能源与高效节能等产业领域。

对于调研对象的个人信息，采用了被调查者的学历、职务、所在单位部门以及工作年限来考察（见表5-6）。其中，本科学历者最高，占样本总数的63.5%，90%以上的被调查者为企业的中高层管理者，主要集中在技术研发部门，并且在企业工作的年限超过3年，因此保障了预测问卷的有效性。

（三）小样本数据的效度与信度分析

只有满足信度和效度要求的实证研究结果才是最具有可信度与说服力的。在小样本预测阶段，可以通过数据的效度和信度分析而筛选变量的测度题项。

效度（Validity）是指有效性程度，表示测量工具能在多大程度上反映调查对象的基本特质和内涵，即实际测量结果和考察内容的相符程度。目前，调查问卷的效度分析一般包括内容分析检验和结构分析检验。第一种内容效度分析，它是指量表题项能否代表测量内容，通常采用逻辑分析法；第二种结构效度分析，它是指测量结果所体现的某种结构与测量结果的对应程度，通常采用因子分析法，常用的结构效度指标包括因子载荷和累计方差贡献率。对问卷效度的评价标准是：公因子所解释的方差变异量累计至少为60%，并且每个因素在一个公因子上的载荷较高（载荷值通常大于0.5），而在其他公因子上的载荷较小。如果某因素在所有公因子上的载荷都小于0.5，说明这个因素所表现出来的意义不明确，为了保证问卷的结构效度，应该对因子载荷较小的因素进行删除。

信度（Reliability）是指使用相同测量工具对同一对象进行重复测量，其结果的稳定性（Stability）和一致性（Consistency）程度。信度包括内在信度和外在信度，目前，普遍采用内在信度分析量表的一致性问题，即量表是否测量单一概念，以及量表题项的内在一致性程度。常用的内在信度指标包括 Cronbach's Alpha 系数（α 系数）和折半信度，α 系数是折半系数所有可能值的平均值，是应用最为广泛的内在信度分析指标。α 系数越高，说明量表的内部一致性越高。α 系数取值范围应该介于 0~1，1 代表量表完全可靠，0 代表量表完全不可靠。现有研究普遍认为 α 系数达到 0.7 是较为理想的信度水平，说明量表内部各题项之间具有较好的一致性，量表是可以接受的。

1. 创新绩效的因子分析

对因变量创新绩效的测量题项做因子分析，分析结果如表 5-7 所示。其中，“来自新产品的销售额不断上升”、“新产品开发的成功率不断提高”、“能比竞争对手更快地推出新产品”、“产品改进与创新有较好的市场反应”、“通过合作创新技术水平明显提升”所对应的因子负荷均大于 0.5，但是“企业专利申请数量很多”所对应的因子负荷小于 0.5，因此需要删除“企业专利申请数量很多”题项。

表 5-7　创新绩效因子分析

因子项	测量项目	因子负荷	KMO	特征根	方差解释比例
因子 1	企业专利申请数量很多	0.421	0.951	6.517	67.613
	来自新产品的销售额不断上升	0.729			
	新产品开发的成功率不断提高	0.688			
	能比竞争对手更快地推出新产品	0.514			
	产品改进与创新有较好的市场反应	0.560			
	通过合作创新技术水平明显提升	0.551			

2. 技术知识跨界搜寻的因子分析

对自变量技术知识跨界搜寻的 6 个测量题项做因子分析，分析结果如表 5-8 所示。技术知识跨界搜寻各测量题项所对应的因子负荷均大于 0.5，并且提取出 2 个因子，测量结果能够反映出测量题项的特性，与考察内容相符，因此不需要删除测量题项，保留全部测量题项。

3. 市场知识跨界搜寻的因子分析

对自变量市场知识跨界搜寻的 6 个测量题项做因子分析，分析结果如表 5-9

所示。技术知识跨界搜寻各测量题项所对应的因子负荷均大于 0.5，并且提取出 2 个因子，测量结果能够反映出测量题项的特性，与考察内容相符，因此不需要删除测量题项，保留全部测量题项。

表 5–8　技术知识跨界搜寻因子分析

因子项	测量项目	因子负荷	KMO	特征根	方差解释比例
因子 1	我们非常了解我们行业的技术与工艺发展情况	0.695	0.801	6.211	42.121
	我们收集与我们使用同类技术的所有行业的信息	0.612			
	我们时刻关注在技术上与我们相关联的行业	0.689			
因子 2	我们非常了解本地同行业企业的新产品开发和技术发展情况	0.654		4.214	31.214
	密切关注其他省市同行业企业的新产品开发和技术发展情况	0.684			
	我们密切关注国外同行业企业的新产品开发和技术发展情况	0.621			

表 5–9　市场知识跨界搜寻因子分析

因子项	测量项目	因子负荷	KMO	特征根	方差解释比例
因子 1	密切关注提供同类产品的企业的信息及市场销售情况	0.612	0.751	6.214	42.541
	密切关注提供与我们公司完全不同的产品或服务，但却能满足顾客相同需要的行业	0.541			
	密切关注那些提供互补性产品的公司的活动	0.714			
因子 2	非常了解本地市场的产品价格与质量情况	0.521		5.241	25.414
	非常了解邻近区域的产品价格与质量情况	0.539			
	密切关注国际市场的产品价格与质量情况	0.654			

4. 动态能力的因子分析

对中介变量动态能力的 10 个测量题项做因子分析，分析结果如表 5–10 所示。大部分测量题项的因子负荷均大于 0.5，但是，“企业赋予了不同部门很大的自主决定权”以及“能够及时地抛弃已经过时的资源或知识”所对应的结果小于 0.5，因此需要删除以上两个测量题项。

表 5-10　动态能力因子分析

因子项	测量项目	因子负荷	KMO	特征根	方差解释比例（%）
因子 1	能够有效地利用属于不同技术或应用领域的知识	0.819	0.795	10.251	43.521
	从外部获得的新知识能够在企业内部充分地共享	0.819			
	行业信息或市场信息能够在企业内部广泛地传播	0.815			
	能够不断优化企业核心资源以突出竞争优势	0.831			
因子 2	能够适时地调整内外关系网络和网络沟通方式	0.747		2.515	25.612
	能够适时地对已有的工作流程和程序进行再设计	0.714			
	能够灵活地调整企业的组织结构	0.701			
	企业赋予了不同部门很大的自主决定权	0.315			
	能够适时地对部门的工作任务和职能进行再设计	0.834			
	能够及时地抛弃已经过时的资源或知识	0.362			

5. 环境动态性的因子分析

对调节变量环境动态性的 6 个测量题项进行因子分析，分析结果如表 5-11 所示。环境动态性各测量题项所对应的因子负荷均大于 0.5，并且提取出 2 个因子，测量结果能够反映出测量题项的特性，与考察内容相符，因此不需要删除测量题项，保留全部测量题项。

表 5-11　环境动态性因子分析

因子项	测量项目	因子负荷	KMO	特征根	方差解释比例
因子 1	行业的技术在过去几年里变化很快	0.729	0.814	8.545	47.613
	行业的研发活动在过去两三年里显著增加	0.723			
	产业技术的突破性发展促进了大量新产品产生	0.713			
因子 2	行业的产品和服务的淘汰率很高	0.682		2.151	15.215
	客户总是倾向于寻求、尝试新的产品	0.656			
	新客户对产品的相关需求与原有客户明显不同	0.624			

6. 冗余资源的因子分析

对控制变量冗余资源的 4 个测量题项进行因子分析，分析结果如表 5-12 所示。冗余资源的各测量题项所对应的因子负荷均大于 0.5，测量结果能够反映出测量题项的特性，与考察内容相符，因此不需要删除测量题项，保留全部测量题项。

表 5-12　冗余资源因子分析

<table>
<tr><th>因子项</th><th>测量项目</th><th>因子负荷</th><th>KMO</th><th>特征根</th><th>方差解释比例</th></tr>
<tr><td rowspan="4">因子 1</td><td>企业资源除支撑现行项目外，还有剩余</td><td>0.622</td><td rowspan="4">0.901</td><td rowspan="4">4.517</td><td rowspan="4">69.843</td></tr>
<tr><td>企业预留有相当数量的资源</td><td>0.591</td></tr>
<tr><td>有充裕的可支配资金</td><td>0.502</td></tr>
<tr><td>总是能够为特定的项目找到“人力资源”</td><td>0.819</td></tr>
</table>

7. 小样本变量信度分析

采用 α 系数来进行问卷信度的检验。小样本各变量的 α 系数如表 5-13 所示。企业创新绩效、企业创新绩效、技术知识跨界搜寻、市场知识跨界搜寻、动态能力、环境动态性、冗余资源的信度分别为 0.725、0.751、0.764、0.772、0.796、0.748，均大于 0.7，说明变量的内部各题项之间具有较好的一致性。技术知识跨界搜寻的跨认知技术知识搜寻维度与跨地域技术知识搜寻维度，市场知识跨界搜寻的跨认知市场知识搜寻维度与跨地域市场知识搜寻维度的信度分别为 0.722、0.717、0.751、0.705；动态能力的资源整合能力维度和组织重构能力维度的信度分别为 0.779、0.792；环境动态性的技术动态性维度和市场动态性维度的信度为 0.787、0.757，以上结果显示，删除了不适当题项后得到的问卷是合适的。

表 5-13　小样本变量信度分析

量表	Cronbach's α 系数值	项目数
企业创新绩效	0.725	5
技术知识跨界搜寻	0.751	6
跨认知技术知识搜寻	0.722	3
跨地域技术知识搜寻	0.717	3
市场知识跨界搜寻	0.764	6

续表

量表	Cronbach's α 系数值	项目数
跨认知市场知识搜寻	0.751	3
跨地域市场知识搜寻	0.605	3
动态能力	0.772	8
资源整合能力	0.779	4
组织重构能力	0.792	4
环境动态性	0.796	6
技术动态性	0.787	3
市场动态性	0.757	3
冗余资源	0.748	4

第四节 主要研究方法

为了确保实证研究结果的准确性和可靠性，必须采用科学有效的研究方法。根据研究目的，应采用多种方式的统计分析方法对调查问卷回收的数据进行实证分析。具体统计分析方法包括描述性统计分析、信度与效度分析、因子分析（探索性因子分析和验证性因子分析）、相关分析、层次回归分析等。对于信度与效度分析，已经在小样本测试进行了具体介绍。研究重点使用统计分析软件 SPSS 20.0 和 AMOS 17.0 来进行相应的实证分析，具体分析方法如下：

第一，描述性统计分析。该分析方法是使用数学语言表达调研企业的企业特征以及问卷填写者的基本信息。描述性统计分析包括对样本企业的企业规模、企业年龄、企业性质、研发人员比重、研发投入比重和产业分布等进行统计分析，对问卷填写人的学历、职务、所属部门以及工作年限进行统计分析。此外，还将对问卷各变量的均值、标准差等情况进行整体描述和分析，有利于把握数据的整体特性，为形成对数据处理结果的新认识提供科学依据。

第二，探索性因子分析。探索性因子分析法（Exploratory Factor Analysis，EFA）是一种进行降维处理的多元统计分析方法。EFA 的目的是确认量表或问卷的因子结构，使用相互独立的因子替代原有变量，找出影响观测变量的因子个数，以及各个因子和各个观测变量之间的相关程度。因而，探索性因子分析能够将具有错综复杂关系的变量综合为少数几个核心因子。通过探索性因子分析筛选出载荷分散的测量题项进行删除，对问卷进行修订完善，并找出具有解释性的因子变量。研究中利用了 SPSS 软件对技术知识跨界搜寻、市场知识跨界搜寻、动态能力、创新绩效、环境动态性变量进行探索性因子分析。

第三，验证性因子分析。验证性因子分析（Confirmatory Factor Analysis，CFA）是基于特定的理论观点或概念架构，以确认评估该理论观点所导出的计量模型是否科学合理。CFA 是一种能够对潜在变量与观察变量之间的关系做出合理的假设并进行统计分析的方法。探索性因子分析和验证性因子分析的最大区别是测量理论构建在分析过程中所扮演的角色与检验时机。在量表或问卷编制的预测上，首先要先进行探索性因子分析以建立问卷的结构效度。此时量表的各因子与题项均已固定，需要进行验证性因子分析以探究量表的因子结构模型是否与实际收集的数据相符合，指标变量是否可以有效作为潜在变量的测量变量。研究中使用了 AMOS 软件，重点对技术知识跨界搜寻、市场知识跨界搜寻、动态能力、环境动态性和创新绩效等概念模型涉及的关键性潜变量做验证性因子分析。通过数据与测量模型的拟合分析，检验各观察变量的因子结构是否与之前的预想相符。

第四，相关分析。相关关系反映变量之间的相关程度。当变量之间存在相互依赖和相互制约的关系时，反映这些变量的数据之间一定存在统计规律性和相关性。相关关系是因果关系的必要条件，即变量之间有相关关系，不代表二者是因果关系，但是，当变量之间是因果关系时，那么它们之间必然相关。因此，相关分析是回归分析的基础，在对变量之间的因果关系进行检验之前应该对它们的关系进行相关分析。在统计分析中，通常使用 Spearman 等级相关系数、Pearson 相关系数以及 Kendall 相关系数判断线性相关关系。利用 Pearson 相关分析方法，对技术知识跨界搜寻、市场知识跨界搜寻、资源整合能力、组织重构能力、技术动态性、市场动态性、创新绩效及相关控制变量的相关系数矩阵进行研究，考察各研究变量间是否显著相关，作为下一步统计回归分析基础。

第五，回归分析。回归分析是一种基于观测数据建立两个或两个以上变量之间相互依赖关系，以分析数据内在规律的统计分析方法。本书借助 SPSS 软件，采用逐步放入解释变量的层次回归法，检验跨界搜寻对科技型中小企业创新绩效的影响效果，跨界搜寻对动态能力的影响效果，动态能力对科技型中小企业创新绩效的影响效果，动态能力在跨界搜寻与科技型中小企业创新绩效关系中的中介作用，环境动态性对跨界搜寻与科技型中小企业创新绩效关系的调节作用以及环境动态性对动态能力与科技型中小企业创新绩效关系的调节作用。

本章小结

本章主要是为下一章的实证分析做研究设计和方法介绍。本研究首先采用科学合理的方法和步骤对问卷进行设计，在借鉴国内外已有研究的成熟量表基础上，确定了相关变量相应的测量题项，形成了初步的调查问卷。然后分别与学术界和企业界专家进行沟通和讨论，将部分表述不清和语义重复的语句进行修正和删除，确定本研究的预测试量表。对小样本量表的信度和效度进行分析，删除不合适的测量题项，得到净化后的测量量表，形成大规模调查的最终问卷。本章还对大样本实证分析所要采用的实证研究方法进行了阐述。

第六章　跨界搜寻与创新绩效关系的实证分析

第一节　大样本数据收集与样本描述

一、样本选择与数据收集

研究开放式创新中的科技型中小企业跨界搜寻行为与创新绩效之间的关系，样本的选择对象主要考虑以下三个原则：

首先，样本企业必须是科技型中小企业。针对这一问题，在调查问卷中设计“企业是否被认定为科技型中小企业”这一题项，以甄别样本企业是否为研究对象。

其次，样本企业的成长年限至少应该在三年以上。一方面，样本企业应该是至少在近三年内有过跨界知识搜寻行为的企业；另一方面，在对企业创新绩效进行测量时，需要考察企业近三年的创新产出状况以避免单一年份数据产生的波动性。

最后，样本企业应该覆盖多个产业领域。这是因为对多个产业的调查能够为研究结论的广泛性和稳定性提供基础（Alegre & Chiva，2008）。本书的样本选择范围涵盖多个产业领域，包括电子与信息、生物与医药、新材料、光机电一体化、高技术服务业、新能源与高效节能以及其他科技类企业。

对于数据的收集问题，一些学者通过相关数据库或企业黄页直接向企业邮寄调研问卷或是通过 E-mail 的方式发送给企业相关人员。但是，这种问卷回收率非常低，难以保证数据收集的有效性。为了保证调研工作的顺利进行以及问卷收集的有效性和回收率，本书选择具有一定社会资源的省市作为调研区域，通过以下三种途径收集数据：①利用政府部门相关机构帮助发放和回收问卷；②借助相关社会关系发放问卷；③委托数据调查公司发放问卷。

由于调查问卷内容涉及的是企业层面的创新问题，因此问卷的回答者必须是对企业的基本运营情况和创新行为有全面了解的人员。因此，问卷的调查对象要求是企业的中高层管理者或是相关部门的技术负责人。

我们共发放问卷 500 份，回收问卷 342 份，问卷回收率为 68.4%。问卷回收后，对回收的问卷进行初步检查，对以下四种问卷进行剔除：第一种是答题者所在企业不属于科技型中小企业的问卷；第二种是题项存在漏选或者空选的问卷；第三种是回答均为同一数值、多处指标缺乏区分度的问卷；第四种是企业成立年限在 3 年以下的问卷。最终得到 289 份有效问卷，总体问卷有效回收率为 57.8%，如表 6-1 所示。

表 6-1　问卷发放与回收情况

问卷发放与回收方式	发放数量（份）	回收数量（份）	回收率（%）	有效数量（份）	有效率（%）
政府机构代为发放	158	78	49.37	60	38
委托发放	142	64	45.07	51	35.9
调查公司发放	200	200	100	178	89
总计	500	342	68.4	289	57.8

二、描述性统计分析

（一）企业背景信息描述性统计分析

企业背景信息分布情况主要通过企业规模、年龄、企业性质、研发人员比重、研发投入以及产业分布等指标进行描述性统计分析（见表 6-2），以描述样本企业的构成和分布情况。

表 6-2　大样本企业基本特征分布情况统计

变量特征		样本数量	占比（%）
员工人数	20 人以下	15	5.2
	21~50 人	52	18.0
	51~100 人	73	25.3
	101~300 人	89	30.8
	301~500 人	60	20.8
成立年限	3~6 年	151	52.2
	7~9 年	83	28.7
	10~20 年	37	12.8
	20 年以上	18	6.2
企业性质	国有企业	47	16.3
	民营企业	174	60.2
	合资企业	65	22.5
	外资企业	3	1.0
研发科技人员比重	<10%	11	3.8
	10%~20%	32	11.1
	21%~40%	41	14.2
	41%~70%	146	50.5
	70%以上	59	20.4
企业研发投入占当年销售总额百分比	少于 3%	8	2.8
	3%~5%	53	18.4
	6%~8%	127	43.9
	8%以上	101	34.9
企业产业领域	电子与信息	129	44.6
	生物与医药	31	10.7
	新材料	29	10.1
	光机电一体化	18	6.2
	资源与环境	12	4.2
	农业与农村	6	2.1
	航空与航天	14	4.8
	高技术服务业	28	9.7
	新能源与高效节能	20	6.9
	其他	2	0.7

1. 样本企业规模

运用员工人数衡量样本企业规模。在 289 份有效样本中，有 15 家企业的员工人数少于 20 人，占 5.2%；52 家企业的员工人数在 21~50 人，占 18%；73 家企业的员工人数在 51~100 人，占 25.3%；89 家企业的员工人数在 101~300 人，占 30.8%；60 家企业的员工人数在 301~500 人，占 20.8%。可以看出，样本中 100 人以下的企业和 100 人以上的企业大概各占样本总数的一半，根据中小微企业的界定，以员工人数 100 人为界，样本企业中的中型企业和小型企业约各占一半。

2. 样本企业年龄

样本企业年龄用企业成立年限衡量。在剔除了成立年限在 3 年以下企业的样本后，发现大部分企业的年龄在 3~9 年。其中，成立 3~6 年的企业占到样本数的 52.2%；成立 7~9 年的企业占样本总数的 28.7%；成立 10~20 年的企业占样本总数 12.8%；而成立 20 年以上的企业相对较少，占样本总数的 14.2%。这间接地说明我国科技型中小企业的平均寿命相对较短。

3. 企业性质

从企业所有权性质看，样本企业主要包括国有企业、民营企业和合资企业。民营企业的比例达到 60.2%，占样本企业的绝大多数，与我国科技型企业的企业性质实际分布状况相符；国有企业和合资企业分别占比 16.3%和 22.5%，外资企业仅占 1%，其中被调研的国有企业主要包括国内高校以及设计院等科研院所。

4. 研发科技人员占比

从研发科技人员占企业员工总数的比重来看，大部分企业的研发科技人员比重在 41%~70%，占样本总数的 50.5%。其中比重在 70%以上的企业有 59 家，占样本总数的 20.4%；比重在 21%~40%的企业有 41 家，占样本总数的 14.2%；比重在 10%~20%以及 10%以下的企业一共有 43 家，共占样本比重的 25.3%。从研发科技人员占比的分布情况看，企业所从事创新活动的科技人员占企业员工总数的比重较高，符合科技型企业科技人员比重大的特点。

5. 企业研发投入

从企业研发投入情况看，43.9%的企业研发投入占销售收入的百分比在 5%~8%；34.9%的企业研发投入占比在 8%以上；18.4%的企业研发投入占比在 3%~5%，仅有 2.8%的企业研发投入占比在 3%以下。根据我国科技部和财政部关于科技型中小企业每年用于高新技术产品研究开发的经费不低于当年销售额的 3%的认定标准，大部分样本企业的研发投入占比符合科技型中小企业的认定标准。但是，在我国当前不完善的创新体制和创新环境下，可能出现专利受保护状况差而导致创新企业无法享有专利优势、由于员工离职而导致的技术泄密等情况，这将降低企业加大研发投入的意愿。所以，存在个别样本企业的研发投入低于 3%的情况。

6. 产业分布

从企业所属产业领域来看，289 家样本企业广泛分布于电子与信息、生物与医药等多个行业，其中电子与信息企业 129 家，占样本总数的 44.6%；生物与医药企业 31 家，占样本总数的 10.7%；新材料企业 29 家，占样本总数的 10.1%；光机电一体化企业 18 家，占样本总数的 6.2%；资源与环境企业 12 家，占样本总数的 4.2%；农业与农村企业 6 家，占样本总数的 2.1%；航空与航天企业 28 家，占样本总数的 9.7%；高技术服务业企业 28 家，占样本总数的 9.7%；新能源与高效节能企业 20 家，占样本总数的 6.9%；其他产业领域企业 2 家，占样本总数的 0.7%。从总体上看，研究样本的产业分布比较广泛，覆盖了国家重点培育的科技领域，具有良好的代表性和解释性。

（二）调查对象基本情况

问卷调查对象的基本信息情况由学历、职务、所属部门和工作年限等指标进行描述（见表 6-3）。在受教育程度方面，289 个被调查者中，36%和 44.3%的人具有硕士和本科学历，博士和专科及以下分别占 5.5%和 14.2%，说明被调查者的受教育程度较高；在职务方面，约 87%的被调查者为企业的中高层管理者；在被调查者所处部门方面，56.7%的被调查者处于企业的技术研发部分，他们对企业的技术创新情况较为了解；此外，超过 80%的被调查者在企业的工作年限超过了

3 年。由此可见，大多数被调查者是对企业的战略方向和运营活动有着较好了解的资历较深的中高层管理者，增加了研究数据的可信度。

表 6-3　大样本调研对象个人基本情况统计

变量特征		样本数量	占比（%）
学历	博士	16	5.5
	硕士	104	36.0
	本科	128	44.3
	专科及以下	41	14.2
职务	高层管理者	51	17.6
	中层管理者	201	69.6
	基层管理者	37	12.8
部门	行政	33	11.4
	技术研发	164	56.7
	财务	27	9.3
	生产	12	4.2
	市场	42	14.5
	综合	11	3.8
工作年限	3 年以下	57	19.7
	3~5 年	178	61.6
	6~9 年	45	15.6
	9 年以上	9	3.1

第二节　信度与效度分析

一、变量的信度分析

利用 SPSS 软件对大样本相关变量进行信度检验，具体信度分析结果如表 6-4 所示。在表 6-4 中，企业创新绩效量表的信度为 0.831，技术知识跨界搜寻和市场知识跨界搜寻量表的信度为 0.841 和 0.874，动态能力量表的信度为 0.794，环境动态性量表的信度为 0.871，各变量量表的信度均大于 0.7，大于预调研样本数据的信度。具体来说，技术知识跨界搜寻量表的跨认知技术知识搜寻维度和跨地域技术知识搜寻维度的信度分别为 0.841 和 0.826，市场知识跨界搜寻量表中的跨认知市场知识搜寻维度和跨地域市场知识搜寻维度的信度分别为 0.779 和 0.782，动态能力量表中的资源整合能力维度和组织重构能力维度的信度分别为 0.844 和 0.856，环境动态性量表中的技术动态性维度和市场动态性维度的信度分别为 0.825 和 0.823。各维度的信度均大于 0.7，并且大于预调研的信度，说明正式调研所得到的数据是合适的，可以推断量表的可信度比较高，即调查问卷具有很高的内在一致性，通过对该问卷的数据进行分析能够将科技型中小企业的创新绩效、技术知识跨界搜寻、市场知识跨界搜寻、动态能力等状况比较准确且可靠地反映出来，问卷具有很好的可靠性。

表 6-4　大样本变量信度分析结果

量表	Cronbach's α 系数值	项目数
企业创新绩效	0.831	5
技术知识跨界搜寻	0.841	6
跨认知技术知识搜寻	0.841	3
跨地域技术知识搜寻	0.826	3
市场知识跨界搜寻	0.874	6
跨认知市场知识搜寻	0.779	3
跨地域市场知识搜寻	0.782	3
动态能力	0.794	8
资源整合能力	0.844	4
组织重构能力	0.856	4
环境动态性	0.871	6
技术动态性	0.825	3
市场动态性	0.823	3

二、变量的效度分析

因子分析是效度检验的常用方法。当用因子分析检验效度时，首先需要满足因子分析的前提条件，即题项之间具有较强的相关性，这反映在两个检验指标上：KMO 值和 Bartlett 球形检验值。其中，KMO 值用于比较题项间简单相关和偏相关系数，取值在 0~1，KMO 的值越接近于 1，说明量表越适合做因子分析；

Bartlett 球形检验值用以检验题项间相关系数是否显著。一般情况下，当 KMO 的值大于 0.7 并且 Bartlett 球形检验值显著时，适合做因子分析。

（一）探索性因子分析

1. 创新绩效量表的探索性因子分析

在进行因子分析前首先分析创新绩效量表的探索性因子模型适应性。如表 6-5 所示，创新绩效的 KMO 检验值为 0.830>0.70；Bartlett 球形检验结果显示，近似卡方值为 213.838，显著性概率为 0.000（$p<0.01$），说明创新绩效量表的结构效度较好，创新绩效的 5 个题项适合做因子分析。

表 6-5 创新绩效 KMO 和 Bartlett 检验

Kaiser-Meyer-Olkin Measure of Sampling Adequacy		0.830
Bartlett's Test of Sphericity	Approx. Chi-Square	213.838
	df	10
	Sig.	0.000

在因子分析过程中，采用主成分分析法，抽取特征值大于 1 的因子。创新绩效量表共提取 1 个公因子，这 1 个公因子解释了 66.083%的总体变异量，大于 60%，说明创新绩效量表的效度良好，如表 6-6 所示。

表 6-6 创新绩效因素分析统计量

项目	初始统计量			因素提取统计量			方差极大旋转后因素提取统计量		
	特征根	贡献率（%）	累计贡献率（%）	特征根	贡献率（%）	累计贡献率（%）	特征根	贡献率（%）	累计贡献率（%）
1	1.804	66.083	66.083	1.804	66.083	66.083	1.804	66.083	66.083

资料来源：Extraction Method：Principal Component Analysis.

表 6-7 为旋转后的因子矩阵表，创新绩效的 5 个测量题项“来自新产品的销售额不断上升”、“新产品开发的成功率不断提高”、“能比竞争对手更快地推出新产品”、“产品改进与创新有较好的市场反应”、“通过合作创新技术水平明显提升”落在了一个公因子上，旋转后的因子载荷值分别为 0.714、0.638、0.622、0.526、0.572，均大于 0.50，提取出的公因子命名为“创新绩效”。

表 6-7　创新绩效正交旋转后的因素负荷矩阵

项目	因子 1
来自新产品的销售额不断上升	0.714
新产品开发的成功率不断提高	0.638
能比竞争对手更快地推出新产品	0.622
产品改进与创新有较好的市场反应	0.526
通过合作创新技术水平明显提升	0.572

2. 技术知识跨界搜寻的探索性因子分析

表 6-8 检验结果表明：技术知识跨界搜寻的 KMO 检验值为 0.773 > 0.70；Bartlett 球度检验结果显示，近似卡方值为 500.540，显著性概率为 0.000（$p<0.01$），认为技术知识跨界搜寻量表的效度结构好，技术知识跨界搜寻的 6 个题项适合做因子分析。

表 6-8　技术知识跨界搜寻的 KMO 和 Bartlett 检验

Kaiser-Meyer-Olkin Measure of Sampling Adequacy		0.773
Bartlett's Test of Sphericity	Approx. Chi-Square	500.540
	df	15
	Sig.	0.000

在因子分析过程中，采用主成分分析法，抽取特征值大于 1 的因子。技术知识跨界搜寻量表共提取两个公因子，这两个公因子共解释了 65.248%的总体变异量，大于 60%，说明技术知识跨界搜寻的效度良好，如表 6-9 所示。

表 6-9　技术知识跨界搜寻因素分析统计量

项目	初始统计量			因素提取统计量			方差极大旋转后因素提取统计量		
	特征根	贡献率（%）	累计贡献率（%）	特征根	贡献率（%）	累计贡献率（%）	特征根	贡献率（%）	累计贡献率（%）
1	2.208	36.797	36.797	2.208	36.797	36.797	1.818	34.297	34.297
2	1.107	28.451	65.248	1.107	28.451	65.248	1.497	30.952	65.248

资料来源：Extraction Method：Principal Component Analysis.

表 6-10 为旋转后的因子矩阵表，其中，“我们非常了解我们行业的技术与工艺发展情况”、“我们收集与我们使用同类技术的所有行业的信息”、“时刻关注在技

术上与我们相关联的行业”3个题项落在公因子1上，旋转后的因子载荷分别为0.789、0.745、0.652，均大于0.50；“非常了解本地同行业企业的新产品开发和技术发展情况”、“密切关注其他省市同行业企业的新产品开发和技术发展情况”、“密切关注国外同行业企业的新产品开发和技术发展情况”3个题项落在公因子2上，旋转后的因子载荷分别为0.515、0.604、0.760，均大于0.50。将提取的公因子1命名为“跨认知技术知识搜寻”，将提取的公因子2命名为“跨地域技术知识搜寻”。

表 6-10　技术知识跨界搜寻正交旋转后的因素负荷矩阵

项目	因子 1	因子 2
非常了解我们行业的技术与工艺发展情况	0.789	-0.281
收集与我们使用同类技术的所有行业的信息	0.745	-0.395
时刻关注在技术上与我们相关联的行业	0.652	0.333
非常了解本地同行业企业的新产品开发和技术发展情况	0.302	0.515
密切关注其他省市同行业企业的新产品开发和技术发展情况	0.452	0.604
密切关注国外同行业企业的新产品开发和技术发展情况	0.369	0.760

3. 市场知识跨界搜寻的探索性因子分析

表6-11检验结果表明：市场知识跨界搜寻的KMO检验值为0.701 > 0.70；Bartlett球度检验结果显示，近似卡方值为389.500，显著性概率为0.000（p < 0.01），说明市场知识搜寻的效度结构好，市场知识跨界搜寻的6个题项适合做因子分析。

表 6-11　市场知识跨界搜寻 KMO 和 Bartlett 检验

Kaiser-Meyer-Olkin Measure of Sampling Adequacy		0.701
Bartlett's Test of Sphericity	Approx. Chi-Square	389.500
	df	15
	Sig.	0.000

在因子分析过程中，采用主成分分析法，抽取特征值大于1的因子，市场知识跨界搜寻量表共提取两个公因子，两个因子共解释62.626%的总体变异量，大于60%，说明市场知识跨界搜寻搜寻的效度良好，如表6-12所示。

表 6–12　市场知识跨界搜寻因素分析统计量

项目	初始统计量			因素提取统计量			方差极大旋转后因素提取统计量		
	特征根	贡献率（%）	累计贡献率（%）	特征根	贡献率（%）	累计贡献率（%）	特征根	贡献率（%）	累计贡献率（%）
1	2.026	33.775	33.775	2.026	33.775	33.775	1.797	35.947	35.947
2	1.131	28.851	62.626	1.131	28.851	62.626	1.361	27.679	62.626

资料来源：Extraction Method：Principal Component Analysis.

表 6–13 为旋转后的因子矩阵表，其中，“我们密切关注提供同类产品的企业的信息及市场销售情况”、“我们密切关注提供与我们公司完全不同的产品或服务，但却能满足顾客相同需要的行业”、“我们密切关注那些提供互补性产品的公司的活动” 3 个题项落在公因子 1 上，旋转后的因子载荷分别为 0.755、0.633、0.627，均大于 0.50；“我们非常了解本地市场的产品价格与质量情况”、“我们非常了解邻近区域的产品价格与质量情况”、“我们密切关注国际市场的产品价格与质量情况” 3 个题项落在公因子 2 上，旋转后的因子载荷分别为 0.614、0.644、0.686，均大于 0.50。本研究将提取的公因子 1 命名为“跨认知市场知识搜寻”，将提取的公因子 2 命名为“跨地域市场知识搜寻”。

表 6–13　市场知识跨界搜寻正交旋转后的因素负荷矩阵

项目	因子 1	因子 2
我们密切关注提供同类产品的企业的信息及市场销售情况	0.755	0.045
我们密切关注提供与我们公司完全不同的产品或服务，但却能满足顾客相同需要的行业	0.633	–0.21
我们密切关注那些提供互补性产品的公司的活动	0.627	–0.326
我们非常了解本地市场的产品价格与质量情况	0.289	0.614
我们非常了解邻近区域的产品价格与质量情况	0.381	0.644
我们密切关注国际市场的产品价格与质量情况	0.262	0.686

4. 动态能力的探索性因子分析

表 6–14 检验结果表明：调查数据的 KMO 检验值为 $0.867>0.70$；Bartlett 球度检验结果显示，近似卡方值为 677.090，显著性概率为 0.000（$p<0.01$），说明动态能力的效度结构较好，动态能力的 10 个题项适合做因子分析。

表 6-14　动态能力的 KMO 和 Bartlett 检验

Kaiser-Meyer-Olkin Measure of Sampling Adequacy		0.867
Bartlett's Test of Sphericity	Approx. Chi-Square	677.090
	df	28
	Sig.	0.000

在因子分析过程中，采用主成分分析法，抽取特征值大于 1 的因子。结果发现特征值大于 1 的公因子共有两个，两个因子共解释了 73.911%的总体变异量，大于 60%，所以认为动态能力的效度良好，如表 6-15 所示。

表 6-15　动态能力因素分析统计量

项目	初始统计量			因素提取统计量			方差极大旋转后因素提取统计量		
	特征根	贡献率（%）	累计贡献率（%）	特征根	贡献率（%）	累计贡献率（%）	特征根	贡献率（%）	累计贡献率（%）
1	1.577	39.708	39.708	1.577	39.708	39.708	1.730	41.627	41.627
2	1.136	34.203	73.911	1.136	34.203	73.911	1.387	32.284	73.911

资料来源：Extraction Method：Principal Component Analysis.

表 6-16 为旋转后的因子矩阵表，其中，"能够有效地利用属于不同技术或应用领域的知识"、"从外部获得的新知识能够在企业内部充分地共享"、"行业信息或市场信息能够在企业内部广泛地传播"、"能够不断优化企业核心资源以突出竞争优势" 4 个题项落在公因子 1 上，旋转后的因子载荷分别为 0.691、0.670、

表 6-16　动态能力正交旋转后的因素负荷矩阵

项目	因子 1	因子 2
能够有效地利用属于不同技术或应用领域的知识	0.691	0.261
从外部获得的新知识能够在企业内部充分地共享	0.670	-0.491
行业信息或市场信息能够在企业内部广泛地传播	0.583	0.295
能够不断优化企业核心资源以突出竞争优势	0.654	0.348
能够适时地调整内外关系网络和网络沟通方式	0.474	0.622
能够适时地对已有的工作流程和程序进行再设计	0.360	0.667
能够灵活地调整企业的组织结构，如拆分、取消或合并原有部分，组建新的部门和岗位	0.398	0.724
能够适时地对部门的工作任务和职能进行再设计	0.489	0.519

0.583、0.654；“能够适时地调整内外关系网络和网络沟通方式”、“能够适时地对已有的工作流程和程序进行再设计”、“能够灵活地调整企业的组织结构，如拆分、取消或合并原有部分，组建新的部门和岗位”、“能够适时地对部门的工作任务和职能进行再设计”4个题项落在公因子2上，旋转后的因子载荷分别为0.622、0.667、0.724、0.519。本研究将公因子1和公因子2分别命名为“资源整合能力”和“组织重构能力”。

5. 环境动态性的探索性因子分析

表6-17检验结果表明：环境动态性的KMO检验值为0.719>0.70；Bartlett球度检验结果显示，近似卡方值为557.137，显著性概率为0.000（p<0.01），认为环境动态性的效度结构好，说明环境动态性的6个题项适合做因子分析。

表6-17 环境动态性的KMO和Bartlett检验

Kaiser-Meyer-Olkin Measure of Sampling Adequacy		0.719
Bartlett's Test of Sphericity	Approx. Chi-Square	557.137
	df	15
	Sig.	0.000

在因子分析过程中，采用主成分分析法，抽取特征值大于1的因子。结果发现特征值大于1的公因子共有两个，两个因子共解释65.046%的总体变异量，大于60%，所以认为环境动态性的效度良好，如表6-18所示。

表6-18 环境动态性因素分析统计量

项目	初始统计量			因素提取统计量			方差极大旋转后因素提取统计量		
	特征根	贡献率（%）	累计贡献率（%）	特征根	贡献率（%）	累计贡献率（%）	特征根	贡献率（%）	累计贡献率（%）
1	2.007	33.450	33.450	2.007	33.450	33.450	1.952	32.539	32.539
2	1.296	31.596	65.046	1.296	31.596	65.046	1.299	31.656	64.195

资料来源：Extraction Method：Principal Component Analysis.

表6-19为旋转后的因子矩阵表，其中，“行业的技术在过去几年里变化很快”、“行业的研发活动在过去两三年里显著增加”、“产业技术的突破性发展促进

了大量新产品产生”3 个题项落在公因子 1 上，旋转后的因子载荷分别为 0.821、0.734、0.712；“行业的产品和服务的淘汰率很高”、“客户总是倾向于寻求、尝试新的产品”、“新客户对产品的相关需求与原有客户明显不同”3 个题项落在公因子 2 上，旋转后的因子载荷分别为 0.777、0.642、0.904，本研究将公因子 1 和公因子 2 分别命名为“技术动态性”和“市场动态性”。

表 6-19 环境动态性正交旋转后的因素负荷矩阵

项目	因子 1	因子 2
行业的技术在过去几年里变化很快	0.821	0.313
行业的研发活动在过去两三年里显著增加	0.734	-0.313
产业技术的突破性发展促进了大量新产品产生	0.712	0.16
行业的产品和服务的淘汰率很高	0.239	0.777
客户总是倾向于寻求、尝试新的产品	0.315	0.642
新客户对产品的相关需求与原有客户明显不同	0.117	0.904

（二）验证性因子分析

因子分析分为探索性因子分析和验证性因子分析。探索性因子分析的目的是建立量表或问卷的建构效度，而验证性因子分析则是检验此建构效度的适切性和真实性（吴明隆，2009）。验证性因子分析往往通过结构方程建模进行测试，其中测量模型和结构模型是结构方程模型中的两个基本模型，前者描述的是潜在变量如何被相对应的显性指标所测量或概念化，后者描述的是潜在变量之间的关系。本研究接下来使用测量模型来分析显性指标与潜在变量的关系。

对于模型测量指标的选取，本研究根据 Breckler（1990）、侯杰泰等（2004）和荣泰生（2009）等学者的建议，选择绝对拟合优度与相对拟合优度作为模型整合拟合优度指标。具体采用的拟合度指标包括 IFI、TLI、CFI、RMSEA、SRMR 和 χ^2/df 等，具体判别标准如表 6-20 所示。

表 6-20 拟合度指标判别标准

指标名称	判别标准
χ^2/df	理论期望值为 1 χ^2/df 愈接近 1，表示模型拟合愈好 χ^2/df 接近 2 认为模型拟合较好 样本较大时，5 左右也可以接受

续表

指标名称	判别标准
IFI	取值在 0~1 之间，越接近 1 表示拟合越好；越接近 0 表示拟合越差 IFI > 0.90 认为拟合较好
TLI	取值在 0~1 之间，越接近 1 表示拟合越好，越接近 0 表示拟合越差 TLI > 0.90 认为拟合较好
CFI	取值在 0~1 之间，越接近 1 表示拟合越好，越接近 0 表示拟合越差 CFI≥0.90 认为拟合较好
RMSEA	越接近 0 表示拟合越好，离 0 越远表示拟合越差 RMSEA = 0 表示完全拟合；RMSEA < 0.05，表示模型接近拟合 0.05≤RMSEA≤0.08 表示模型拟合合理 0.08<RMSEA < 0.10 表示模型拟合一般 RMSEA≥0.10 表示模型拟合较差
SRMR	取值小于 0.05，越小越好

资料来源：笔者根据相关资料整理。

1. 创新绩效的验证性因子分析

运用 AMOS17.0 对创新绩效进行二阶验证性因子分析，创新绩效测量模型及拟合结果如表 6-21 所示。拟合效果结果表明，χ^2/df 为 1.701，小于 2；拟合指数 IFI、TLI、CFI 的值分别为 0.901、0.910、0.914，均大于 0.9；RMSEA 的值为 0.074，小于 0.08；SRMR 的值为 0.0314，小于 0.05。另外，变量的标准化一阶路径系数和二阶路径系数均在 $p<0.001$ 的水平上通过了显著性检验。因此，该模型具有较好的拟合效果，对创新绩效的测度是有效的。

表 6-21　创新绩效模型检验结果

维度	题项	二阶系数	一阶系数	C.R. 值	显著性
创新绩效	A1	0.914***	0.798	7.412	***
	A2		0.794	6.542	**
	A3		0.754	6.041	**
	A4		0.749	7.141	**
	A5		0.654	6.348	**
χ^2 = 274.151，χ^2/df = 1.701，IFI = 0.901，TLI = 0.910，CFI = 0.914，RMSEA = 0.0741，SRMR = 0.0314					

注：* 表示显著性水平 $p < 0.1$，** 表示显著性水平 $p < 0.05$，*** 表示显著性水平 $p < 0.01$。

2. 技术知识跨界搜寻的验证性因子分析

对技术知识跨界搜寻进行二阶验证性因子分析，技术知识跨界搜寻测量模型及拟合结果如表 6-22 所示。拟合效果结果表明，χ^2/df 为 1.842，小于 2；拟合指数 IFI 的值为 0.845，接近 0.90；TLI、CFI 的值分别为 0.942、0.924，均大于 0.9；RMSEA 的值为 0.0574，小于 0.08，接近 0.05；SRMR 的值为 0.0484，小于 0.05。另外，变量的标准化一阶路径系数和二阶路径系数均在 $p<0.001$ 的水平上通过了显著性检验。因此，该模型具有较好的拟合效果，对技术知识跨界搜寻的测度是有效的。

表 6-22 技术知识跨界搜寻模型检验结果

维度	题项	二阶系数	一阶系数	C.R. 值	显著性
跨认知技术知识搜寻	B1	0.724***	0.542	8.14	***
	B2		0.645	8.54	***
	B3		0.451	9.54	**
跨地域技术知识搜寻	B4	0.874**	0.654	8.21	**
	B5		0.704	8.49	**
	B6		0.814	7.54	***
$\chi^2=254.21$，$\chi^2/df=1.842$，IFI = 0.845，TLI = 0.942，CFI = 0.924，RMSEA = 0.0574，SRMR = 0.0484					

注：* 表示显著性水平 $p<0.1$，** 表示显著性水平 $p<0.05$，*** 表示显著性水平 $p<0.01$。

3. 市场知识跨界搜寻的验证性因子分析

对市场知识跨界搜寻进行二阶验证性因子分析，市场知识跨界搜寻测量模型及拟合结果如表 6-23 所示。拟合效果结果表明，χ^2/df 为 1.545，小于 2；拟合指数 IFI 的值为 0.951，大于 0.90；TLI、CFI 的值分别为 0.874、0.847，均接近 0.9；RMSEA 的值为 0.0341，小于 0.05；SRMR 的值为 0.0339，小于 0.05。另外，变

表 6-23 市场知识跨界搜寻模型检验结果

维度	题项	二阶系数	一阶系数	C.R. 值	显著性
跨认知市场知识搜寻	B7	0.845***	0.845	6.54	**
	B8		0.715	8.54	***
	B9		0.752	6.87	**
跨地域市场知识搜寻	B10	0.801***	0.746	7.58	***
	B11		0.697	8.41	**
	B12		0.704	8.49	***
$\chi^2=289.41$，$\chi^2/df=1.545$，IFI = 0.951，TLI = 0.874，CFI = 0.847，RMSEA = 0.0341，SRMR = 0.0339					

注：* 表示显著性水平 $p<0.1$，** 表示显著性水平 $p<0.05$，*** 表示显著性水平 $p<0.01$。

量的标准化一阶路径系数和二阶路径系数均在 $p<0.001$ 的水平上通过了显著性检验。因此，该模型具有较好的拟合效果，对市场知识跨界搜寻的测度是有效的。

4. 动态能力的验证性因子分析

对动态能力进行二阶验证性因子分析，动态能力测量模型及拟合结果如表 6-24 所示。拟合效果结果表明，χ^2/df 为 1.836，小于 2；拟合指数 IFI 的值为 0.820，接近 0.90；TLI、CFI 的值分别为 0.917、0.942，均大于 0.9；RMSEA 的值为 0.0418，小于 0.05；SRMR 的值为 0.0364，小于 0.05。另外，变量的标准化一阶路径系数和二阶路径系数均在 $p<0.001$ 的水平上通过了显著性检验。因此，该模型具有较好的拟合效果，对动态能力的测度是有效的。

表 6-24　动态能力模型检验结果

维度	题项	二阶系数	一阶系数	C.R. 值	显著性
资源整合能力	C1	0.865***	0.879	8.54	***
	C2		0.653	9.68	***
	C3		0.838	8.16	***
	C4		0.746	7.67	***
组织重构能力	C5	0.934***	0.704	7.59	***
	C6		0.733	7.01	**
	C7		0.600	7.16	**
	C8		0.576	9.48	***
$\chi^2=258.54$，$\chi^2/df=1.836$，IFI = 0.820，TLI = 0.917，CFI = 0.942，RMSEA = 0.0418，SRMR = 0.0364					

注：* 表示显著性水平 $p<0.1$，** 表示显著性水平 $p<0.05$，*** 表示显著性水平 $p<0.01$。

5. 环境动态性的验证性因子分析

对环境动态性进行二阶验证性因子分析，环境动态性测量模型及拟合结果如表 6-25 所示。拟合效果结果表明，χ^2/df 为 1.768，小于 2；拟合指数 IFI、TLI、CFI 的值分别为 0.945、0.947、0.917，均大于 0.9；RMSEA 的值为 0.0458，小于 0.05；SRMR 的值为 0.0474，小于 0.05。另外，变量的标准化一阶路径系数和二阶路径系数均在 $p<0.001$ 的水平上通过了显著性检验。因此，该模型具有较好的拟合效果，对环境动态性的测度是有效的。

表 6-25　环境动态性模型检验结果

维度	题项	二阶系数	一阶系数	C.R. 值	显著性
市场动态性	D1	0.904^{***}	0.561	8.47	***
	D2		0.601	11.01	***
	D3		0.588	9.68	***
知识动态性	D4	0.869^{***}	0.819	8.19	***
	D5		0.671	7.54	**
	D6		0.670	6.24	***
$\chi^2 = 263.11$，$\chi^2/df = 1.768$，IFI = 0.945，TLI = 0.947，CFI = 0.917，RMSEA = 0.0458，SRMR = 0.0474					

注：* 表示显著性水平 $p < 0.1$，** 表示显著性水平 $p < 0.05$，*** 表示显著性水平 $p < 0.01$。

第三节　研究结果及检验

采用层次回归分析来验证相关研究的假设。在对变量之间的因果关系进行回归分析之前，首先要对研究变量进行相关性分析，因为只有变量之间存在一定程度的相关性，变量之间才有可能存在因果关系。本书采用 Pearson 相关系数来检验自变量、因变量、中介变量和调节变量两两之间的简单相关关系。在回归分析中，本书将采用方差膨胀因子指数（Variance Inflation Factor，VIF）验证回归模型是否存在多重线性问题。一般情况下，回归模型中的 VIF 大于 0 小于 10 时，即可判定该回归模型不存在多重线性问题。

一、跨界搜寻与创新绩效关系的实证分析

（一）变量描述性统计与相关分析

表 6-26 是因变量创新绩效与自变量跨界搜寻的均值、标准差以及变量之间的相关系数矩阵。由该表可以看出，技术知识跨界搜寻、市场知识跨界搜寻与创新绩效的相关系数分别为 0.163 和 0.197，对应的 p 值小于 0.01，具有显著的统计学意义，跨认知技术知识搜寻、跨地域技术知识搜寻、跨认知市场知识搜寻、跨地域市场知识搜寻与创新绩效的相关系数分别为 0.158、0.131、0.146、0.182，

对应的 p 值小于 0.01，具有显著的统计学意义，说明自变量与因变量之间具有显著的正相关性，初步为跨界搜寻与创新绩效的研究假设提供了基础。

表 6–26 研究变量描述性统计与相关系数矩阵（一）

		创新绩效	技术知识跨界搜寻	跨认知技术知识搜寻	跨地域技术知识搜寻	市场知识跨界搜寻	跨认知市场知识搜寻	跨地域市场知识搜寻
创新绩效	Correlation	1.000	0.163**	0.158**	0.131**	0.197**	0.146**	0.182**
	Sig.		0.000	0.000	0.002	0.000	0.001	0.000
	N	289	289	289	289	289	289	289
技术知识跨界搜寻	Correlation	0.163**	1.000	0.842**	0.902**	0.540**	0.401**	0.496**
	Sig.	0.000		0.000	0.000	0.000	0.000	0.000
	N	289	289	289	289	289	289	289
跨认知技术知识搜寻	Correlation	0.158**	0.842**	1.000	0.526**	0.485**	0.354**	0.453**
	Sig.	0.000	0.000		0.000	0.000	0.000	0.000
	N	289	289	289	289	289	289	289
跨地域技术知识搜寻	Correlation	0.131**	0.902**	0.526**	1.000	0.463**	0.349**	0.419**
	Sig.	0.002	0.000	0.000		0.000	0.000	0.000
	N	289	289	289	289	289	289	289
市场知识跨界搜寻	Correlation	0.197**	0.540**	0.485**	0.463**	1.000	0.859**	0.775**
	Sig.	0.000	0.000	0.000	0.000		0.000	0.000
	N	289	289	289	289	289	289	289
跨认知市场知识搜寻	Correlation	0.146**	0.401**	0.354**	0.349**	0.859**	1.000	0.342**
	Sig.	0.001	0.000	0.000	0.000	0.000		0.000
	N	289	289	289	289	289	289	289
跨地域市场知识搜寻	Correlation	0.182**	0.496**	0.453**	0.419**	0.775**	0.342**	1.000
	Sig.	0.000	0.000	0.000	0.000	0.000	0.000	
	N	289	289	289	289	289	289	289
均值		4.046	3.979	4.063	3.895	3.993	4.005	3.980
标准差		0.379	0.415	0.420	0.527	0.365	0.492	0.398

注：** 表示显著性水平 $p < 0.01$，* 表示显著性水平 $p < 0.05$。

（二）跨界搜寻对创新绩效的影响作用

选用层次回归分析验证了跨界搜寻与科技型中小企业创新绩效之间的关系，包括 4 个研究假设：假设 1、1a、1b 分别是技术知识跨界搜寻及其两个维度（跨认知技术知识搜寻和跨地域技术知识搜寻）对创新绩效均具有正向影响作用；假设 2、2a、2b 分别是市场知识跨界搜寻及其两个维度（跨认知市场知识搜寻和跨地域市场知识搜寻）对创新绩效均具有正向影响作用；假设 3 和假设 4 是一对竞争性假设，假设 3 是与市场知识跨界搜寻相比，技术知识跨界搜寻对创新绩效的影响更大，假设 4 是与技术知识跨界搜寻相比，市场知识跨界搜寻对创新绩效的影响更大。

表 6–27 是对跨界搜寻与科技型中小企业创新绩效的关系进行的层次回归分析检验。3 个模型的因变量均为创新绩效。模型 1 中的自变量仅包括冗余资源、企业年龄、企业性质、企业规模、企业研发强度等控制变量，即为了检验控制变量对创新绩效的影响。模型 2 在模型 1 的基础上加入了自变量技术知识跨界搜寻和市场知识跨界搜寻，以检验技术知识跨界搜寻与市场知识跨界搜寻对企业创新绩效的影响。模型 3 在模型 1 的基础上加入自变量技术知识跨界搜寻的两个维度跨认知技术知识搜寻与跨地域技术知识搜寻和市场知识跨界搜寻的两个维度跨认知市场知识搜寻与跨地域市场知识搜寻，即为了检验跨认知技术知识搜寻、跨地域技术知识搜寻、跨认知市场知识搜寻和跨地域市场知识搜寻对企业创新绩效的

表 6–27 跨界搜寻对创新绩效影响作用分析结果

变量	模型 1	模型 2	模型 3
	创新绩效	创新绩效	创新绩效
冗余资源	0.162***	0.161***	0.173***
企业年龄	0.0248	0.0236	0.0242
企业性质	−0.0619**	−0.0611**	−0.0591**
企业规模	−0.0165	−0.0165	−0.0178
研发强度	−0.0146	−0.013	−0.0192
技术知识跨界搜寻		0.217**	
市场知识跨界搜寻		0.256**	
跨认知技术知识搜寻			0.216**
跨地域技术知识搜寻			0.264*
跨认知市场知识搜寻			0.218**
跨地域市场知识搜寻			0.243***
_cons	2.321***	2.677***	2.633***
R Square	0.264	0.411	0.417
Adjusted R Square	0.256	0.3999	0.4035
F	11.46***	9.83***	8.14***
VIF	≤2.76	≤2.82	≤2.82

注：* 表示显著性水平 $p<0.1$，** 表示显著性水平 $p<0.05$，*** 表示显著性水平 $p<0.01$。

影响。分析结果显示，三个模型的 F 统计量均在 0.01 水平上显著，回归模型通过显著性检验，说明整体上自变量与因变量之间具有显著的线性关系。此外，各个回归模型的 VIF 值均小于 3，通过多重共线性检验。

从表 6-27 的回归分析结果可以看出，在模型 2 中，技术知识跨界搜寻显著正向影响创新绩效（$b=0.217$，$p<0.01$），市场知识跨界搜寻显著正向影响创新绩效（$b=0.256$，$p<0.01$），假设 1 和假设 2 得到验证。市场知识跨界搜寻的回归系数大于技术知识跨界搜寻的回归系数（$0.256>0.217$），意味着市场知识跨界搜寻对科技型中小企业创新绩效有更大的正向影响，因此假设 4 得到支持，假设 3 未得到支持。在模型 3 中，技术知识跨界搜寻的两个维度跨认知技术知识搜寻和跨地域技术知识搜寻的回归系数为正且显著，分别为 0.216（$p<0.05$）和 0.264（$p<0.1$），意味着跨认知技术知识搜寻、跨地域技术知识搜寻对科技型中小企业创新绩效有显著的正向影响，假设 1a 和假设 1b 得到验证；市场知识跨界搜寻的两个维度跨认知市场知识搜寻和跨地域市场知识搜寻的回归系数为正且显著，分别为 0.218（$p<0.05$）和 0.243（$p<0.01$），意味着跨认知市场知识搜寻、跨地域市场知识搜寻对科技型中小企业创新绩效有显著的正向影响，假设 2a 和假设 2b 得到验证。

研究还发现，控制变量组织冗余资源显著正向影响企业的创新绩效（$b=0.162$，$p<0.01$），说明企业的冗余资源越充足和越丰富，越有利于提升企业的创新绩效，这与以往的研究结论相一致。企业性质显著负向影响科技型中小企业的创新绩效（$b=-0.0619$，$p<0.05$），说明对于国有企业、民营企业、合资企业与外资企业而言，他们对企业创新绩效的影响作用依次减弱，可能的原因是国有企业的创新动力和积极性较差，相对而言，外资企业的创新水平最高，这也间接地说明我国国有企业的创新水平相对较差的原因。但是本研究并未发现控制变量企业年龄、企业规模和研发强度对科技型中小企业创新绩效的显著影响。企业年龄未通过显著性检验的可能原因是我国科技型中小企业成立年限相对较短，但产品或服务的销售增长幅度却很大；企业规模未通过显著性检验的可能原因是科技型中小企业的创新绩效可能受行业自然增长所致；研发强度未通过显著性检验的可

能原因是由于我国创新体制和环境的不完善，创新企业的创新收益保障性较差，创新风险和创新成本较高，导致企业自主创新动力不足，不愿意加大创新投入。

二、动态能力中介作用的实证分析

（一）变量描述性统计与相关分析

表 6–28 是因变量创新绩效、自变量技术知识跨界搜寻、市场知识跨界搜寻、中介变量资源整合能力、组织重构能力的均值、标准差以及变量之间的相关系数矩阵。结果显示，因变量创新绩效与自变量技术知识跨界搜寻和市场知识跨界搜寻的相关系数分别为 0.163 和 0.197，对应的 p 值小于 0.01，具有显著的统计学意义，说明技术知识跨界搜寻和市场知识跨界搜寻与创新绩效具有显著的正相关性；自变量技术知识跨界搜寻和市场知识跨界搜寻与中介变量资源整合能力的相关系数分别为 0.282 和 0.147，对应的 p 值小于 0.01，具有显著的统计学意义，自变量技术知识跨界搜寻和市场知识跨界搜寻与中介变量组织重构能力的相关系数分别为 0.231 和 0.433，对应的 p 值小于 0.01，具有显著的统计学意义，说明技术知识跨界搜寻和市场知识跨界搜寻与动态能力具有显著的正相关性；资源整合能力和组织重构能力与因变量创新绩效的相关系数为 0.549 和 0.239，对应的 p 值小于 0.01，具有显著的统计学意义，说明动态能力与创新绩效具有显著的正相关性。

表 6–28 研究变量描述性统计与相关系数矩阵（二）

		创新绩效	技术知识跨界搜寻	市场知识跨界搜寻	资源整合能力	组织重构能力
创新绩效	Correlation	1.000	0.163**	0.197**	0.549**	0.239**
	Sig.		0.000	0.000	0.000	0.000
	N	289	289	289	289	289
技术知识跨界搜寻	Correlation	0.163**	1.000	0.540**	282**	0.231**
	Sig.	0.000		0.000	0.000	0.000
	N	289	289	289	289	289
市场知识跨界搜寻	Correlation	0.197**	0.540**	1.000	0.147**	0.433**
	Sig.	0.000	0.000		0.000	0.000
	N	289	289	289	289	289

续表

		创新绩效	技术知识跨界搜寻	市场知识跨界搜寻	资源整合能力	组织重构能力
资源整合能力	Correlation	0.549**	0.282**	0.147**	1.000	0.225**
	Sig.	0.000	0.000	0.000		0.000
	N	289	289	289	289	289
组织重构能力	Correlation	0.239**	0.231**	0.433**	0.225**	1.000
	Sig.	0.000	0.000	0.000	0.000	
	N	289	289	289	289	289
均值		4.046	3.979	3.993	4.090	3.977
标准差		0.379	0.415	0.365	0.415	0.391

注：** 表示显著性水平 $p < 0.01$，* 表示显著性水平 $p < 0.05$。

（二）跨界搜寻对动态能力的影响作用

假设 5、5a、5b 是技术知识跨界搜寻分别对动态能力及其两个维度具有正向影响作用，假设 6、6a、6b 是市场知识跨界搜寻分别对动态能力及其两个维度具有正向影响作用。表 6–29 是跨界搜寻对动态能力及其两个维度影响作用的回归分析检验，即为了检验技术知识跨界搜寻和市场知识跨界搜寻给动态能力带来的影响。其中模型 1 是动态能力为因变量，技术知识跨界搜寻和市场知识跨界搜寻为自变量，冗余资源、企业年龄、企业性质、企业规模、研发强度为控制变量的模型，即为了检验技术知识跨界搜寻和市场知识跨界搜寻对动态能力的影响；模型 2 是资源整合能力为因变量，技术知识跨界搜寻和市场知识跨界搜寻为自变量，冗余资源、企业年龄、企业性质、企业规模、研发强度为控制变量的模型，即为了检验技术知识跨界搜寻和市场知识跨界搜寻对动态能力的资源整合能力的影响；模型 3 是组织重构能力为因变量，技术知识跨界搜寻和市场知识跨界搜寻为自变量，冗余资源、企业年龄、企业性质、企业规模、研发强度为控制变量的模型，即为了检验技术知识跨界搜寻和市场知识跨界搜寻对动态能力的组织重构能力的影响。分析结果显示，三个模型的 F 统计量均在 0.01 水平下显著，回归模型通过显著性检验，说明整体上自变量和中介变量之间存在显著的线性关系。此外，各个回归模型的 VIF 值接近于 3 或小于 3，通过多重共线性检验。

从表 6–29 中可以看出，在模型 1 中，技术知识跨界搜寻显著正向影响动态能力（b = 0.151，p < 0.01），市场知识跨界搜寻显著正向影响动态能力（b = 0.204，p < 0.01），假设 5 和假设 6 得到验证。在模型 2 中，具体到动态能力的两个维度，技术知识跨界搜寻对资源整合能力的影响均不显著，假设 5a 没有得到验证；技术知识跨界搜寻对组织重构能力（b = 0.127，p < 0.05）具有显著正向影响，假设 5b 得到验证；市场知识跨界搜寻对资源整合能力（b = 0.233，p < 0.01）具有显著正向影响，假设 6a 得到验证；市场知识跨界搜寻对组织重构能力（b = 0.431，p < 0.01）具有显著正向影响，假设 6b 得到验证。

表 6-29 跨界搜寻对动态能力影响作用结果分析

变量	模型 1-1	模型 1-2	模型 2-1	模型 2-2	模型 3-1	模型 3-2
	动态能力		资源整合能力		组织重构能力	
冗余资源	0.214***	0.210***	0.211***	0.206***	0.254***	0.213***
企业年龄	0.011*	0.010	0.0297*	0.0323*	-0.018	-0.013
企业性质	-0.0412*	-0.0340*	0.0141	0.0125	-0.1241***	-0.0805***
企业规模	-0.0206	-0.0152	-0.0461***	-0.0415***	0.0214	0.0111
研发强度	0.00142	0.0133	0.0124	0.0105	-0.0387***	-0.0371**
技术知识跨界搜寻		0.151***		0.059	0.254***	0.233**
市场知识跨界搜寻		0.204***		0.127***	0.514***	0.431***
_cons	1.987***	1.981***	2.542***	2.346***	2.013***	1.616***
R Square	0.2341	0.3127	0.2214	0.2789	0.2145	0.3086
Adjusted R Square	0.2254	0.3039	0.2147	0.2685	0.2014	0.2998
F	29.54***	35.74***	12.54***	17.12***	29.54***	35.07***
VIF	≤2.54	≤3.41	≤2.54	≤3.93	≤2.54	≤2.78

注：* 表示显著性水平 p < 0.1，** 表示显著性水平 p < 0.05，*** 表示显著性水平 p < 0.01。

（三）动态能力对创新绩效的影响作用

假设 7、7a、7b 分别是动态能力及其两个维度对科技型中小企业创新绩效具有正向影响作用。表 6-30 是动态能力及其两个维度对创新绩效影响作用的回归分析检验，即为了检验动态能力给企业创新绩效带来的影响。其中，模型 1 是创新绩效为因变量，动态能力为自变量，冗余资源、企业年龄、企业性质、企业规模、研发强度为控制变量的模型；模型 2 是创新绩效为因变量，资源整合能力为自变量，冗余资源、企业年龄、企业性质、企业规模、研发强度为控制变量的模型；模型 3 是创新绩效为因变量，组织重构能力为自变量，冗余资源、企业年龄、企业性质、企业规模、研发强度为控制变量的模型。分析结果显示，三个模型的 F 统计量均在 0.01 水平下显著，回归模型通过显著性检验，说明整体上中介变量和因变量之间存在显著的线性关系。此外，各个回归模型的 VIF 值接近于 3 或小于 3，通过多重共线性检验。

从表 6-30 中可以看出，在模型 1 中，动态能力显著正向影响创新绩效（$b=0.587$，$p<0.01$）；在模型 2 中，资源整合能力显著正向影响创新绩效（$b=0.489$，$p<0.01$）；在模型 3 中，组织重构能力显著正向影响创新绩效（$b=0.159$，$p<0.01$）。假设 7、假设 7a 和假设 7b 均通过验证。

表 6-30　动态能力对创新绩效影响作用结果分析

因变量	模型 1	模型 2	模型 3	模型 4
	创新绩效	创新绩效	创新绩效	创新绩效
冗余资源	0.162***	0.0391	0.0657***	0.132***
企业年龄	0.0248	0.0185	0.0152	0.0273
企业性质	-0.0619**	-0.0363	-0.0527**	-0.0171
企业规模	-0.0165	-0.00636	0.00828	-0.0107
研发强度	-0.0146	0.00535	-0.0257*	-0.00525
动态能力		0.587***		
资源整合能力			0.489***	
组织重构能力				0.159***
_cons	2.321***	1.603***	1.926***	2.943***
R Square	0.264	0.314	0.325	0.334
Adjusted R Square	0.256	0.046	0.016	0.001
F	11.46***	33.43***	34.29***	39.20***
VIF	≤2.76	≤3.23	≤2.13	≤2.34

注：* 表示显著性水平 $p<0.1$，** 表示显著性水平 $p<0.05$，*** 表示显著性水平 $p<0.01$。

（四）跨界搜寻与创新绩效：动态能力的中介作用

目前，管理学研究对于动态能力的中介作用检验大多是采用 Baron 和 Kenny（1986）所提出的经典三步法检验：第一步，检验自变量与因变量之间是否存在显著线性关系，如果存在，进行第二步，如果不存在，说明不存在中介作用，检验停止；第二步，检验自变量与中介变量之间是否存在显著线性关系，如果存在，进行第三步，如果不存在，停止检验；第三步，在验证中介变量与因变量之间具有显著线性关系的基础上，检验控制中介变量后，自变量和因变量之间是否存在显著线性关系，如果结果不显著，说明中介变量起到了完全中介效应，如果结果显著且线性关系明显减小，说明中介变量起到了部分中介作用。

假设 8a、8b 分别是技术知识跨界搜寻和市场知识跨界搜寻在动态能力与科技型中小企业创新绩效之间关系的中介作用。表 6–31 是动态能力的中介作用回归分析检验。其中，模型 1 中的自变量仅包括控制变量，即为了检验企业冗余资源、企业年龄、企业性质、企业规模、企业研发强度给企业创新绩效带来的影响。模型 2 在模型 1 的基础上加入了自变量技术知识跨界搜寻和市场知识跨界搜寻，以检验技术知识跨界搜寻与市场知识跨界搜寻对企业创新绩效的影响。模型 3 在模型 2 的基础上加入中介变量动态能力。分析结果显示，三个模型的 F 统计量均在 0.01 水平下显著，回归模型通过显著性检验，说明模型整体上存在显著的线性关系。此外，各个回归模型的 VIF 值接近于 3 或小于 3，通过多重共线性检验。

从表 6–31 中可以看出，在模型 2 中，技术知识跨界搜寻显著正向影响创新绩效（$b = 0.217$，$p < 0.05$），市场知识跨界搜寻显著正向影响创新绩效（$b = 0.256$，$p < 0.05$）；在模型 3 引入中介变量动态能力以后，动态能力与创新绩效之间存在显著线性关系（$b = 0.574$，$p < 0.01$），而技术知识跨界搜寻（$b = 0.131$，$p < 0.01$）、市场知识跨界搜寻（$b = 0.191$，$p < 0.01$）对创新绩效的正向影响效应仍然显著，但是影响作用下降了，说明动态能力在技术知识跨界搜寻与创新绩效之间起到部分中介作用，假设 8a 和假设 8b 得到验证。

表 6–31　跨界搜寻与创新绩效：动态能力的中介作用结果分析

变量	模型 1	模型 2	模型 3
	创新绩效	创新绩效	创新绩效
冗余资源	0.162***	0.161***	0.041**
企业年龄	0.0248	0.0236	0.0181
企业性质	−0.0619**	−0.0611**	−0.0416*
企业规模	−0.0165	−0.0165	−0.00779
研发强度	−0.0146	−0.013	0.0054

续表

变量	模型 1	模型 2	模型 3
	创新绩效	创新绩效	创新绩效
技术知识跨界搜寻		0.217**	0.131***
市场知识跨界搜寻		0.256**	0.191***
动态能力			0.574***
_cons	2.321***	2.677***	1.540***
R Square	0.264	0.411	0.4675
Adjusted R Square	0.256	0.3999	0.4568
F	11.46***	9.83***	55.05***
VIF	≤2.76	≤2.82	≤3.16

注：* 表示显著性水平 $p<0.1$，** 表示显著性水平 $p<0.05$，*** 表示显著性水平 $p<0.01$。

三、环境动态性调节作用的实证分析

（一）变量描述性统计与相关分析

表 6–32 是因变量创新绩效、自变量技术知识跨界搜寻和市场知识跨界搜寻、中介变量动态能力、调节变量市场动态性和技术动态性的均值、标准差以及变量之间的相关系数矩阵。结果显示，市场动态性与创新绩效、技术知识跨界搜寻、市场知识跨界搜寻、动态能力的相关系数分别是 0.345（$p<0.01$）、0.141（$p<0.01$）、0.208（$p<0.01$）、0.115（$p<0.01$），说明市场动态性与因变量、自变量和中介变量具有显著正相关关系；技术动态性与创新绩效和动态能力的相关系数为 0.314（$p<0.01$）和 0.242（$p<0.01$），说明技术动态性与创新绩效和动态能力具有显著正相关关系；技术动态性与市场知识跨界搜寻的相关系数为–0.104（$p<0.05$），说明二者之间具有显著负相关关系；技术动态性与技术知识跨界搜寻没有显著相关关系。

表 6-32 研究变量描述性统计与相关系数矩阵（三）

		创新绩效	技术知识跨界搜寻	市场知识跨界搜寻	动态能力	市场动态性	技术动态性
创新绩效	Correlation	1.000	0.163**	0.197**	0.509**	0.345**	0.314**
	Sig.		0.000	0.000	0.000	0.001	0.000
	N	289	289	289	289	289	289
技术知识跨界搜寻	Correlation	0.163**	1.000	0.540**	0.329**	0.141**	−0.243
	Sig.	0.000		0.000	0.000	0.001	0.000
	N	289	289	289	289	289	289
市场知识跨界搜寻	Correlation	0.197**	0.540**	1.000	0.365**	0.208**	−0.104*
	Sig.	0.000	0.000		0.000	0.000	0.000
	N	289	289	289	289	289	289
动态能力	Correlation	0.509**	0.329**	0.365**	1.000	0.115**	0.242**
	Sig.	0.000	0.000	0.000		0.007	0.000
	N	289	289	289	289	289	289
市场动态性	Correlation	0.345**	0.141**	0.208**	0.115**	1.000	0.239**
	Sig.	0.001	0.001	0.000	0.007		0.000
	N	289	289	289	289	289	289
技术动态性	Correlation	0.314	−0.243	−0.104*	0.242	0.239**	1.000
	Sig.	0.000	0.000	0.000	0.000	0.000	
	N	289	289	289	289	289	289
均值		4.046	3.979	3.993	4.031	4.240	3.280
标准差		0.379	0.415	0.365	0.315	0.415	0.616

注：** 表示显著性水平 $p < 0.01$，* 表示显著性水平 $p < 0.05$。

（二）跨界搜寻与创新绩效：环境动态性的调节作用

假设 9a、9b 是市场动态性在跨界搜寻与科技型中小企业创新绩效关系的调节作用，假设 10a、10b 是技术动态性在跨界搜寻与科技型中小企业创新绩效关系的调节作用。表 6-33 是环境动态性的调节作用回归分析检验。四个模型均以创新绩效为因变量，其中，模型 1 包含了冗余资源、企业年龄、企业性质、企业规模、研发强度等控制变量，以及技术知识跨界搜寻和市场知识跨界搜寻两个自变量，即为了检验技术知识跨界搜寻和市场知识跨界搜寻对创新绩效的影响；模型 2 在模型 1 的基础上加入调节变量市场动态性和技术动态性；模型 3 在模型 2 的基础上加入技术知识跨界搜寻、市场知识跨界搜寻与市场动态性的交互项，即为了检验市场动态性对技术知识跨界搜寻、市场知识跨界搜寻与创新绩效关系的调节作用；模型 4 在模型 2 的基础上加入技术知识跨界搜寻、市场知识跨界搜寻与技术动态性的交互项，为了检验技术动态性对技术知识跨界搜寻、市场知识跨界搜寻与创新绩效关系的调节作用。分析结果显示，四个模型的 F 统计量均在 0.01 水平下显著，回归模型通过显著性检验，说明模型整体上存在显著的线性关系。此外，各个回归模型的 VIF 值接近于 3 或小于 3，通过多重共线性检验。

表 6-33　跨界搜寻与创新绩效：环境动态性的调节作用分析结果

变量	模型 1	模型 2	模型 3	模型 4
	创新绩效	创新绩效	创新绩效	创新绩效
冗余资源	0.161***	0.156***	0.149***	0.152***
企业年龄	0.0236	0.0235	0.0247	0.0249
企业性质	-0.0611**	-0.0547*	-0.0687**	-0.0875**
企业规模	-0.0165	-0.0241	-0.0218	-0.0234
研发强度	-0.013	-0.025	-0.028	-0.034
技术知识跨界搜寻（TS）	0.217**	0.187**	0.172**	0.165**
市场知识跨界搜寻（MS）	0.256**	0.129**	0.159**	-0.143**
市场动态性（MD）		-0.254***	-0.218***	-0.226***
技术动态性（TD）		-0.217***	-0.198***	-0.181***
TS × MD			0.059***	
MS × MD			0.062***	
TS × TD				0.012
MS × TD				-0.067**
Constant	2.677***	2.544***	2.319***	2.108***
R Square	0.411	0.456	0.524	0.508
Adjusted R Square	0.3999	0.439	0.517	0.503
F	9.83***	19.54***	35.49***	32.14***
VIF	≤2.82	≤3.54	≤3.76	≤3.83

注：* 表示显著性水平 $p<0.1$，** 表示显著性水平 $p<0.05$，*** 表示显著性水平 $p<0.01$。

从表 6-33 中可以看出，市场动态性与技术知识跨界搜寻的交互项为正且显著（$b=0.059$，$p<0.01$），市场动态性与市场知识跨界搜寻的交互项为正且显著（$b=0.062$，$p<0.01$）；技术动态性与技术知识跨界搜寻的交互项为负但不显著，市场动态性与市场知识跨界搜寻的交互项为负且显著（$b=-0.067$，$p<0.01$）。说明市场动态性对技术知识跨界搜寻与创新绩效之间的关系具有显著正向影响，假设 9a 通过验证；市场动态性对市场知识跨界搜寻与创新绩效之间的关系具有显

著正向影响，假设 9b 通过验证；技术动态性对技术知识跨界搜寻与创新绩效之间的关系没有显著的调节作用，假设 10a 没有通过验证；市场动态性对市场知识跨界搜寻与创新绩效之间的关系具有显著负向影响，假设 9b 通过验证。

（三）动态能力与创新绩效：环境动态性的调节作用

假设 11a、11b 是市场动态性和技术动态性在动态能力与科技型中小企业创新绩效关系的调节作用。表 6-34 是环境动态性在动态能力与创新绩效关系的调节作用回归分析检验。四个模型均以创新绩效为因变量，其中，模型 1 包含了冗余资源、企业年龄、企业性质、企业规模、研发强度等控制变量，以及动态能力这一中介变量，即为了检验动态能力对创新绩效的影响；模型 2 在模型 1 的基础上加入调节变量市场动态性和技术动态性；模型 3 在模型 2 的基础上加入动态能力与市场动态性的交互项，即为了检验市场动态性对动态能力与创新绩效关系的调节作用；模型 4 在模型 2 的基础上加入动态能力与技术动态性的交互项，即为了检验技术动态性对动态能力与创新绩效关系的调节作用。分析结果显示，三个

表 6-34 动态能力与创新绩效：环境动态性的调节作用分析结果

变量	模型 1	模型 2	模型 3	模型 4
	创新绩效	创新绩效	创新绩效	创新绩效
冗余资源	0.0391	0.192**	0.154**	0.254**
企业年龄	0.0185	0.0645	0.0632*	0.487*
企业性质	-0.0363	-0.0367*	-0.0542*	-0.0544*
企业规模	-0.00636	-0.0249	-0.0158	-0.0208
研发强度	0.00535	-0.2458	-0.1874	-0.01654
动态能力	0.587***	0.2574**	0.2453***	0.2148***
市场动态性		-0.3212***	-0.3014***	-0.3157***
技术动态性		-0.2483**	-0.2305***	-0.2287***
动态能力 × 市场动态性			0.0987***	
动态能力 × 技术动态性				0.1157***
Constant	1.603***	1.545***	2.067***	2.218***
R Square	0.314	0.487	0.501	0.514
Adjusted R Square	0.046	0.479	0.487	0.483
F	33.43***	35.54***	41.29***	45.54***
VIF	≤3.23	≤4.36	≤5.47	≤5.31

注：* 表示显著性水平 $p<0.1$，** 表示显著性水平 $p<0.05$，*** 表示显著性水平 $p<0.01$。

模型的 F 统计量均在 0.01 水平下显著，回归模型通过显著性检验，说明模型整体上存在显著的线性关系。此外，各个回归模型的 VIF 值接近于 3 或小于 10，通过多重共线性检验。

从表 6-34 中可以看出，市场动态性与动态能力的交互项为正且显著（$b=0.0987$，$p<0.01$），技术动态性与动态能力的交互项为正且显著（$b=0.1157$，$p<0.01$）。说明市场动态性对动态能力与创新绩效之间的关系具有显著正向影响，假设 11a 通过验证；技术动态性对动态能力与创新绩效之间的关系具有显著正向影响，假设 11b 通过验证。

（四）研究假设总体检验结果

以我国科技型中小企业为研究对象，对跨界搜寻、动态能力、环境动态性与企业创新绩效之间的关系进行分析并验证相关研究假设，具体研究假设结果如表 6-35 所示。

表 6-35　研究假设汇总表

分类	编号	假设内容	结果
跨界搜寻与创新绩效	H1	技术知识跨界搜寻对科技型中小企业创新绩效有正向影响	成立
	H1a	跨认知技术知识搜寻对科技型中小企业创新绩效有正向影响	成立
	H1b	跨地域技术知识搜寻对科技型中小企业创新绩效有正向影响	成立
	H2	市场知识跨界搜寻对科技型中小企业创新绩效有正向影响	成立
	H2a	跨认知市场知识搜寻对科技型中小企业创新绩效有正向影响	成立
	H2b	跨地域市场知识搜寻对科技型中小企业创新绩效有正向影响	成立
	H3	与市场知识跨界搜寻相比，技术知识跨界搜寻对科技型中小企业创新绩效有更大的正向影响	不成立
	H4	与技术知识跨界搜寻相比，市场知识跨界搜寻对科技型中小企业创新绩效有更大的正向影响	成立
跨界搜寻与动态能力	H5	技术知识跨界搜寻对动态能力具有正向影响	成立
	H5a	技术知识跨界搜寻对资源整合能力具有正向影响	不成立
	H5b	技术知识跨界搜寻对组织重构能力具有正向影响	成立
	H6	市场知识跨界搜寻对动态能力具有正向影响	成立
	H6a	市场知识跨界搜寻对资源整合能力具有正向影响	成立
	H6b	市场知识跨界搜寻对组织重构能力具有正向影响	成立
动态能力与创新绩效	H7	动态能力对科技型中小企业创新绩效具有正向影响	成立
	H7a	资源整合能力对科技型中小企业创新绩效具有正向影响	成立
	H7b	组织重构能力对科技型中小企业创新绩效具有正向影响	成立

续表

分类	编号	假设内容	结果
动态能力中介作用	H8a	动态能力在技术知识跨界搜寻与科技型中小企业创新绩效的关系中起中介作用	成立
	H8b	动态能力在市场知识跨界搜寻与科技型中小企业创新绩效的关系中起中介作用	成立
环境动态性调节作用	H9a	市场动态性在技术知识跨界搜寻与科技型中小企业创新绩效之间起正向调节作用	成立
	H9b	市场动态性在市场知识跨界搜寻与科技型中小企业创新绩效之间起正向调节作用	成立
	H10a	技术动态性在技术知识跨界搜寻与科技型中小企业创新绩效之间起正向调节作用	不成立
	H10b	技术动态性在市场知识跨界搜寻与科技型中小企业创新绩效之间起负向调节作用	成立
	H11a	市场动态性在动态能力与科技型中小企业创新绩效之间起正向调节作用	成立
	H11b	技术动态性在动态能力与科技型中小企业创新绩效之间起正向调节作用	成立

第四节　研究结果分析

一、跨界搜寻影响创新绩效的结果分析

关于跨界搜寻对科技型中小企业创新绩效的影响效应，实证检验结果表明，技术知识跨界搜寻及其两个维度跨认知技术知识搜寻和跨地域技术知识搜寻对科技型中小企业创新绩效均具有显著的正向影响；市场知识跨界搜寻及其两个维度跨认知市场知识搜寻和跨地域市场知识搜寻对科技型中小企业创新绩效均具有显著的正向影响；与技术知识跨界搜寻相比，市场知识跨界搜寻对科技型中小企业创新绩效的促进作用更明显。

首先，技术知识跨界搜寻和市场知识跨界搜寻对科技型中小企业创新绩效存在重要的促进作用。说明科技型中小企业对外部技术知识和市场知识的探索程度

越高，企业创新绩效水平越高。这一结论与 Rosenkopf 和 Nerkar（2001）、Ahuja 和 Lampert（2001）、Katila 和 Ahuja（2002）、Henttonen 等（2011）、Wu 等（2013）、马如飞（2009）、张文红和赵亚普（2013）、奉小斌和陈丽琼（2014）等多位学者的研究结果是一致的。企业成功的创新同时需要技术知识和市场知识（Teece，1986），对外部技术知识和市场知识的主动搜寻不仅有利于科技型中小企业解决创新过程中遇到的问题，还有利于企业获取丰富的异质性知识，弥补企业创新资源的匮乏和内部技术的不足，促进企业知识的重新组合，推动技术创新的发展，进而提升企业创新绩效。此外，跨界搜寻对创新绩效的正向影响间接地说明，我国科技型中小企业跨界搜寻并不存在过度搜寻行为。一方面该结果证实了 Vrande 等（2009）的研究结论，即中小企业创新开放度远小于大型企业，过度开放通常存在于大型企业中①；另一方面该结果与我国学者陈钰芬和陈劲②（2008）、张峰和刘侠（2014）、陈君达和邬爱其（2011）等人的研究结论相吻合，即我国大部分企业，尤其是中小企业的创新开放度以及知识搜寻行为基本没有达到阈值，不存在过度开放或过度搜寻的问题。

其次，与技术知识跨界搜寻相比，市场知识跨界搜寻所提供的创新资源对科技型中小企业创新绩效的促进作用更大。以往跨界搜寻研究主要集中在企业对组织外部技术知识的搜寻行为，而忽视了企业市场知识跨界搜寻行为，本研究同时将技术知识跨界搜寻和市场知识跨界搜寻纳入到同一个研究框架，并对比分析技术知识跨界搜寻与市场知识跨界搜寻对科技型中小企业创新绩效的影响程度。实证分析结果表明，市场知识跨界搜寻对创新绩效的影响（$b=0.256$，$p<0.05$）大于技术知识跨界搜寻对创新绩效的影响（$b=0.217$，$p<0.05$）。说明科技型中小企业对市场知识的跨界搜寻行为更有利于解决企业的创新问题，进而提升企业的创新产出。对于这一结果，可能的原因是我国科技型中小企业更多地是以市场导向作为创新活动的基础，以满足顾客的需求作为创新的出发点，企业为了创造较高

---

① Van de Vrande V., De Jong J. P. J., Vanhaverbeke W., et al. Open innovation in SMEs: Trends, motives and management challenges [J]. Technovation, 2009, 29 (6): 423-437.

② 陈钰芬，陈劲. 开放度对企业技术创新绩效的影响 [J]. 科学学研究，2008 (2): 419-426.

市场价值的产品或服务，更加深入地了解市场潜在需求，收集国内外市场信息和市场情报，市场知识搜寻比技术知识搜寻更容易为科技型中小企业带来创新绩效上的提升。

最后，跨认知技术知识搜寻、跨地域技术知识搜寻、跨认知市场知识搜寻、跨地域市场知识搜寻四个维度均对科技型中小企业的创新绩效有显著的正向促进作用。本研究将技术知识跨界搜寻的两个维度和市场知识搜寻的两个维度同时放到回归模型中，从回归系数的比较看，跨地域技术知识搜寻（$b=0.264$，$p<0.1$）对创新绩效的影响大于跨认知技术知识搜寻（$b=0.216$，$p<0.05$）对创新绩效的影响，跨地域市场知识搜寻对创新绩效的正向影响（$b=0.243$，$p<0.01$）大于跨认知市场知识搜寻（$b=0.218$，$p<0.05$）对创新绩效的正向影响，说明跨越地理边界的知识搜寻行为对科技型中小企业创新绩效的正向影响大于跨越认知边界的知识搜寻行为对创新绩效的正向影响。这一结果与马如飞（2009）、李晓翔和霍国庆（2013）等学者的研究结论一致，虽然跨地域知识搜寻会因知识的黏滞性、地理距离的增加和文化制度的差异等影响而增加知识转移难度，但这类知识的可用性更高，更容易吸收，加之经济全球化以及互联网的发展降低了知识在空间上转移的难度，从而增加了跨地域知识搜寻对科技型中小企业创新产出的积极作用。虽然源于其他技术领域的新技术知识和源于其他业务范围的市场知识可能会为企业带来非常巨大的市场空间和回报，但这些知识的排他性较高，对于吸收能力较弱的中小企业来说，对这些知识的搜寻无疑增加了企业知识整合成本，提高了新技术和新产品商业化的风险，降低了搜寻对企业创新绩效的积极影响。

二、跨界搜寻影响动态能力的结果分析

关于跨界搜寻对动态能力的影响效应，实证研究结果表明，技术知识跨界搜寻对动态能力具有显著正向影响；市场知识跨界搜寻对动态能力具有显著正向影响，意味着跨界搜寻有助于动态能力的提升。这一研究结论与 Ambrosini 和 Bowman（2009）、马如飞（2009）、肖丁丁（2013）、赵亚普等（2014）等诸多学者的研究结论是一致的，拥有足够的知识资源是企业实施动态能力的前提条件

（Wu，2007），企业对新知识的探索能够为企业带来异质性知识，增加企业的知识存量，为动态能力的发展提供丰富的资源保障，进而促进动态能力的提升。

首先，技术知识跨界搜寻对动态能力具有显著正向影响。具体到动态能力的资源整合能力和组织重构能力维度，实证研究结果表明，技术知识跨界搜寻对资源整合能力的影响不显著，但对资源重构能力具有显著正向影响。技术知识跨界搜寻对资源整合能力的作用并不显著，意味着企业对技术知识的探索程度与资源整合能力的强弱之间没有直接正向或负向的影响效应。本书认为，产生这一结果的可能原因在于：一方面，科技型中小企业缺乏对产业以外技术知识的共同知识基础①（Phene et al.，2006），由于中小企业吸收能力的限制，跨越认知边界技术知识搜寻并不能帮助企业及时获取和吸收现有产品或技术改进知识；另一方面，Wu 和 Wei（2013）指出，对于隐性知识传递的费用和时间会随着企业与外部产学研机构的距离延长而增加②，相反，这些知识更多地来自于行业内的市场与顾客等（奉小斌和陈丽琼，2015）。因此，企业对技术知识的探索程度与资源整合能力之间并没有直接的影响。技术知识跨界搜寻对组织重构能力具有显著正向影响，说明企业对技术知识探索程度越高，越能促进组织重构能力的构建与提升。组织重构能力是一种帮助企业调整与环境变化不相匹配的经营惯例，以实现组织内部各种资源的再次调整与组合。专业技术获取、整合、转化、学习等知识管理过程是组织重构能力的微观基础（Teece，2007）。典型的技术知识跨界搜寻活动包括专利与文献检索、参加国际会议和学术研讨、参与国际技术联盟等（马如飞，2009），企业可以从这些活动中获取技术知识，促进技术知识在组织内的扩散、转化和利用，进而完成对知识结构的不断调整。

其次，市场知识跨界搜寻对动态能力具有显著正向影响。具体到动态能力的资源整合能力和组织重构能力维度，实证研究结果表明，市场知识跨界搜寻对资

① Phene A.，Fladmoe-Lindquist K.，Marsh L. Breakthrough innovations in the US biotechnology industry: The effects of technological space and geographic origin[J]. Strategic Management Journal，2006，27（4）：369-388.

② Wu A. Q.，Wei J. Effects of geographic search on product innovation in industrial cluster firms in China [J]. Management and Organization Review，2013，9（3）：465-487.

源整合能力和资源重构能力均具有显著正向影响。市场知识跨界搜寻对资源整合能力具有显著正向影响，说明企业对新技术知识的探索，可以提高企业的资源整合能力。对于科技型中小企业来说，它们的竞争优势来源于不断提供顾客满意的产品或服务，企业进行市场知识跨界搜寻的重要目的是解决创新过程中遇到的问题。因此，有针对性的市场知识搜寻，有助于科技型中小企业将分散的市场信息、见解等联结起来，拓宽企业知识吸收渠道，提升企业的资源整合能力（Jaworski & Kohli，1993）。市场知识跨界搜寻对组织重构能力具有显著正向影响，意味着企业对市场知识的探索有助于提高为适应环境的变化而对企业资源结构、技术结构和知识结构进行改变与重组的能力。一方面，典型的市场知识跨界搜寻包括对领先用户的研究，进行市场调查与实验等，通过这些活动，企业可以迅速识别顾客需求的快速变化，科技型中小企业由于企业规模的灵活性特点，一旦发现新机会便会迅速灵活地调整组织结构、创新战略等惯例流程，这些调整巩固了组织重构能力的微观基础，进而推动企业组织重构能力的构建与提升；另一方面，市场知识跨界搜寻能够为企业重新配置资源提供必要的市场情报支持（Zhou & Li，2010），及时对竞争对手做出反应，并继续进行资源配置满足市场需求，重新构建企业在动态环境下的适应性和敏感性。

三、动态能力影响创新绩效的结果分析

关于动态能力对科技型中小企业创新绩效的影响效应，实证分析结果显示，动态能力对企业创新绩效具有显著的正向影响。这与很多已有研究结论保持一致（Deeds，2000；Marsh & Stock，2006；Liao et al.，2009；Pavlou & Elsawy，2011；Tttlie & Pavlou，2006；Jantunen et al.，2009；Makkonen et al.，2009；沈锭荣和王琛，2011；耿新等，2013；吴航，2013；苏敬勤和刘静，2013；金昕和陈松，2012）。此外，动态能力的两个维度资源整合能力和组织重构能力对企业创新绩效均具有显著正向影响。研究结果说明动态能力能够促进科技型中小企业创新绩效的提升。这一研究结果丰富了有关动态能力作用效应的实证研究文献，从实证角度论证了动态能力与科技型中小企业创新绩效之间的关系。

在消费者需求和竞争者行动难以预测、产业环境竞争激烈的动态环境下，技术创新成为企业成功的关键因素之一，动态能力能够帮助企业在动态环境下获取持续竞争优势（Luo，2000）。动态能力是一种改变企业资源基础和开发新的价值创造战略的环境适应机制，使企业的资源和能力适应不断变化的外部环境，获取持续竞争优势（Teece，2007）。在产品生命周期不断缩短的情况下，企业需要依靠动态能力整合和创造资源以适应环境的变化，并满足企业持续创新的需要（Marsh & Stock，2006）。陈应龙和李大元（2013）认为，动态能力是中小企业持续成长的驱动力量。一方面，在不断变化的环境中，企业的持续成长依赖于资源和能力及其结果的调整与创新；另一方面，动态能力的形成与演进是中小企业持续成长的表现和结果。因此，在变化的环境中，拥有动态能力的企业表现为对环境的敏锐观察力、对消费者需求的鉴别力、对市场新机遇的发现力以及对竞争对手实施战略的反应力，这种适应动态环境变化的能力有助于企业识别外部机会，并及时做出决策以利用外部机会（Danneels，2002），推动企业的技术创新进程，提高创新绩效。其中，资源整合能力强调对企业资源的获取与释放，通过对外部获取的信息、技术和知识等资源进行分解、转化，并与组织内部资源进行有效整合，不断地发掘和发现具有潜力的知识和有价值的知识，进而为市场创造出有价值的产品。组织重构能力强调企业的能力要与外部环境变化相匹配，是对现有资源结构、技术结构和知识结构进行改变和重组的过程，帮助企业调整与环境变化不相匹配的经营惯例，实现组织内部各种资源的再次调整与组合（Teece，2007；冯军政，2012），组织重构能力能够增强企业的战略柔性，为企业的技术创新提供必要的支持，进而促进创新绩效的提升。

四、动态能力中介作用的结果分析

关于动态能力在跨界搜寻与科技型中小企业创新绩效之间的中介效应，实证分析结果表明，动态能力在跨界搜寻与科技型中小企业创新绩效之间发挥了显著的中介作用。具体地，动态能力在技术知识跨界搜寻与创新绩效之间起到部分中介作用；动态能力在市场知识跨界搜寻与创新绩效之间起到部分中介作用。这一研究结果在某种程度上解释了跨界搜寻影响企业创新绩效过程的作用机制，同时也是对组织学习理论和动态能力理论的一种拓展和验证。动态能力的中介作用结果验证了 Zhou 和 Wu（2010）的观点，即资源整合和重构能力能够增强企业的资源柔性和协调性，对于企业获取外部技术和创新资源以及促进新技术和新知识在企业内传播、分享与扩散来说是至关重要的。其中，资源整合能力能够改变企业资源的存储位置、资源分配方式（Christensen，1997）、资源分配意愿（Chandy & Tellis，1998），组织重构能力则改变了企业资源投资中的组织流程、增加了组织不同职能单元的协调，进而加速了企业创新的实施进程（吴航，2014），并且资源整合和组织重构的过程能够激发组织内部建设性冲突的产生，使企业做出更有利于长期发展的最优创新选择（Danneels，2008）。从组织学习视角看，跨界搜寻是一种获取外部知识资源的探索性学习方式。跨界搜寻的目的是解决创新问题，是企业主动进行知识的探索活动，能够为动态能力的提升提供资源基础。企业通过探索性学习的过程更新知识资产结果、塑造具有适应性的组织惯例，推动企业技术创新活动的开展，促进技术创新活动的质量和新颖性（Laursen & Salter，2006），进而提高企业创新绩效。

五、环境动态性调节作用的结果分析

（一）环境动态性对跨界搜寻与创新绩效关系的调节作用结果分析

首先，关于市场动态性在跨界搜寻与科技型中小企业创新绩效关系中的调节作用。实证分析结果表明，市场动态性在技术知识跨界搜寻与企业创新绩效的关系中起正向调节作用；市场动态性在市场知识跨界搜寻与企业创新绩效的关系中起正向调节作用。这意味着，随着外部市场动态性的增强，技术知识跨界搜寻和市场知识跨界搜寻对科技型中小企业创新绩效的正向影响作用得到加强。这说明，在顾客的构成和偏好不断变化的市场环境中，企业通过跨越认知边界和地域边界，探索企业外部的技术知识和市场知识对于企业创新绩效的提升至关重要。这一研究结论在一定程度上验证了 Tsai 等（2011）、Jaworski 和 Kohli（1993）、奉小斌和陈丽琼（2015）等学者的研究，他们认为在较为动荡的市场环境中，企业通过对组织外部技术知识的搜寻更有可能发现新兴技术的发展趋势，并拓宽企业自身工艺知识库了解前沿技术，有利于企业抓住新技术发展的最佳时机；对于同类产品、替代产品与互补产品的市场动向的洞察，有利于企业获取产品质量改进与新产品开发及上市相关的有价值的市场知识和信息，进而提高企业成功创新的可能。科技型中小企业更多地是以市场为导向，这些企业以顾客为中心，更加密切地关注市场需求变化。在快速变化的市场环境中，积极地进行技术知识和市场知识探索，更好地满足顾客需求，提供顾客满意的产品和服务，进而提高企业的创新绩效。

其次，关于技术动态性在跨界搜寻与科技型中小企业创新绩效关系中的调节作用。实证分析结果表明，技术动态性在技术知识跨界搜寻与企业创新绩效的关系中的调节作用不显著；技术动态性在市场知识跨界搜寻与企业创新绩效的关系中起负向调节作用。技术动态性在技术知识跨界搜寻与科技型中小企业创新绩效之间不存在调节作用，说明技术动态性不会明显影响技术知识跨界搜寻对创新绩效的正向作用。可能的原因有两个方面：第一，因为调节作用的效应在一般情况下比较小，因此调节作用的显著性不太容易被检验出来（陈晓萍等，2008）。第二，当技术动荡性增强时，一方面，科技型中小企业可能会在海量技术知识面前陷入认知上的混乱，进而难以对技术创新演进趋势进行准确判断；另一方面，可能过于集中于对现有技术知识进行整合与吸收，从而导致企业忽视对最新技术的追求（康健，2015）。由于上述两种可能，在更为动荡的技术环境中，技术知识跨界搜寻对创新绩效的促进作用反而被削弱，甚至出现负面影响，因此，不能显示出显著的正向或负向调节效应。另外，技术动态性对市场知识跨界搜寻与创新绩效之间的正向关系存在负向的调节作用，随着外部技术动态性的增强，探索外部市场知识对企业创新绩效的促进作用将减弱。这一结论与 Frosch（1996）、Sidhu 等（2007）、李晓翔和霍国庆（2013）、Cruz-González 等（2014）等学者的结论相似，即在高度动荡的技术环境中，市场充斥着各种假象，市场知识的效益较低，尤其是对以市场为导向、技术不占优的中小企业更是如此，市场知识搜寻对科技型中小企业创新绩效的提升作用是有限的。

（二）环境动态性对动态能力与创新绩效关系的调节作用结果分析

首先，关于市场动态性在动态能力与科技型中小企业创新绩效关系中的调节作用。实证分析结果表明，市场动态性在动态能力与创新绩效的关系中起正向调节作用。意味着，当科技型中小企业所面临的外部市场环境的动荡性越高时，拥有高动态能力企业的创新绩效越高。这是因为，在较为动荡的市场环境中，顾客的需求与偏好不断发生变化，这需要企业做出快速反应以对应这种变化，企业需要对企业已有资源和外部获取的资源进行整合重组才能实现技术变革和创新战略的调整，这都需要科技型中小企业具备较高的动态能力。具备较高动态能力的企业能够在市场占有中获得先机，并取得创新绩效的增长。

其次，关于技术动态性在动态能力与科技型中小企业创新绩效关系中的调节作用。实证分析结果表明，技术动态性在动态能力与创新绩效的关系中起正向调节作用。这意味着，当科技型中小企业所面临的外部技术环境的动荡性越高时，拥有高动态能力企业的创新绩效越高。在较为动荡的技术环境中，产业技术、生产工艺和产品本身的前景不确定（Wiklund & Shepherd，2003），动态能力能够引导企业及时感知技术的更新，从而更好地定位技术前沿变动，为自身资源和能力的更新提供方向，实现企业创新绩效的提升。

本章小结

本章在第五章问卷设计与研究方法介绍的基础上，采取大样本数据对研究假设进行验证，并对研究结果进行分析与讨论。首先，本章对大样本的数据来源与收集情况进行介绍，对样本企业的特征进行描述性统计分析，在此基础上，采用探索性因子分析与验证性因子分析对变量进行信度与效度检验。其次，采用回归分析对跨界搜寻与创新绩效的关系、跨界搜寻与动态能力的关系、动态能力与创新绩效的关系、动态能力的中介作用以及环境动态性的调节作用研究假设进行实证检验。最后，针对研究假设总体检验结果进行分析与讨论。

第七章　跨界搜寻影响变量对企业创新绩效作用及提升对策

本书主要考察科技型中小企业在开放式创新背景下的创新活动，并对跨界搜寻、动态能力和创新绩效之间的关系进行了较为系统和深入的分析。通过实证性的分析研究，从企业发展的角度可以看到，跨界搜寻对科技型中小企业的创新绩效有着重要的影响和作用。通过跨界搜寻对科技型中小企业创新绩效的影响作用的分析，从中找到提高科技型中小企业创新绩效水平的有力措施。

第一节　跨界搜寻影响变量对企业创新绩效作用

开放式创新已经成为知识经济时代企业广泛认可的创新模式，尤其是对于缺乏创新资源和能力的科技型中小企业而言，外部创新资源对于企业的技术创新发展具有重要作用。在开放式创新环境中，科技型中小企业如何利用时代背景赋予它们的契机克服自身资源与能力的不足，通过跨界搜寻与动态能力的构建来提高技术创新水平呢？从跨界搜寻与动态能力的视角勾勒出我国科技型中小企业主动搜寻创新知识以提高创新水平的过程。本书围绕“科技型中小企业如何通过跨界搜寻提升企业创新绩效”这一基本研究命题，基于开放式创新理论、组织学习理论和动态能力理论，运用理论研究与分析，构建了跨界搜寻对科技型中小企业创新绩效影响机制的概念模型。随后进行小样本预测，大样本研究，采用探索性因子分析和验证性因子分析、层次回归分析等统计方法，以及 SPSS 和 AMOS 等数理统计分析工具，基于 289 份科技型中小企业的样本数据对本研究提出的概念模型和相关理论假设进行实证检验。本研究解答了以下问题：跨界知识搜寻对科技型中小企业的创新绩效究竟产生什么样的影响？跨界搜寻是如何影响动态能力的构建与提升的？动态能力是如何影响企业创新绩效的？跨界搜寻如何通过动态能力影响科技型中小企业的创新绩效？在动态性的环境下，跨界搜寻对科技型中小企业创新绩效的影响会发生怎样的变化？动态能力对科技型中小企业创新绩效的影响会发生怎样的变化？通过分析论证了跨界搜寻对科技型中小企业具有以下几方面的重要作用。

一、跨界搜寻对科技型中小企业创新绩效具有显著的促进作用

跨界搜寻是企业跨越组织边界到外部获取新知识的重要组织学习方式，是提高企业竞争优势的有效途径。根据搜寻的知识类型，本研究将跨界搜寻划分为技术知识跨界搜寻和市场知识跨界搜寻。通过实证研究发现，技术知识跨界搜寻和市场知识跨界搜寻对科技型中小企业创新绩效有显著的促进作用。具体而言，企业通过跨越技术领域边界可以获取其他行业的新技术发展情况，通过跨地域边界获取国内外本行业先进技术发展情况，从广泛的环境中获取创新所需的技术知识对企业技术创新能力具有促进作用，进而显著提升企业的创新绩效；企业可以通过跨越业务领域边界识别潜在顾客，洞察尚未满足的市场需求，通过跨地域边界获取来自国内外的新思想和新理念，使企业更好地对外部市场需求变化进行预测，生产出市场满意的新产品或提供有价值的服务，进而提高创新绩效。这一结论也间接地说明，我国科技型中小企业的跨界搜寻行为对企业创新具有促进作用，不存在过度搜寻行为。研究还发现，与技术知识跨界搜寻相比，市场知识跨界搜寻对科技型中小企业创新绩效的促进作用更大。这意味着，对外部新市场知识的探索能够为科技型中小企业带来更卓越的创新成果。

二、动态能力在跨界搜寻与科技型中小企业创新绩效关系中起中介作用

研究验证了动态能力在技术知识跨界搜寻与创新绩效关系中的中介作用，以及市场知识跨界搜寻与创新绩效关系中的中介作用，表明技术知识跨界搜寻和市场知识跨界搜寻对科技型中小企业创新绩效的正向影响可以通过动态能力的构建与提升实现。一方面，技术知识跨界搜寻和市场知识跨界搜寻能够为企业带来丰富的异质性知识资源，增加企业的知识存量，为动态能力的构建提供资源基础；另一方面，企业主动进行知识搜寻的过程是企业主动探索新知识的学习过程，这种主动学习能够产生有价值的新知识或者把旧知识变为新知识，实现对现有惯例的适应性调整，是动态能力提升的最终体现。因此，跨界搜寻有助于企业动态能力的构建与提升，作为一种高阶能力，动态能力能够保证企业及时根据环境变化做出调整，增强企业战略柔性，克服创新障碍，对企业的创新具有显著的促进作用。由此可见，跨界搜寻对动态能力的促进作用可以有效提升科技型中小企业的创新绩效。

三、环境动态性在跨界搜寻与科技型中小企业创新绩效关系中起调节作用

研究实证结果表明，市场动态性对技术知识跨界搜寻和市场知识跨界搜寻与科技型中小企业创新绩效之间的关系均具有正向调节作用，即随着市场动态性的增强，技术知识跨界搜寻与市场知识跨界搜寻对企业创新绩效的提升作用得到增强；技术动态性对市场知识跨界搜寻与创新绩效的关系具有负向调节作用，即随着技术动态性的增强，企业探索市场知识所带来创新绩效的提升作用将减弱。技术动态性对技术知识跨界搜寻与创新绩效之间关系的调节作用没有得到证实。研究结果表明，当市场环境较为动荡时，技术知识跨界搜寻和市场知识跨界搜寻可以帮助企业抓住新技术发展的最佳时机并发现新的市场需求，提高成功创新的可能。但是，当技术环境较为动荡时，市场需求充斥着各种假象，可能弱化市场知

识跨界搜寻对科技型中小企业创新绩效的促进作用。

四、动态能力对科技型中小企业创新绩效受到环境动态性的调节作用

研究实证结果表明，动态能力对科技型中小企业创新绩效的作用受到环境动态性的调节。市场动态性和环境动态性对动态能力与科技型中小企业创新绩效的关系均具有正向调节作用。环境动态性正向调节动态能力与科技型中小企业创新绩效的关系说明，动态能力在动态变化的环境中更能发挥价值（Zollo & Winter，2002；Rindova & Kotha，2001）。拥有动态能力的科技型中小企业能够在环境变化时，迅速、准确地配置和修改自身资源，使企业的创新战略与外部环境的变化相匹配，增加企业成功创新的可能，进而带来创新绩效的提升。

第二节　提升科技型中小企业创新绩效的依据与对策

一、提升科技型中小企业创新绩效的理论依据

本书通过深入系统的研究，在已有的研究成果基础上，在理论基础方面又有了新的探索。这些新的理论思想，对研究如何提升科技型中小企业创新绩效的对策和措施的制定奠定了科学的理论依据。

（一）中间机制作用理论

先前关于跨界搜寻与创新绩效关系的研究大多基于知识异质性或是开放式创新理论、社会网络理论等，直接研究跨界搜寻（技术搜寻）对创新绩效的影响。基于知识的动态能力研究认为，组织学习是动态能力形成和提升的主导机制，必然对企业动态能力产生影响。跨界搜寻作为一种探索性的学习方式，有助于动态能力的提升，而动态能力是企业获取持续竞争优势的关键。研究基于动态能力理

论，以“学习—能力—绩效”为逻辑分析基础，构建“跨界搜寻—动态能力—创新绩效”的研究框架。在分析如何提高科技型中小企业创新绩效过程中，必须充分考虑跨界搜寻对科技型中小企业创新绩效作用机制理论问题，这样才能够弥补以往对该问题研究的不足。

（二）研究的理论边界

研究跨界搜寻影响企业创新绩效时要充分考虑它的理论边界问题。开放式创新强调了环境的情景[①]（Chesbrough，2006），企业的开放式创新过程是根植于环境情景中的，因此，企业在开放式创新模式中的跨界搜寻行为很大程度上会受到外部环境的影响，现有研究普遍认可环境动态性是影响搜寻行为与企业创新和绩效关系的重要情景变量。对于科技型中小企业而言，自身特点决定了其对环境的依赖程度比一般企业更高。但是，关于环境动态性对跨界搜寻与创新关系的调节作用仍存在一定的分歧，一些研究认为较高的环境动态性能够提升跨界搜寻对组织创新的影响（Jansen et al.，2006；Cassiman & Veugelers，2006；Sofka & Grimpe，2010；阳银娟和陈劲，2014；薛捷和张振刚，2015），而其他研究认为较高的环境动态性会对企业的跨界搜寻与组织创新的关系起到负面影响（Levinthal & Posen，2009；Sidhu et al.，2007；Johnsen & Ford，2000；沈灏和李垣，2010）。因此，从外部环境角度考察跨界搜寻对科技型中小企业创新绩效的影响有助于我们更加深刻地了解企业跨界搜寻的边界问题。通过实证研究发现，在不同的环境条件下，跨界搜寻对科技型中小企业创新绩效的影响是不同的。这一研究发现完善了跨界搜寻如何作用于企业创新绩效边界条件的理论解释，有助于进一步探究跨界搜寻影响创新绩效的内在机理。

（三）延伸动态能力理论

尽管动态能力是战略管理领域的研究热点，但学术界对动态能力的内涵和构

① Chesbrough H. Open business models：How to thrive in the new innovation landscape［M］. Boston：Harvard Business School Press，2006.

成并未达成一致的见解，引起了学者们对动态能力概念和基础的争论① (Stefano，2010)。Zahra等 (2006) 和Schilke (2014) 等学者建议，只有将动态能力与其前因变量和结果变量进行清晰的区分，才能对动态能力的概念有清晰的认识。对于动态能力的前因变量，已有文献从学习与认知、资源或知识存量、社会网络嵌入、社会资本、战略定位等方面进行了探索；对于动态能力的结果变量，已有研究主要探讨了动态能力对企业竞争优势、企业绩效以及创新绩效的影响。本书丰富了动态能力的前因研究以及动态能力的后果研究，探讨了跨界搜寻对企业动态能力的影响，具体表现为技术知识跨界搜寻和市场知识跨界搜寻对动态能力的影响，动态能力对科技型中小企业创新绩效的影响，以及环境动态性在动态能力与创新绩效关系间的调节效应。

（四）开放式创新理论应用

研究的结果为国内科技型中小企业开放式创新探索提供了理论依据。科技型中小企业是最为活跃的创新群体，成为社会和经济发展的主要力量。但是科技型中小企业却面临着资源短缺的困境，对外开放成为科技型中小企业创新发展的重要方式。相关研究表明，科技型中小企业更适合开放式创新，以应对创新资源短缺的困境。然而，现有开放式创新研究却主要关注大型跨国企业，缺乏针对科技型中小企业的研究。有学者指出，大型跨国企业和中小型企业在创新方式、创新过程等方面是不同的，创新研究应该将它们区分开来，以弥补以往研究中缺乏以科技型中小企业为研究对象的空白 (Huang & Rice，2009；Yun & Mohan，2012；Teirlinck & Poelmans，2012；陈艳和范炳全，2013；莫燕和郑旻，2013)。以科技型中小企业为研究对象，探索这些企业在开放式创新中的跨界搜寻行为，对开放式创新理论和企业创新实践的发展都是极富意义的。

① Stefano G. D. Dynamic capabilities deconstructed: A bibliographic investigation into the origins, development, and future directions of the research domain [J]. Industrial & Corporate Change, 2010, 19 (4): 1187-1204.

二、提升科技型中小企业创新绩效的对策

本书以我国科技型中小企业为研究对象，探讨了开放式创新背景下，科技型中小企业的跨界搜寻行为对创新绩效的影响、动态能力在跨界搜寻与创新绩效关系中的中介作用、环境动态性对跨界搜寻与创新绩效关系的调节作用、环境动态性对动态能力与创新绩效关系的调节作用。研究结论对于我国科技型中小企业如何在开放式创新环境下进行跨界知识搜寻提供了指导方向，具有一定的现实意义。提高我国科技型中小企业创新绩效的对策主要包括以下几方面。

（一）从战略角度认识跨界搜寻对科技型中小企业开放式创新的作用

在开放式创新背景下，对技术知识和市场知识的跨界搜寻能够为科技型中小企业提供创新所需要的异质性知识基础，解决企业创新过程中遇到的问题，有利于企业动态能力的构建，促进企业创新绩效的提升，因此是一种值得重视的战略实践。对于大多数科技型中小企业而言，在企业自身创新资源有限、研发能力不足且消费者不断变化、市场竞争激烈、技术发展迅速的背景下，通过跨越组织边界到外部环境中搜寻技术知识和市场知识，已经成为我国科技型中小企业进行创新实践的必然选择。跨界搜寻，一方面能够促使企业获取技术知识和市场知识等重要的创新资源，另一方面能够提高企业基于资源和学习的动态能力，为企业的长远发展提供支持。因此，对于我国科技型中小企业来说，应该重视跨界搜寻对企业的重要战略作用，充分利用开放式创新给企业带来的积极影响。

（二）加强对未来技术和潜在顾客的关注

研究结果表明，跨认知技术知识搜寻和跨认知市场知识搜寻能够提高科技型中小企业的创新绩效。这说明，我国科技型中小企业创新绩效的提升受益于跨认知边界的知识搜寻活动。在当前市场环境和技术环境下，科技型中小企业要保持良好的创新绩效和长期的发展态势，不仅要密切关注本行业技术发展情况和已有顾客需求，还要加强对其他相关行业技术发展动态的关注和潜在顾客需求的挖掘。因此，科技型中小企业在技术创新过程中应该同时加强对未来技术和潜在顾客的关注。一方面，有条件的企业应该适度加强对行业未来主导技术的探索，持

续监控任何领域内最新的技术发展状态，识别新的技术机会；另一方面，加强对潜在顾客需求的挖掘，摆脱发现价值创新的未知市场空间，发现全新价值网络或改变现有价值网络的潜在机会，实现技术的全面创新。

（三）充分利用国内外两个市场

研究结果表明，跨地域技术知识搜寻和跨地域市场知识搜寻能够提高科技型中小企业的创新绩效。这说明，我国科技型中小企业可以受益于跨地域边界的知识搜寻活动。企业管理者不仅应该意识到本地知识搜寻能够推动企业创新，还应该意识到国际市场对创新的推动作用。因此，科技型中小企业应该充分利用国内外两个市场的两种资源，提高企业的技术创新能力。一方面，企业要充分利用整合全球资源，重视对国内外新技术的探索；另一方面，企业要加强对国际市场的开拓，重视对国内外市场知识的探索。通过积极开展跨地域知识搜寻行为以获取新颖的技术知识和市场知识，进而快速实现企业创新发展。

（四）积极构建学习型组织

基于知识观的组织学习研究认为，组织学习是企业获取更多知识的过程（Grant，1996）。由于市场信息具有不完全性和不对称性，一个组织往往只可能拥有与自身生产经营活动紧密相关事物的不完全的知识，而不可能拥有其所需要的全部知识。因此，组织学习不再只发生在组织内部，而是越来越多地向组织外部演进。外部知识对于企业生产与发展至关重要，企业可以通过正式或非正式的方式搜寻和获取知识。然而，并不是所有的企业都具有知识搜寻的强烈愿望，知识搜寻的有效性和强度往往取决于组织的学习愿望（潘旭明，2007）。具有强烈的学习愿望的组织往往采取环境扫描等技术搜寻新知识，并成为组织学习成功的重要因素。研究表明，基于探索性学习的跨界搜寻能够提高科技型中小企业的创新绩效。因此，科技型中小企业应该积极建立学习型组织，提高企业探索新知识的学习愿望，增加对知识和信息的敏感性，推动企业创新不断发展。

（五）提升企业在动态复杂竞争环境下的动态能力水平

研究结果表明，科技型中小企业在进行跨界搜寻获取异质性知识的同时有利于动态能力的构建，拥有动态能力的科技型中小企业使企业的资源和能力与新的市场需求和技术变革保持匹配，为企业带来创新绩效的提升。此外，动态能力对科技型中小企业创新绩效的促进作用效果受到环境动态性的影响，在较为动荡的环境中，动态能力对企业创新绩效的提升作用更大。虽然动态能力在相对稳定的环境中同样存在并被使用（Eisenhardt & Martin，2000），但是动态能力在快速变化的环境中更能体现其价值（Zollo & Winter，2002）。由于中小企业存在自身资源和能力方面短缺及有限性，为了保证企业在激烈的竞争中不断地取得优势，必须要具有与外部环境相匹配的适应能力，这种适应能力集中体现为企业的动态能力。科技型中小企业相对大型企业更具有较强的灵活性，在动态复杂的竞争环境中能够及时根据外部环境条件的变化及时做出策略的调整，使它们更加具备适应规则变化的动态能力。科技型中小企业应该结合自身所具有的优势，高度重视动态能力的构建，并积极通过培育动态能力以提升企业的创新绩效水平。

（六）加强企业对环境的动态性变化的应对能力

跨界搜寻对科技型中小企业创新绩效的影响取决于企业所处的环境条件。在环境动态性的背景下，不同的知识搜寻行为将对科技型中小企业创新绩效的增强和提升产生不同的影响，科技型中小企业在进行开放式创新活动时，应该根据环境动态性的变化而适时地调整对新知识的探索。具体来说，在较为动荡的市场环境中，科技型中小企业应该增加对新技术知识和新市场知识的探索程度；在较为动态的技术环境中，科技型中小企业应该谨慎探索新技术知识和新市场知识，避免市场需求中的各种假象降低相关知识搜寻的效用。总而言之，企业在考虑外部环境因素的影响和制约时，应当结合具体的市场环境因素和技术环境因素进行分析，在不同的外部环境中，选择能够提升企业创新绩效的跨界搜寻行为，尽量避免环境因素的不利影响，善于利用环境因素的促进作用。

本章小结

本书通过实证性的分析找到了影响科技型中小企业跨界搜寻过程中对创新绩效影响的主要因素，以及各影响变量之间的关系和作用机理。本章重点讨论了不同变量的主要作用，具体包括：跨界搜寻对科技型中小企业创新绩效具有显著的促进作用；动态能力在跨界搜寻与科技型中小企业创新绩效关系中起中介作用；环境动态性在跨界搜寻与科技型中小企业创新绩效关系中起调节作用；动态能力对科技型中小企业创新绩效受到环境动态性的调节作用。本章提出了在不同变量作用的基础上提升企业创新绩效水平的对策，具体包括：从战略角度认识跨界搜寻对科技型中小企业开放式创新的作用；加强对未来技术和潜在顾客的关注；充分利用国内外两个市场；积极构建学习型组织；提升企业在动态环境中的动态能力；加强企业对环境动态性变化的应对能力。

参考文献

[1] Acosta Y. A. C., Nabi M. N. U., Dornberger U. Technological capability improvement as result of the entrepreneur's search for innovation in the SMEs in Colombia [J]. Journal of Marketing Development and Competitiveness, 2012, 6 (4): 11-25.

[2] Agarwal R., Selen W. Dynamic capability building in service value networks for achieving service innovation [J]. Decision Sciences, 2009, 40 (3): 431-475.

[3] Ahuja G., Katila R. Where do resources come from? The role of idiosyncratic situations [J]. Strategic Management Journal, 2004, 25 (8-9): 887-907.

[4] Ahuja G., Lampert C. M. Entrepreneurship in the large corporation: A longitudinal study of how established firms create breakthrough inventions [J]. Strategic Management Journal, 2001, 22 (6-7): 521-543.

[5] Aiqi Wu, Jiang Wei. Effects of geographic search on product innovation in industrial cluster firms in China [J]. Management & Organization Review, 2013, 9 (3): 465-487.

[6] Almeida P., Kogut B. Localization of knowledge and the mobility of engineers in regional networks [J]. Management Science, 1999, 47 (7): 905-917.

[7] Ambrosini V., Bowman C. What are dynamic capabilities and are they a

useful construct in strategic management? [J]. International Journal of Management Reviews, 2009, 11 (1): 29-49.

[8] Ann L., Paul C. Splendid isolation: Does networking really increase new product success? [J]. Creativity & Innovation Management, 2005, 14 (4): 366-373.

[9] Argyris C., Schön D. A. Organizational learning: A theory of action perspective [M]. Reading, MA: Addison-Wesley, 1978.

[10] Atuahene-Gima K. The effects of centrifugal and centripetal forces on product development speed and quality: How does problem solving matter? [J]. Academy of Management Journal, 2003, 46 (3): 359-373.

[11] Autio E., Lumme A. Does the innovator role affect the perceived potential for growth? Analysis of four types of new, technology-based firms [J]. Technology Analysis & Strategic Management, 1998, 10 (1): 41-55.

[12] Barkema H. G., Bell J. H. J., Pennings J. M. Foreign entry, cultural barriers, and learning [J]. Strategic Management Journal, 1996, 17 (2): 151-166.

[13] Barney J., Wright M., Ketchen D. J. The resource-based view of the firm: Ten years after 1991 [J]. Journal of Management, 2001, 27 (6): 625-641.

[14] Baron R. M., Kenny D. A. The moderator-mediator variable distinction in social psychological research: Conceptual, strategic, and statistical considerations [J]. Journal of Personality and Social Psychology, 1986, 51 (6): 1173-1182.

[15] Barreto I. Dynamic Capabilities: A review of past research and an agenda for the future [J]. Journal of Management, 2010, 36 (1): 256-280.

[16] Belderbos R., Carree M., Lokshin B. Cooperative R&D and firm performance [J]. Research Policy, 2004, 33 (10): 1477-1492.

[17] Benner M. J., Tushman M. Process management and technological innovation: A longitudinal study of the photography and paint industries [J]. Administrative Science Quarterly, 2002, 47 (4): 676-706.

[18] Bratkovic T., Antoncic B., Ruzzier M. Strategic utilization of entrepreneur's

resource-based social capital and small firm growth [J]. Journal of Management & Organization, 2009, 15 (4): 486-499.

[19] Brauner E., Becker A. Beyond knowledge sharing: The management of transactive knowledge systems [J]. Knowledge and Process Management, 2006, 13 (1): 62-71.

[20] Brown S. L., Eisenhardt K. M. The art of continuous change: Linking complexity theory and time-paced evolution in relentlessly shifting organizations [J]. Administrative Science Quarterly, 1997, 42 (1): 1-34.

[21] Calantone R., Garcia R., Dröge C. The effects of environmental turbulence on new product development strategy planning [J]. Journal of Product Innovation Management, 2003, 20 (2): 90-103.

[22] Cassiman B., Veugelers R. In search of complementarity in innovation strategy: Internal R&D and external knowledge acquisition [J]. Management Science, 2006, 52 (1): 68-82.

[23] Chandler G. N., Hanks S. H. Measuring the performance of emerging businesses: A validation study [J]. Journal of Business Venturing, 1993, 8 (5): 391-408.

[24] Chen W. R. Firms, technological search behaviors [D]. Purdue University, 2003.

[25] Chesbrough H. Open business models: How to thrive in the new innovation landscape [M]. Boston: Harvard Business School Press, 2006.

[26] Chesbrough H. Open innovation: The new imperative for creating and profiting from technology [M]. Boston: Harvard Business Press, 2003.

[27] Chesbrough H., Crowther A. K. Beyond high tech: Early adopters of open innovation in other industries [J]. R&D Management, 2006, 36 (3): 229-236.

[28] Chiang Y. H., Hung K. P. Exploring open search strategies and perceived innovation performance from the perspective of inter-organizational knowledge flows

[J]. R&D Management, 2010, 40 (3): 292-299.

[29] Classen N., Gils A. V., Bammens Y. et al. Accessing resources from innovation partners: The search breadth of family SMEs [J]. Journal of Small Business Management, 2012, 50 (2): 191-215.

[30] Cohen W. M., Levinthal D. A. Absorptive capacity: A new perspective on learning and innovation [J]. Administrative Science Quarterly, 1990, 35 (1): 128-152.

[31] Collis D. J. How valuable are organizational capabilities? [J]. Strategic Management Journal, 1994, 15 (S1): 143-152.

[32] Connor T. Market orientation and performance [J]. Strategic Management Journal, 2007, 28 (9): 957-959.

[33] Cyert R. M., March J. G. A behavioral theory of the firm [J]. Social Science Electronic Publishing, 1963, 17 (S2): 93-107.

[34] Cyert R. M., March J. G. A behavioral theory of the firm [M]. Prentiee-Hall: Englewood Cliffs, NJ, 1963.

[35] Danneels E. Organizational antecedents of second-order competences [J]. Strategic Management Journal, 2008, 29 (5): 519-543.

[36] Dittrich K., Duysters G. Networking as a means to strategy change: The case of open innovation in mobile telephony [J]. Journal of Product Innovation Management, 2007, 24 (6): 510-521.

[37] Drucker P. Post-capitalist society [M]. New York: Butter-worth-Heineman, 1993.

[38] Easterby-Smith M., Prieto I. M. Dynamic capabilities and knowledge management: An integrative role for learning? [J]. British Journal of Management, 2008, 19 (3): 235-249.

[39] Ebersberger B., Herstad S. J. Go abroad or have strangers visit? On organizational search spaces and local linkages [J]. Journal of Economic Geography,

2012, 12 (1): 273-295.

[40] Eisenhardt K. M., Martin J. A. Dynamic capabilities: What are they? [J]. Strategic Management Journal, 2000, 21 (10-11): 1105-1121.

[41] Ellonen H. K., Wikström P., Jantunen A. Linking dynamic-capability portfolios and innovation outcomes [J]. Technovation, 2009, 29 (11): 753-762.

[42] Ettlie J. E., Pavlou P. A. Technology-based new product development partnerships [J]. Decision Sciences, 2006, 37 (2): 117-147.

[43] Filatotchev I., Liu X., Buck T., Wright M. The export orientation and export performance of high-technology SMEs in emerging markets: The effects of knowledge transfer by returnee entrepreneurs [J]. Journal of International Business Studies, 2009, 40 (6): 1005-1021.

[44] Filatotchev L., Piesse J. R&D, internationalization and growth of newly listed firms: European evidence [J]. Journal of International Business Studies, 2009, 40 (8): 1260-1276.

[45] Fiol C. M., Lyles M. A. Organizational learning [J]. Academy of Management Review, 1985, 10 (4): 803-813.

[46] Freel M. S. Sectoral patterns of small firm innovation, networking and proximity [J]. Research Policy, 2003, 32 (5): 751-770.

[47] Freeman C., Soete L. The economics of industrial innovation [M]. London: 3rd Edition Pinter, 1997.

[48] Gassmann O. Opening up the innovation process: Towards an agenda [J]. R&D Management, 2006, 36 (3): 223-228.

[49] Gassmann O., Enkel E., Chesbrough H. The future of open innovation [J]. R&D Management, 2010, 40 (3): 213-221.

[50] Gebauer H. Exploring the contribution of management innovation to the evolution of dynamic capabilities [J]. Industrial Marketing Management, 2011, 40 (8): 1238-1250.

[51] Gemünden H. G., Ritter T., Heydebreck P. Network configuration and innovation success: An empirical analysis in German high-tech industries [J]. International Journal of Research in Marketing, 1996, 13 (5): 449-462.

[52] Grant R. M. Toward a knowledge-based theory of the firm [J]. Strategic Management Journal, 1996, 17 (S2): 109-122.

[53] Griliches Z. Patent statistics as economic indicators: A survey [J]. Journal of Economic Literature, 1991, 28 (4): 1661-1707.

[54] Hagedoorn J., Cloodt M. Measuring innovative performance: Is there an advantage in using multiple indicators? [J]. Research Policy, 2003, 32 (8): 1365-1379.

[55] Helfat C., Finkelstein S., Mitchell W. et al. Dynamic capabilities: Understanding strategic change in organizations [M]. London: Blackwell, 2007.

[56] Helfat C. E., Finkelstein S., Mitchell W. et al. Dynamic capabilities: Understanding strategic change in organizations [M]. Oxford: Blackwell, 2007.

[57] Helfat C. E., Raubitschek R. S. Product sequencing: Co-evolution of knowledge, capabilities and products [J]. Papers, 2000, 21 (10-11): 961-979.

[58] Henttonen K., Ritala P., Jauhiainen T. Exploring open search strategies and their perceived impact on innovation performance-empirical evidence [J]. International Journal of Innovation Management, 2011, 15 (3): 525-541.

[59] Hilbert M., Lopez P. The world's technological capacity to store, communicate, and compute information [J]. Science, 2011, 332 (6025): 60-65.

[60] Huber G. Organizational learning: The contributing processes and the literatures [J]. Organization Science, 1991, 2 (1): 88-115.

[61] Hung K. P., Chou C. The impact of open innovation on firm performance: The moderating effects of internal R&D and environmental turbulence [J]. Technovation, 2013, 33 (10): 368-380.

[62] Hurley R. F., Hult G. T. M. Innovation, market orientation, and organi-

zational learning: An integration and empirical examination [J]. The Journal of Marketing, 1998, 62 (3): 42–54.

[63] Hwang J., Lee Y. External knowledge search, innovative performance and productivity in the Korean ICT sector [J]. Telecommunications Policy, 2010, 34 (10): 562–571.

[64] Iansiti M., Clark K. B. Integration and dynamic capability: Evidence from product development in automobiles and mainframe computers [J]. Industrial & Corporate Change, 1994, 3 (3): 557–605.

[65] James L. R., Brett J. M. Mediators, moderators and tests for mediation [J]. Journal of Applied Psychology, 1984, 69 (2): 307–321.

[66] Jansen J. J. P., Van Den Bosch F. A. J., Volberda H. W. Exploratory innovation, exploitative innovation, and performance: Effects of organizational antecedents and environmental moderators [J]. Management Science, 2006, 52 (11): 1661–1674.

[67] Jantunen A. Knowledge –processing capabilities and innovative performance: An empirical study [J]. European Journal of Innovation Management, 2005, 8 (3): 336–349.

[68] Jaworski B. J., Kohli J. M. Market orientation: Antecedents and consequences [J]. Journal of Marketing, 1993, 57 (3): 53–70.

[69] Johnsen T. E., Ford I. D. Managing collaborative innovation in complex networks: Findings from exploratory interviews [C]. 16th Annual IMP Conference, 2000: 613–629.

[70] Kafouros M. I., Forsans N. The role of open innovation in emerging economies: Do companies profit from the scientific knowledge of others? [J]. Journal of World Business, 2012, 47 (3): 362–370.

[71] Katila R. New product search over time: Past ideas in their prime? [J]. Academy of Management Journal, 2002, 45 (5): 995–1010.

[72] Katila R., Ahuja G. Something old, something new: A longitudinal study of search behavior and new product introduction [J]. Academy of Management Journal, 2002, 45 (6): 1183-1194.

[73] Katila R., Chen E. L. Effects of search timing on innovation: The value of not being in sync with rivals [J]. Administrative Science Quarterly, 2008, 53 (53): 593-625.

[74] Knoben J., Oerlemans L. G. Proximity and inter-organizational collaboration: A literature review [J]. International Journal of Management Reviews, 2006, 8 (2): 71-89.

[75] Kogut B., Zander U. Knowledge of the firm, combinative capabilities, and the replication of technology [J]. Organization Science, 1992, 3 (3): 383-397.

[76] Koput K. W. A chaotic model of innovative search: Some answers, many questions [J]. Organization Science, 1997, 8 (5): 528-542.

[77] Köhler C., Sofka W., Grimpe C. Selectivity in search strategies for innovation-from incremental to radical, from manufacturing to services [R]. Working Paper, 2009.

[78] Kraatz M. S., Zajac E. J. How organizational resources affect strategic change and performance in turbulent environments: Theory and evidence [J]. Organization Science, 2001, 12 (5): 632-657.

[79] Lane P. J., Pathak S. The reification of absorptive capacity: A critical review and rejuvenation of the construct [J]. Academy of Management Review, 2006, 31 (31): 833-863.

[80] Laursen K. Keep searching and you'll find: What do we know about variety creation through firms' search activities for innovation? [J]. Industrial and Corporate Change, 2012, 21 (5): 1181-1220.

[81] Laursen K., Salter A. Open for innovation: The role of openness in explaining innovation performance among U. K. manufacturing firms [J]. Strategic Man-

agement Journal, 2006, 27 (2): 131–150.

[82] Lee J., Lee H. Exploration and exploitation in the presence of network externalities [J]. Management Science, 2003, 49 (4): 553–570.

[83] Lee C., Lee K., and Pennings J. M. Internal capabilities, external networks, and performance: A study of technology-based ventures [J]. Strategic Management Journal, 2001 (22): 615–640.

[84] Lee S., Park G., Yoon B. et al. Open innovation in SMEs—An intermediated network model [J]. Research Policy, 2010, 39 (2): 290–300.

[85] Leonard-Barton D. Core capabilites and core rigidities: A paradox in managing new product development [J]. Strategic Management Journal, 1992, 13 (1): 111–125.

[86] Levinthal D. A., Posen H. E. Bringing context to the exploration-exploitation trade-off: Considering the impact of selection and turbulent environments [R]. Working Paper, 2009.

[87] Levinthal D. A., March J. G. The myopia of learning [J]. Strategic Management Journal, 1993, 14 (S2): 95–112.

[88] Levitt B., March J. G. Organizational learning[J]. Annual Review of Sociology, 1988, 14 (5): 319–340.

[89] Li H., Zhang Y. The role of managers' political networking and functional experience in new venture performance: Evidence from china's transition economy [J]. Strategic Management Journal, 2007, 28 (8): 791–804.

[90] Li Y., Vanhaverbeke W., Schoenmakers W. Exploration and exploitation in innovation: Reframing the interpretation [J]. Creativity and Innovation Management, 2008, 17 (2): 107–126.

[91] Li-Ying J., Wang Y., Salomo S. An inquiry on dimensions of external technology search and their influence on technological innovations: Evidence from Chinese firms [J]. R&D Management, 2014, 44 (1): 53–74.

[92] Liao J., Kickul J. R., Ma H. Organizational dynamic capability and innovation: An empirical examination of internet firms [J]. Journal of Small Business Management, 2009, 47 (3): 263-286.

[93] Lichtenthaler U., Lichtenthaler E. A capability-based framework for open innovation: Complementing absorptive capacity [J]. Journal of Management Studies, 2009, 46 (8): 1315-1338.

[94] Lin C. J., Li C. R. The effect of boundary-spanning search on break-through innovations of new technology ventures [J]. Industry & Innovation, 2013, 20 (2): 93-113.

[95] Lööf H., Heshmati A. Knowledge capital and performance: A new firm level innovation study [J]. International Journal of Production Economic, 2003, 76 (1): 61-85.

[96] Luo Y. Dynamic capabilities in international expansion [J]. Journal of World Business, 2001, 35 (4): 355-378.

[97] Lynch C. Big data: How do your data grow? [J]. Nature, 2008, 455 (7209): 28-29.

[98] Makkonen H., Pohjola M., Olkkonen R. et al. Dynamic capabilities and firm performance in a financial crisis [J]. Journal of Business Research, 2014, 67 (1): 2707-2719.

[99] Malecki E. J., Tootle D. M. The role of networks in small firm competitiveness [J]. International Journal of Technology Management, 1996, 11 (1-2): 43-57.

[100] March J. G. Continuity and change in theories of organizational action [J]. Administrative Science Quarterly, 1996, 41 (2): 278-287.

[101] March J. G. Exploration and exploitation in organizational learning [J]. Organization Science, 1991, 2 (1): 71-87.

[102] Marsh S. J., Stock G. N. Creating dynamic capability: The role of intertemporal integration, knowledge retention, and interpretation[J]. Journal of Prod-

uct Innovation Management, 2006, 23 (5): 422-436.

[103] Mcgrath R. G. Exploratory learning, innovative capacity, and managerial oversight [J]. Academy of Management Journal, 2001, 44 (1): 118-131.

[104] Miles R. E., Snow C. C., Meyer A. et al. Organizational strategy, structure, and process[J]. The Academy of Management Review, 1978, 3(3): 546-562.

[105] Miotti L., Sachwald F. Co-operative R&D: Why and with whom? An integrated framework of analysis [J]. Research Policy, 2003, 32 (8): 1481-1499.

[106] Morris S., Hammond R., Snell S. A. A microfoundations approach to transnational capabilities: The role of knowledge search in an ever-changing world [J]. Journal of International Business Studies, 2014, 45 (4): 405-427.

[107] Nelson R., Winter T. An evolutionary theory of economic change [M]. Cambridge MA: Harvard University Press, 1982.

[108] Nerkar A. Old is gold? The value of temporal exploration in the creation of new knowledge [J]. Management Science, 2003, 49 (2): 211-229.

[109] Nerkar A., Roberts P. W. Technological and product-market experience and the success of new product introductions in the pharmaceutical industry [J]. Strategic Management Journal, 2004, 25 (8-9): 779-799.

[110] O'Reilly Ⅲ C. A., Tushman M. L. Ambidexterity as a dynamic capability: Resolving the innovator's dilemma [J]. Research in Organizational Behavior, 2008 (28): 185-206.

[111] Pertusa-Ortega E. M., Zaragoza-Sáez P., Claver-Cortés E. Can formalization, complexity, and centralization influence knowledge performance? [J]. Journal of Business Research, 2010, 63 (3): 310-320.

[112] Phene A., Fladmoe-Lindquist K., Marsh L. Breakthrough innovations in the US biotechnology industry: The effects of technological space and geographic origin [J]. Strategic Management Journal, 2006, 27 (4): 369-388.

[113] Prahalad C. K., Hamel G. The core competence of the corporation [J].

Harvard Business Review, 1990, 68 (3): 275-292.

[114] Priem R. L., Butler J. E. Is the resource-based view a useful perspective for strategic management research? [J]. Academy of Management Review, 2001, 26 (1): 22-40.

[115] Rosenkopf L., Nerkar A. Beyond local search: Boundary-spanning, exploration, and impact in the optical disk industry [J]. Strategic Management Journal, 2001, 22 (4): 287-306.

[116] Rothaermel F. T. Incumbent's advantage through exploiting complementary assets via interfirm cooperation [J]. Strategic Management Journal, 2001, 22 (6-7): 687-699.

[117] Ren S., Eisingerich A. B., Tsai H. T. Search scope and innovation performance of emerging-market firms [J]. Journal of Business Research, 2015, 68 (1): 102-108.

[118] Rothaermel F., Alexandre M. Ambidexterity in technology sourcing: The moderating role of absorptive capacity [J]. Organization Science, 2009, 20 (4): 759-780.

[119] Salvador E., Montagna F., Marcolin F. Clustering recent trends in the open innovation literature for SME strategy improvements [J]. International Journal of Technology Policy & Management, 2013, 13 (4): 354-376.

[120] Sidhu J. S., Commandeur H. R., Volberda H. W. The multifaceted nature of exploration and exploitation: Value of supply, demand, and spatial search for innovation [J]. Organization Science, 2007, 18 (1): 20-38.

[121] Sofka W., Grimpe C. Specialized search and innovation performance-evidence across Europe [J]. R&D Management, 2010, 40 (3): 310-323.

[122] Sörensen J. B., Stuart T. E. Aging, obsolescence, and organizational innovation [J]. Administrative Science Quarterly, 2000, 45 (1): 81-112.

[123] Spender J. C., Grant R. M. Knowledge and the firm: An overview [J].

Strategic Management Journal, 1996, 17 (S2): 3-9.

[124] Street C. T., Cameron A. External relationships and the small business: A review of small business alliance and network research [J]. Journal of Small Business Management, 2007, 45 (2): 239-266.

[125] Subramaniam M., Youndt M. A. The influence of intellectual capital on the types of innovative capabilities [J]. The Academy of Management Journal, 2005, 48 (3): 450-463.

[126] Teece D. J. Dynamic capabilities: Routines versus entrepreneurial action [J]. Journal of Management Studies, 2012, 49 (8): 1395-1401.

[127] Teece D. J. Profiting from technological innovation: Implications for integration, collaboration, licensing and public policy [J]. Research policy, 1986, 15 (6): 285-305.

[128] Teece D., Pisano G. The dynamic capabilities of firms: An introduction [J]. Industrial and Corporate Change, 1994, 3 (3): 537-556.

[129] Teece D. Capturing value from knowledge assets: The new economy, markets for know-how and intangible assets [J]. California Management Review, 1998, 40 (3): 55-79.

[130] Teece D. J. Explicating dynamic capabilities: The nature and microfoundations of (sustainable) enterprise performance [J]. Strategic Management Journal, 2007, 28 (13): 1319-1350.

[131] Teece D. J., Pisano G., Shuen A. Dynamic capabilities and strategic management [J]. Strategic Management Journal, 1997, 18 (7): 509-533.

[132] Thomke S., Hippel E. V. Customers as innovators: A new way to create value [J]. Harvard Business Review, 2002, 80 (4): 74-81.

[133] Trott P., Hartmann D. Why "open innovation" is old wine in new bottles [J]. International Journal of Innovation Management, 2011, 13 (4): 715-736.

[134] Tsai K., Hsieh M., Hultink E. External technology acquisition and prod-

uct innovativeness: The moderating roles of R&D investment and configurational context [J]. Journal of Engineering and Technology Management, 2011, 28 (3): 184-200.

[135] Tseng C. Y., Pai D. C. Knowledge search, spillover and creation capability in India's pharmaceutical industry [J]. Technology Analysis & Strategic Management, 2014, 26 (2): 207-222.

[136] Tushman M. L., Reilly C. A. Ambidextrous organizations: Managing evolutionary and revolutionary change [J]. California Management Review, 1996, 38 (4): 8-30.

[137] Uzzi B. Social structures and competition in interfirm networks: The paradox of embeddedness [J]. Administrative Science Quarterly, 1997, 42 (1): 35-67.

[138] Vachani S. Distinguishing between related and unrelated international geographic diversification: A comprehensive measure of global diversification [J]. Journal of International Business Studies, 1991 (22): 307-322.

[139] Van de Vrande V., De Jong J. P. J., Vanhaverbeke W. et al. Open innovation in SMEs: Trends, motives and management challenges [J]. Technovation, 2009, 29 (6): 423-437.

[140] Wadhwa A., Kotha S. Knowledge creation through external venturing: Evidence from the telecommunications equipment manufacturing industry [J]. Academy of Management Journal, 2006, 49 (4): 819-835.

[141] Wang C. L., Ahmed P. K. Dynamic capabilities: A review and research agenda [J]. International Journal of Management Reviews, 2007, 9 (1): 31-51.

[142] Wang C. H. How relational capital mediates the effect of corporate reputation on competitive advantage: Evidence from Taiwan high-tech industry [J]. Technological Forecasting & Social Change, 2014, 82 (82): 167-176.

[143] Wheelwright S. C., Clark K. B. Creating project plans to focus product

development [J]. Harvard Business Review, 1992, 70 (2): 70-82.

[144] Winter S. G. Understanding dynamic capabilities [J]. Strategic Management Journal, 2003, 24 (10): 991-995.

[145] Wu A. Q., Wei J. Effects of geographic search on product innovation in industrial cluster firms in China [J]. Management and Organization Review, 2013, 9 (3): 465-487.

[146] Wu L. Y. Entrepreneurial resources, dynamic capabilities and start-up performance of Taiwan high-tech firms [J]. Journal of Business Research, 2007, 60 (5): 549-555.

[147] Wu L. Y. Applicability of the resource-based and dynamic-capability views under environmental volatility [J]. Journal of Business Research, 2010, 63 (1): 27-31.

[148] Wu J. F., Shanley M. T. Knowledge stock, exploration, and innovation: Research on the United States electromedical device industry [J]. Journal of Business Research, 2009, 62 (4): 474-483.

[149] Yayavaram S. K. Structure of a firm's knowledge base and the effectiveness of technological search [D]. Texas: University of Texas, 2004.

[150] Zahra S. A., Sapienza H. J., Davidsson P. Entrepreneurship and dynamic capabilities: A review, model and research agenda [J]. Journal of Management Studies, 2006, 43 (4): 917-955.

[151] Zhang Y., Li H. Y. Innovation search of new ventures in a technology cluster: The role of ties with service intermediaries [J]. Strategic Management Journal, 2010, 31 (1): 88-109.

[152] Zhou K. Z., Li C. B. How strategic orientations influence the building of dynamic capability in emerging economies [J]. Journal of Business Research, 2012 (63): 224-231.

[153] Zollo M., Winter S. G. Deliberate learning and the evolution of dynamic

capabilities [J]. Organization Science, 2002, 13 (3): 339-351.

[154] 宝贡敏，龙思颖. 企业动态能力研究：最新述评与展望 [J]. 外国经济与管理，2015，37 (7)：74-87.

[155] 毕克新，赵莉楠，孙金花. 中小企业技术创新绩效评价研究现状和发展趋势 [J]. 中国科技论坛，2006 (5)：66-70.

[156] 蔡乐平. 我国民营中小科技企业项目融资风险控制分析 [J]. 科技管理研究，2011 (1)：112-115.

[157] 曹文才，单汨源. 科技型中小企业持续创新能力影响因素 [J]. 北京理工大学学报（社会科学版），2013 (6)：70-76.

[158] 陈劲，陈钰芬. 企业技术创新绩效评价指标体系研究 [J]. 科学学与科学技术管理，2006 (3)：86-91.

[159] 陈劲，吴波. 开放式创新下企业开放度与外部关键资源获取 [J]. 科研管理，2012 (9)：10-21+106.

[160] 陈劲，郑刚. 创新管理 [M]. 北京：北京大学出版社，2009.

[161] 陈力田. 环境动态性、战略协调柔性和企业产品创新能力关系的实证研究 [J]. 科学学与科学技术管理，2012 (6)：60-70.

[162] 陈力田，许庆瑞. 知识搜寻跨边界协同对自主创新能力结构类型影响的实证研究 [J]. 科学学与科学技术管理，2014 (10)：13-25.

[163] 陈收，张红浩，黎传国，吴世园. 资源效率对企业绩效的影响：基于环境动态性调节分析 [J]. 管理评论，2013 (12)：87-97.

[164] 陈君达，邬爱其. 国外创新搜寻研究综述 [J]. 外国经济与管理，2011 (2)：58-65.

[165] 陈晓红，马鸿烈. 中小企业技术创新对成长性影响——科技型企业不同于非科技型企业 [J]. 科学学研究，2012 (11)：1749-1760.

[166] 陈艳，范炳全. 中小企业开放式创新能力与创新绩效的关系研究 [J]. 研究与发展管理，2013 (1)：24-35.

[167] 陈应龙，李大元. 动态能力视角下中小企业持续成长的机制 [J]. 求索，

2013（1）：254–256.

［168］陈钰芬. 开放式创新：提升中国企业自主创新能力［J］. 科学学与科学技术管理，2009（4）：81–86.

［169］陈钰芬. 探求与企业特质相匹配的开放式创新模式［J］. 科研管理，2013（9）：27–35.

［170］陈钰芬，陈劲. 开放度对企业技术创新绩效的影响［J］. 科学学研究，2008（2）：419–426.

［171］陈钰芬，叶伟巍. 企业内部 R&D 和外部知识搜寻的交互关系——STI 和 DUI 产业的创新战略分析［J］. 科学学研究，2013（2）：266–275+285.

［172］陈志军，徐鹏，唐贵瑶. 企业动态能力的形成机制与影响研究——基于环境动态性的调节作用［J］. 软科学，2015（5）：59–62+86.

［173］迟宁，邓学芬，牟绍波. 基于技术创新的中小科技企业成长性评价——我国中小企业板上市公司的实证研究［J］. 技术经济与管理研究，2010（5）：46–49.

［174］戴维奇，林巧，魏江. 本地和超本地业务网络、吸收能力与集群企业升级［J］. 科研管理，2013（4）：79–89.

［175］董保宝，葛宝山，王侃. 资源整合过程、动态能力与竞争优势：机理与路径［J］. 管理世界，2011（3）：92–101.

［176］董保宝，李白杨. 新创企业学习导向、动态能力与竞争优势关系研究［J］. 管理学报，2014（3）：376–382.

［177］董俊武，黄江圳，陈震红. 基于知识的动态能力演化模型研究［J］. 中国工业经济，2004（2）：77–85.

［178］杜丹丽，姜铁成，曾小春. 企业社会资本对科技型小微企业成长的影响研究——以动态能力作为中介变量［J］. 华东经济管理，2015（6）：148–156.

［179］范景明，肖洪钧. 酒店动态能力对其创新绩效的影响——基于案例嵌入式统计方法［J］. 技术经济，2015（1）：77–81.

［180］冯长利，张明月，刘洪涛，张慧中，何明海. 供应链知识共享与企业

绩效关系研究——供应链敏捷性的中介作用和环境动态性的调节作用［J］. 管理评论，2015（11）：181-191.

［181］冯军政. 环境动荡性、动态能力对企业不连续创新的影响作用研究［D］. 浙江大学博士学位论文，2012.

［182］冯军政，魏江. 国外动态能力维度划分及测量研究综述与展望［J］. 外国经济与管理，2011（7）：26-33+57.

［183］奉小斌，陈丽琼. 外部知识搜索能提升中小微企业协同创新能力吗？——互补性与辅助性知识整合的中介作用［J］. 科学学与科学技术管理，2015（8）：105-117.

［184］奉小斌，陈丽琼. 组织跨界搜索与创新绩效间关系的元分析［J］. 技术经济，2014（10）：41-50.

［185］高良谋，马文甲. 开放式创新：内涵、框架与中国情境［J］. 管理世界，2014（6）：157-169.

［186］高良谋，韵江，马文甲. 开放式创新下的组织网络能力构架［J］. 经济管理，2010（12）：71-78.

［187］耿新，于林平，赵莉. 企业家社会资本、动态能力与创新绩效的关系研究——以小型科技企业为例［J］. 经济与管理评论，2013（2）：70-75.

［188］龚一萍. 企业动态能力与企业创新的相关分析［J］. 企业经济，2010（4）：8-12.

［189］郭爱芳，陈劲. 基于科学/经验的学习对企业创新绩效的影响：环境动态性的调节作用［J］. 科研管理，2013（6）：1-8.

［190］郭国庆，吴剑峰. 绩效管理企业知识库、技术探索与创新绩效关系研究：基于美国电子医疗设备行业的实证分析［J］. 南开管理评论，2007（3）：87-93.

［191］郭咸纲. 西方管理思想史［M］. 北京：经济管理出版社，2004.

［192］郭小金，李振. 科技型中小企业财务冗余与企业绩效关系研究［J］. 企业经济，2015（4）：72-76.

[193] 何军. 大数据对企业管理决策影响分析 [J]. 科技进步与对策，2014 (4)：65-68.

[194] 何霞，苏晓华. 环境动态性下新创企业战略联盟与组织合法性研究——基于组织学习视角 [J]. 科研管理，2016 (2)：90-97.

[195] 何郁冰. 国内外开放式创新研究动态与展望 [J]. 科学学与科学技术管理，2015 (3)：3-12.

[196] 何泽军. 产学研合作与企业动态能力提升的理论与实证研究 [D]. 武汉大学博士学位论文，2012.

[197] 胡保亮，方刚. 网络位置、知识搜索与创新绩效的关系研究——基于全球制造网络与本地集群网络集成的观点 [J]. 科研管理，2013 (11)：18-26.

[198] 胡永健，周寄中. 政府直接资助强度与企业技术创新投入的关系研究 [J]. 中国软科学，2008 (11)：141-148.

[199] 黄江圳，谭力文. 从能力到动态能力：企业战略观的转变 [J]. 经济管理，2002 (22)：13-17.

[200] 黄荔梅. 提升中小企业科技创新能力的要素分析 [J]. 学术评论，2012 (6)：95-98.

[201] 黄志民，郭海燕. 我国科技型中小企业技术创新问题的研究 [J]. 生产力研究，2003 (5)：217-220.

[202] 洪茹燕. 国外组织创新搜索研究述评 [J]. 重庆大学学报 (社会科学版)，2012 (6)：46-54.

[203] 霍国庆，刘丽红，杜智涛等. 科技型中小企业成长研究现状综述 [J]. 科技进步与对策，2011 (22)：155-160.

[204] 贾明德，樊增强. 中国中小企业技术创新基础及实证研究 [J]. 管理世界，1996 (2)：120-129.

[205] 简兆权，何紫薇，招丽珠. 基于动态能力的可持续竞争优势研究综述 [J]. 管理学报，2009 (6)：846-852.

[206] 简兆权，王晨，陈键宏. 战略导向、动态能力与技术创新：环境不确

定性的调节作用 [J]. 研究与发展管理，2015 (2)：65-76.

[207] 江积海，蔡春花. 企业动态能力对创新绩效的作用机理——中国南车动车组 2005~2011 年纵向案例研究 [J]. 中国科技论坛，2014 (4)：148-154.

[208] 江积海，刘敏. 动态能力重构及其与竞争优势关系实证研究 [J]. 科研管理，2014 (8)：75-82.

[209] 姜波. 科技型中小企业领导者行为对技术创新绩效影响的实证 [J]. 统计与决策，2011 (2)：179-182.

[210] 蒋春燕，赵曙明. 社会资本和公司企业家精神与绩效的关系：组织学习的中介作用——江苏与广东新兴企业的实证研究 [J]. 管理世界，2006 (10)：90-99.

[211] 蒋天颖，孙伟，白志欣. 基于市场导向的中小微企业竞争优势形成机理——以知识整合和组织创新为中介 [J]. 科研管理，2013 (6)：17-24+67.

[212] 蒋旭灿，王海花，彭正龙. 开放式创新模式下创新资源共享对创新绩效的影响——环境动荡性的调节效应 [J]. 科学管理研究，2011 (3)：5-10.

[213] 焦豪. 企业动态能力、环境动态性与绩效关系的实证研究 [J]. 软科学，2008 (4)：112-117.

[214] 焦豪，崔瑜. 企业动态能力理论整合研究框架与重新定位 [J]. 清华大学学报（哲学社会科学版），2008 (S2)：46-53+74+143.

[215] 焦豪，魏江，崔瑜. 企业动态能力构建路径分析：基于创业导向和组织学习的视角 [J]. 管理世界，2008 (4)：91-106.

[216] 焦豪，周江华，谢振东. 创业导向与组织绩效间关系的实证研究——基于环境动态性的调节效应 [J]. 科学学与科学技术管理，2007 (11)：70-76.

[217] 杰里米·里夫金. 第三次工业革命 [M]. 北京：中信出版社，2012.

[218] 金昕，陈松. 知识源战略、动态能力对探索式创新绩效的影响——基于知识密集型服务企业的实证 [J]. 科研管理，2015 (2)：32-40.

[219] 孔凡柱. 企业家内部社会网络与技术创新绩效：跨功能知识整合的中介效应 [J]. 华东经济管理，2014 (8)：97-100+148.

［220］李林生. 网络组织下人力资源配置对中小企业创新绩效的影响研究［D］. 江苏大学博士学位论文，2012.

［221］李生校. 外部创新搜寻战略对新创企业创新绩效的影响研究［J］. 管理学报，2013（8）：1185-1193.

［222］李随成，武梦超. 供应商整合能力对渐进式创新与突破式创新的影响——基于环境动态性的调节作用［J］. 科技进步与对策，2016（3）：96-102.

［223］李良贤. 基于竞合关系的中小企业成长过程中的共生行为研究［D］. 江西财经大学博士学位论文，2011.

［224］李文莲，夏健明. 基于"大数据"的商业模式创新［J］. 中国工业经济，2013（5）：83-95.

［225］李晓翔，霍国庆. 中小企业沉淀冗余对产品创新的影响机制——基于跨界搜索和环境特征的视角［J］. 经济管理，2013（1）：171-185.

［226］李贞，杨洪涛. 吸收能力、关系学习及知识整合对企业创新绩效的影响研究——来自科技型中小企业的实证研究［J］. 科研管理，2012（1）：79-89.

［227］梁靓. 开放式创新中合作伙伴异质性对创新绩效的影响机制研究［D］. 浙江大学博士学位论文，2014.

［228］梁菊. 基于科技型中小企业内部知识共享的人力资源管理对策研究［D］. 西南大学博士学位论文，2010.

［229］林汉川，邱红. 中小企业管理［M］. 北京：高等教育出版社，2010.

［230］林萍. 组织动态能力研究［D］. 厦门大学博士学位论文，2008.

［231］刘刚，刘静. 动态能力对企业绩效影响的实证研究——基于环境动态性的视角［J］. 经济理论与经济管理，2013（3）：83-94.

［232］刘井建. 创业学习、动态能力与新创企业绩效的关系研究——环境动态性的调节［J］. 科学学研究，2011（5）：728-734.

［233］刘满凤. 创新绩效评价与民营科技企业发展研究［J］. 科技进步与对策，2005（1）：52-54.

［234］陆立军，盛世豪. 科技型中小企业：环境与对策［M］. 北京：中国经

济出版社，2005.

[235] 吕巍，吴韵华，刘晓彬. 从战略的视角看中小企业技术创新 [J]. 经济管理，2001（6）：36–41.

[236] 马鸿佳，葛宝山，汤浩瀚. 科技型创业企业资源获取与动态能力关系的实证研究 [J]. 科学学与科学技术管理，2008（11）：139–143.

[237] 马如飞. 跨界搜索对企业绩效的影响机制研究 [D]. 浙江大学博士学位论文，2009.

[238] 马文聪，朱桂龙. 环境动态性对技术创新和绩效关系的调节作用 [J]. 科学学研究，2011（3）：454–460.

[239] 马文甲. 开放式创新中的动态能力演化路径研究——以沈阳机床为例 [J]. 科学学与科学技术管理，2014（7）：69–78.

[240] 马文甲，高良谋. 开放度与创新绩效的关系研究——动态能力的调节作用 [J]. 科研管理，2016（2）：47–54.

[241] 马晓芸，何红光. 网络关系嵌入对中小企业技术创新绩效的影响——考虑知识获取的中介作用 [J]. 技术经济，2015（7）：13–17.

[242]（美）熊彼特. 经济发展理论 [M]. 北京：北京出版社，2012.

[243] 孟晓斌，王重鸣，杨建锋. 企业动态能力理论模型研究综述 [J]. 外国经济与管理，2007（10）：9–16.

[244] 孟晓斌. 国际创业背景下中小企业组织动态能力及其绩效机制研究 [D]. 浙江大学博士学位论文，2008.

[245] 缪根红，陈万明，唐朝永. 外部创新搜寻、知识整合与创新绩效关系研究 [J]. 科技进步与对策，2014（1）：130–135.

[246] 莫燕，郑旻. 开放式创新视角下企业能力作用机理的仿真研究——以中小型生物制药企业为例 [J]. 财经论丛，2015（3）：90–97.

[247] 聂雪林，张炜. 开放式创新过程的“行为—情境—能力—绩效”模型 [J]. 科技管理研究，2013（6）：22–25.

[248] 欧新黔. 推动中小企业自主创新，促进中小企业健康发展 [N]. 中小

企业简报，2006（4-7）.

［249］裴旭东，李随成，黄聿舟. 跨界搜寻对技术差异化能力的影响研究［J］. 科技管理研究，2015（22）：176-182.

［250］彭小宝. 基于价值网络的中小企业开放式创新运行机制研究［D］. 中国科学技术大学博士学位论文，2012.

［251］彭新敏. 企业网络与利用性—探索性学习的关系研究：基于创新视角［J］. 科研管理，2011（3）：15-22.

［252］彭正龙，陶然，季光辉. 基于元认知的认知学习对动态能力影响的实证研究［J］. 心理科学，2008（6）：1343-1347.

［253］齐永兴. 我国中小企业动态能力培育路径与提升策略［J］. 财经理论研究，2015（2）：98-102.

［254］秦辉，傅梅烂. 渐进性创新与突破性创新：科技型中小企业的选择策略［J］. 软科学，2005（1）：78-80.

［255］阮爱君，陈劲. 正式/非正式知识搜索宽度对创新绩效的影响［J］. 科学学研究，2015（10）：1573-1583.

［256］单令彬. 基于动态能力理论的中小企业价值最大化研究［J］. 财会通讯，2013（33）：120-122.

［257］沈锭荣，王琛. 企业动态能力与技术创新绩效关系研究［J］. 科学管理研究，2012（2）：54-58.

［258］沈灏，李垣. 联盟关系、环境动态性对创新绩效的影响研究［J］. 科研管理，2010（1）：77-85.

［259］粟进，宋正刚. 科技型中小企业技术创新的关键驱动因素研究——基于京津 4 家企业的一项探索性分析［J］. 科学学与科学技术管理，2014（5）：156-163.

［260］宋慧林，王元地，张晓玥. 酒店跨界搜寻对酒店服务创新的影响——星级水平与所有权类型的调节作用［J］. 经济管理，2015（11）：124-133.

［261］苏敬勤，刘静. 复杂产品系统中动态能力与创新绩效关系研究［J］. 科

研管理，2013（10）：75-83.

［262］苏志文. 基于并购视角的企业动态能力研究综述［J］. 外国经济与管理，2012（10）：48-56.

［263］孙明华. 从中小企业淘汰论到中小企业优势论［J］. 社科纵横，2007（8）：50-52+45.

［264］唐朝永，陈万明，彭灿. 外部创新搜寻、失败学习与组织创新绩效［J］. 研究与发展管理，2014（5）：73-81.

［265］唐丽艳，王国红，张秋艳. 科技型中小企业与科技中介协同创新网络的构建［J］. 科技进步与对策，2009（20）：79-82.

［266］汪秀婷，程斌武. 资源整合、协同创新与企业动态能力的耦合机理［J］. 科研管理，2014（4）：44-50.

［267］王雷，姚洪心. 全球价值链嵌入对集群企业创新类型的影响——知识搜寻的中介效应［J］. 科学学与科学技术管理，2014（1）：66-74.

［268］王林，沈坤荣，吴琼，秦伟平. 探索式创新、利用式创新与新产品开发绩效关系——环境动态性的调节效应研究［J］. 科技进步与对策，2014（15）：24-29.

［269］王文昌，秦作栋. 论科技型中小企业实现自主创新的动因和有效组织［J］. 科技进步与对策，2007（3）：78-81.

［270］王永贵，邢金刚，李元. 战略柔性与竞争绩效：环境动荡性的调节效应［J］. 管理科学学报，2004（6）：70-78.

［271］王增涛，蒋敏. 企业家关系网络对我国中小企业国际化的影响：企业动态能力的中介作用［J］. 经济问题探索，2013（11）：177-183.

［272］王重鸣. 心理学研究方法［M］. 北京：人民教育出版社，1990.

［273］魏江，冯军政. 企业知识搜索模式及其对企业技术创新的影响研究［J］. 科学管理研究，2009（6）：55-60.

［274］韦影. 企业社会资本对技术创新绩效的影响［D］. 浙江大学博士学位论文，2006.

[275] 邬爱其，李生校. 从“到哪里学习”转向“向谁学习”——专业知识搜寻战略对新创集群企业创新绩效的影响 [J]. 科学学研究，2011 (12)：1906-1913.

[276] 吴航. 动态能力的维度划分及其对创新绩效的影响——对 Teece 经典定义的思考 [J]. 管理评论，2016 (3)：76-83.

[277] 吴航，陈劲. 企业外部知识搜索与创新绩效：一个新的理论框架 [J]. 科学学与科学技术管理，2015 (4)：143-151.

[278] 吴航. 动态能力视角下企业创新绩效提升机制研究：以战略导向为调节 [J]. 中国地质大学学报（社会科学版），2015 (1)：132-139.

[279] 吴杰，胡达沙，李勇军. 科技型中小企业技术创新的外部资源协同研究 [J]. 科技管理研究，2005 (11)：172-174.

[280] 吴明隆. SPSS 统计应用实务 [M]. 北京：科学出版社，2003.

[281] 吴晓波，郭瑞，熊磊. 跨界搜索、企业内部协作网络与创新产出技术影响力：基于全球半导体行业的实证分析 [J]. 西安电子科技大学学报（社会科学版），2013 (6)：27-34.

[282] 吴增源，谌依然，伍蓓. 跨界搜索的内涵、边界与模式研究述评及展望 [J]. 科技进步与对策，2015 (19)：153-160.

[283] 肖丁丁. 跨界搜寻对组织双元能力影响的实证研究 [D]. 华南理工大学博士学位论文，2013.

[284] 熊伟，奉小斌，陈丽琼. 国外跨界搜寻研究回顾与展望 [J]. 外国经济与管理，2011 (6)：18-26.

[285] 薛捷，张振刚. 技术及市场环境动荡中企业动态学习能力与创新绩效关系研究 [J]. 科技进步与对策，2015 (1)：98-104.

[286] 徐召红，杨蕙馨. 动态能力与企业竞争优势的关系及作用机理 [J]. 经济问题探索，2013 (9)：150-156.

[287] 闫春. 技术搜索对企业开放式创新影响的理论述评 [J]. 情报杂志，2013 (3)：121-126+131.

［288］杨武，申长江. 开放式创新理论及企业实践［J］. 管理现代化，2005（5）：4–6.

［289］杨云峰，樊丰. 我国科技型中小企业融资困境及其对策研究［J］. 科学管理研究，2013（2）：94–97.

［290］阳银娟，陈劲. 开放式创新中市场导向对创新绩效的影响研究［J］. 科研管理，2015（3）：103–110.

［291］余菲菲，黄永春，张颖. 科技型中小企业平衡“探索—开发”创新路径研究——基于 KIBS 企业嵌入视角［J］. 科技进步与对策，2013（1）：79–83.

［292］余光胜. 一种全新的企业理论（上）：企业知识理论［J］. 外国经济与管理，2000（2）：8–11.

［293］余绍忠. 创业资源对创业绩效的影响机制研究——基于环境动态性的调节作用［J］. 科学学与科学技术管理，2013（6）：131–139.

［294］袁健红，龚天宇. 企业知识搜寻前因和结果研究现状探析与整合框架构建［J］. 外国经济与管理，2011（6）：27–33+49.

［295］韵江，杨柳，付山丹. 开放式创新下“吸收—解吸”能力与跨界搜索的关系［J］. 经济管理，2014（7）：129–139.

［296］曾萍，蓝海林. 组织学习、知识创新与动态能力：机制和路径［J］. 中国软科学，2009（5）：135–146.

［297］湛正群，李非. 企业的知识基础观：动态开放视角［J］. 情报杂志，2006（8）：18–21.

［298］章卫民，劳剑东，李湛. 科技型中小企业成长阶段分析及划分标准［J］. 科学学与科学技术管理，2008（5）：135–139.

［299］张德茗，李艳. 科技型中小企业潜在知识吸收能力和实现知识吸收能力与企业创新绩效的关系研究［J］. 研究与发展管理，2011（3）：56–67+78.

［300］张方华. 知识型企业的社会资本与技术创新绩效研究［D］. 浙江大学博士学位论文，2005.

［301］张峰，刘侠. 外部知识搜寻对创新绩效的作用机理研究［J］. 管理科学，

2014（1）：31-42.

［302］张钢，王宇峰. 组织模块性、知识基础与创新绩效——以动态能力为中介变量的实证研究［J］. 浙江大学学报（人文社会科学版），2012（2）：206-220.

［303］张丽玮，朱东华，汪雪锋. 科技型中小企业在技术创新中的作用和对策研究［J］. 科技管理研究，2008（11）：9-10.

［304］张鹏. 科技型中小企业技术创新的影响因素分析［J］. 商场现代化，2008（24）：54.

［305］张鹏. 科技型中小企业技术创新的优劣势比较及启示［J］. 贵州社会科学，2008（10）：91-93.

［306］张鹏. 企业社会资本、组织学习和技术创新绩效研究［D］. 山东大学博士学位论文，2009.

［307］张炜，赵娟，童欣欣. 动态知识管理能力与创新绩效关系研究：创新开放度调节效应［J］. 科技进步与对策，2015（5）：131-135.

［308］张文红，陈斯蕾，赵亚普. 如何解决制造企业的服务创新困境：跨界搜索的作用［J］. 经济管理，2013（3）：139-151.

［309］张文红，唐彬，赵亚普. 地理跨界搜索对企业创新影响的实证研究［J］. 科学学与科学技术管理，2014（11）：172-180.

［310］张文红，赵亚普. 转型经济下跨界搜索战略与产品创新［J］. 科研管理，2013（9）：54-63.

［311］张文红，赵亚普，施建军. 创新中的组织搜索：概念的重新架构［J］. 管理学报，2011（9）：1387-1392+1412.

［312］张旭军，张爱国，胡宝民. 科技型中小企业创新影响实证研究——以河北省为研究对象［J］. 技术经济与管理研究，2012（3）：44-47.

［313］张永成，郝冬冬，王希. 国外开放式创新理论研究 11 年：回顾、评述与展望［J］. 科学学与科学技术管理，2015（3）：13-22.

［314］张震宇，陈劲. 开放式创新环境下中小企业创新特征与实践［J］. 科学

学研究，2009（2）：525–531.

［315］湛正群，李非. 企业的知识基础观：动态开放视角［J］. 情报杂志，2006（8）：18–21.

［316］赵驰，周勤. 基于自组织视角的科技型中小企业成长研究［J］. 软科学，2011（10）：94–100.

［317］赵立雨. 基于知识搜寻的开放式创新绩效研究［J］. 中国科技论坛，2016（3）：36–41.

［318］赵亚普，张文红，陈斯蕾. 动态环境下组织冗余对企业探索的影响研究［J］. 科研管理，2014（2）：10–16.

［319］郑华良. 地理搜寻对集群企业创新绩效的影响：吸收能力的调节作用［J］. 科学学与科学技术管理，2012（5）：46–55.

［320］郑素丽. 组织间资源对企业创新绩效的作用机制研究［D］. 浙江大学博士学位论文，2008.

［321］周国红，陆立军. 高新技术企业成长与人力资源环境塑造［J］. 经济管理，2001（24）：40–44.

［322］周金岭，潘梅梅，于英川. 上海民营科技中小企业自主创新能力评价及对策建议［J］. 北方经济，2008（12）：80–81.

［323］资武成. “大数据”时代企业生态系统的演化与建构［J］. 社会科学，2013（12）：55–62.

［324］朱朝晖，陈劲. 探索性学习和挖掘性学习的协同与动态：实证研究［J］. 科研管理，2008（6）：1–9.

［325］朱朝晖. 基于开放式创新的技术学习协同与机理研究［D］. 浙江大学博士学位论文，2007.

［326］朱岩梅，吴霁虹. 我国创新型中小企业发展的主要障碍及对策研究